„Wie statt Was" – Mit Methodenkompetenz Aufgaben effizient und erfolgreich managen

Springer Nature More Media App

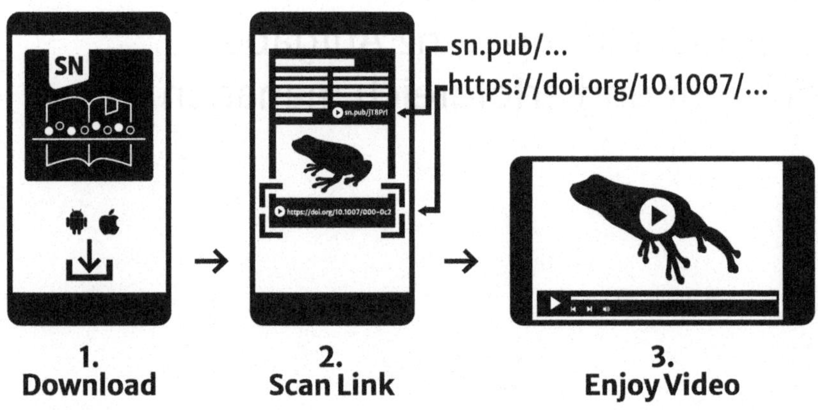

Support: customerservice@springernature.com

Jürgen Nowoczin

„Wie statt Was" – Mit Methodenkompetenz Aufgaben effizient und erfolgreich managen

Jürgen Nowoczin
Düsseldorf, Deutschland

Die Online-Version des Buches enthält digitales Zusatzmaterial, das durch ein Play-Symbol gekennzeichnet ist. Die Dateien können von Lesern des gedruckten Buches mittels der kostenlosen Springer Nature „More Media" App angesehen werden. Die App ist in den relevanten App-Stores erhältlich und ermöglicht es, das entsprechend gekennzeichnete Zusatzmaterial mit einem mobilen Endgerät zu öffnen.

ISBN 978-3-662-65789-8 ISBN 978-3-662-65790-4 (eBook)
https://doi.org/10.1007/978-3-662-65790-4

Die Deutsche Nationalbibliothek verzeichnet diese Publikation in der Deutschen Nationalbibliografie; detaillierte bibliografische Daten sind im Internet über http://dnb.d-nb.de abrufbar.

Springer Gabler

Planung/Lektorat: Mareike Teichmann
Springer Gabler ist ein Imprint der eingetragenen Gesellschaft Springer-Verlag GmbH, DE und ist ein Teil von Springer Nature.
Die Anschrift der Gesellschaft ist: Heidelberger Platz 3, 14197 Berlin, Germany

Vorwort

Eigentlich ist es ungewöhnlich, in der heutigen Zeit ein Buch zu schreiben, das sich mit Methoden beschäftigt. Aber in meiner langjährigen Erfahrung als Personalentwickler, insbesondere beim Recruiting von Nachwuchskräften, ist mir aufgefallen, dass viele Hochschulabsolventen, oder auch sonstige Bewerber, sehr wohl ein hohes Fachwissen mitbringen, häufig aber Defizite im Bereich der Methodenkenntnisse aufweisen. Diese Wahrnehmung deckt sich mit meinen Erkenntnissen als Dozent an verschiedenen Fachhochschulen. Dort wird sehr viel Wert gelegt auf die fachlichen Inhalte, weniger aber auf die Umsetzung des Gelernten, also auf das methodische Know-how. Deshalb erscheint es mir wichtig, das Thema Methodenkompetenz einmal neu aufzugreifen und zu beleuchten. Fachwissen ist durch das „World Wide Web" quasi uneingeschränkt verfügbar, von Wiki bis zu fachspezifischen Studien. Die Umsetzung dieses Wissens stellt aber eine besondere Aufgabe dar, die darin besteht, die richtigen Methoden zu kennen, sie auszuwählen und effizient anzuwenden. Dabei geht meine Überlegung in zwei Richtungen. Einerseits: Welche Methoden gibt es überhaupt, die für das tägliche Managementgeschäft von Bedeutung sind? Und welche Methoden sind so praxisnah, so relevant, dass sie eigentlich jeder, der im Management unterwegs ist und verschiedenste Aufgaben jeden Tag zu bewältigen hat, auch kennen sollte? Andererseits: Welche neuen Methoden gibt es vielleicht in der Zukunft, wenn wir über Industrie und Arbeit 4.0 oder 5.0 sprechen? Welche methodischen Voraussetzungen brauchen wir, um die Herausforderungen der Zukunft zu bewältigen? Hat sich also das Portfolio der Kompetenzen noch einmal deutlich verändert? Daher entstand die Idee, ein Buch zu schreiben, das kompakt eine Auswahl von Methoden vorstellt und auch aufzeigt, wie man sie im Alltag in verschiedensten Situationen anwenden kann. Das bedeutet, den persönlichen Werkzeugkasten um weitere sinnvolle Tools zu erweitern, um für alle Aufgaben und Herausforderungen bestens gerüstet zu sein.[1]

Ich danke dem Verlag Springer Gabler, insbesondere meinen Ansprechpartnerinnen Mareike Teichmann, Katharina Harsdorf und Luisa Czora für die Unterstützung und die Möglichkeit, diese Ideen des methodischen Know-how einem breiteren Publikum zugänglich zu machen. Dank auch an meine Mediengestalterin, Nora Nowoczin, für die Unterstützung bei der Umsetzung der Abbildungen. Ich wünsche allen Lesern viele gute Erkenntnisse, dazu Motivation und Mut, die verschiedenen Methoden im Alltag anzuwenden.

Düsseldorf, Deutschland Jürgen Nowoczin

[1] Eine Reihe von Abbildungen und Textpassagen bzw. die Impulse dafür gehen auf meine Arbeit in verschiedenen Industrieunternehmen zurück, wurden von mir erstellt oder verantwortet. Dabei handelt es sich i. d. R. um Konzepte, Handouts, Skripte und Präsentationen. Zum Teil existieren die Unternehmen nicht mehr. In der Rechtsnachfolge habe ich die Genehmigung von Demag Cranes & Components, die u. a. Materialien mit folgendem Hinweis verwenden, anpassen und veröffentlichen zu dürfen: In Anlehnung an: Nowoczin, J. unveröffentlichtes Manuskript/Seminarunterlage/Präsentation. Dies bezieht sich auf die Abb. 2.1, 2.5, 2.6, 2.7, 2.9, 2.10, 2.11, 2.12, 2.13, 2.16, 3.3, 3.10, 3.11, 3.12, 3.14, 3.15, 4.3, 4.23, 4.24, 4.26, 4.27, 4.28 bzw. die Textabschnitte/4.9/4.11. 3.1 (auch in Anlehnung an Lorenz, T., a-m-t).

Inhaltsverzeichnis

Über den Autor

Jürgen Nowoczin studierte Pädagogik, Psychologie, Soziologie (Diplom-Pädagoge) und absolvierte Weiterbildungen zum Personalassistent/Assistent Aus- und Weiterbildung (IHK), Trainer, Moderator und Business Coach. Er war über 30 Jahre bei Industriekonzernen im Bereich der Personalentwicklung und des Talentmanagements, auch in leitenden Funktionen, tätig. Er ist Gründer eines HR-Start-up-Unternehmens, arbeitet seit vielen Jahren als Dozent an verschiedenen Fachhochschulen und befasst sich als Autor von Fachartikeln und Büchern mit diversen Managementthemen. Einige Konzepte (Personenzertifizierung im Vertrieb, 2008 – Kollegiale Beratung, 2010 – Midlife Review – persönliche Standortbestimmung in der beruflichen Lebensmitte, 2015) wurden zudem mit dem New Deals Award für innovative Personalentwicklung ausgezeichnet.

team@now-bildungsmanagement.de
www.now-bildungsmanagement.de

Kompetenzen im Wandel 1

„Wenn ich als Werkzeug nur einen Hammer habe, werde ich jede Aufgabe wie einen Nagel behandeln!“
(Mark Twain)

1.1 Der Kompetenzbegriff

Mit Kompetenz wird allgemein „die Verbindung von Wissen und Können in der Bewältigung von Handlungsanforderungen“ (BIBB 2013) bezeichnet. Personen gelten somit als kompetent, wenn sie in der Lage sind, ihr Wissen, ihre Fähigkeiten und Fertigkeiten erfolgreich zur Lösung von Problemstellungen und der Bewältigung von Aufgaben einzusetzen. Die gilt insbesondere, wenn Situationen oder Anforderungen ein hohes Maß an Ambiguität bzw. Komplexität aufweisen, also das Agieren nicht oder nur begrenzt auf Routinen oder bereits bewährte Handlungskonzepte zurückgreifen kann.

Speziell in der Berufsbildung nehmen die Schlüsselqualifikationen eine besondere Rolle ein und sollen zu einer entsprechenden Handlungskompetenz führen. Schon Mitte der 1970er-Jahre beschrieb der Deutsche Bildungsrat berufliche Kom-

Ergänzende Information Die elektronische Version dieses Kapitels enthält Zusatzmaterial, auf das über folgenden Link zugegriffen werden kann [https://doi.org/10.1007/978-3-662-65790-4_1]. Die Videos lassen sich durch Anklicken des DOI-Links in der Legende einer entsprechenden Abbildung abspielen, oder indem Sie diesen Link mit der SN More Media App scannen.

J. Nowoczin, *„Wie statt Was“ – Mit Methodenkompetenz Aufgaben effizient und erfolgreich managen*, https://doi.org/10.1007/978-3-662-65790-4_1

petenzen in einer Weiterführung der Qualifikationen „als Fähigkeiten, Fertigkeiten, Wissensbestände und Einstellungen, die das umfassende fachliche und soziale Handeln des Einzelnen in einer berufsförmig organisierten Arbeit ermöglichen". (Aus BIBB: Definition und Kontextuierung des Kompetenzbegriffes, https://www.bibb.de/de/8570.)

Die Bildungsforschung formuliert in Anlehnung an Weinert (2001) ein Verständnis von Kompetenz, das wesentlich auf kognitiv-psychologische Begrifflichkeiten reflektiert. Demnach sind Kompetenzen interne Dispositionen und Repräsentationen von Wissen, Fähigkeiten und Fertigkeiten, die erlern- und vermittelbar sind sowie grundsätzliche Handlungsanforderungen innerhalb eines Fachs oder Berufsfelds widerspiegeln (Klieme et al. 2007; Hartig 2008). Folgt man dem Pädagogen Wolfgang Klafki, so beinhaltet der Begriff gemäß seinem Ansatz der kritisch-konstruktiven Didaktik die Fähigkeit und Fertigkeit, in den genannten Gebieten Probleme zu lösen, sowie die Bereitschaft, dies auch zu tun (Klafki et al. 1977).

In der Arbeitswelt wurden diese zunächst ausbildungsbezogenen Ansätze mit Beginn der 1990er-Jahre für Anforderungsprofile neuer Mitarbeitender aufgegriffen und weiterentwickelt. Dabei stand die Frage im Raum, was Nachwuchskräfte (z. B. Hochschulabsolventen) und Bewerber für zu besetzende Stellen an Fähigkeiten und Fertigkeiten mitbringen sollten, um bestmöglich die an sie gestellten Aufgaben erfüllen zu können. Diese – fortan Skills genannten – Eigenschaften beziehen sich einerseits auf das notwendige Fachwissen („Hard Skills") als auch auf weiterführende Kompetenzen („Soft Skills"), die vorwiegend den Verhaltensbereich beschreiben.

Daraus wiederum ergab sich das Kompetenzmanagement mit dem Zweck, die zur Zielerreichung im operativen Geschäft erforderlichen Kompetenzen bereit zu stellen. Aus Sicht des Prozessmanagements wurde dadurch antizipierend die Strategieumsetzung sowie im Tagesgeschäft die operative Leistungsfähigkeit gewährleistet. Das Unternehmen als solches erwies sich damit auf allen Ebenen als handlungsfähig. Es ist daher von großer Bedeutung, die richtigen Mitarbeitenden für die richtigen Aufgaben mit der richtigen Kombination aus Wissen, Fähigkeiten, Fertigkeiten, Werten und Normen einzusetzen. Deshalb haben sich immer wieder – an den fortschreitenden Herausforderungen orientierte – Kompetenzmodelle entwickelt. Diese können allgemeiner Art sein oder unternehmensspezifisch. Sie waren lange Zeit wesentliche Grundlage für die Konzeption und Implementierung von Auswahl- und Förderassessments. Sie sind aktuell das Fundament für die Ergänzung der bisherigen Ansätze und der Weiterentwicklung neuer, anderer Kompetenzen in Zeiten von Digitalisierung und „New Work". Bei diesem Thema gilt wie in vielen anderen Bereichen auch, dass Stillstand Rückschritt bedeutet.

1.2 Das bisherige 4-Kompetenzen-Modell

Viele Jahre bestand das gängige Kompetenzmodell aus den Elementen Fach-, Methoden- und Sozialkompetenz. Dann kam in Erweiterung der Soft Skills und präziserer Anforderungsprofile die „persönliche Kompetenz“ hinzu. Damit schien alles ausreichend beschrieben. Vier Kompetenzen waren also das, was Mitarbeitende im Unternehmen für verschiedenste Tätigkeiten und Aufgaben brauchten, was auch bei Nachwuchskräften oder Stellenbewerbern vorausgesetzt wurde.

1) Fachkompetenz Sie ist die Grundlage für Handlungsfähigkeit. Man soll sich in seinem Fachbereich, so gut wie möglich, auskennen, neueste Tendenzen wahrnehmen, sich immer wieder auf dem Laufenden halten, fachliche Aufgaben mit hohem Qualitätsstandard umsetzen können.

2) Methodenkompetenz Darunter versteht man die Fähigkeit, bei zunehmender Komplexität der Aufgaben die richtigen Werkzeuge zu deren erfolgreicher Bearbeitung zu kennen und angemessen anwenden zu können. Hinzu kommt, vorhandenes Fachwissen durch situativ ausgerichtetes Transfermanagement zu einer nachhaltigen Optimierung von Arbeitsabläufen und Organisationsprozessen zu nutzen. Das trägt dazu bei, die Veränderung zum Besseren („Kaizen“) sowohl im Portfolio des Einzelnen als auch für ganze Systeme und Organisationen umzusetzen.

3) Soziale Kompetenz Man soll in der Lage sein, mit anderen in Beziehung zu treten, zu kommunizieren, sich auszutauschen, als Teamworker im Unternehmen zu agieren, Stakeholder mit einzubinden und am Ende ein entsprechend gutes Ergebnis zu erzielen. Dazu gehört eine gute kommunikative Kompetenz. Dazu gehört ebenso eine Informationskompetenz, also nicht mit Informationen hinter dem Berg zu halten, sondern Informationen für alle zugänglich zu machen. Dazu gehört die Fähigkeit, Konflikte zu vermeiden beziehungsweise zu bewältigen. Gemeint ist also das ganze Paket der sozialen Interaktion.

4) Persönliche Kompetenz Damit wird auf die Person des Agierenden Bezug genommen: wie jemand wahrgenommen wird, wie jemand von seiner Art und Weise des Handelns wirkt. Ist jemand eher der begeisterungsfähige, extrovertierte Typ oder mehr der introvertierte, der im stillen Kämmerlein arbeitet? Kann jemand auf Menschen zugehen oder ist eher abwartend? Es geht also um die persönlichen Eigenschaften, z. B. auch um Teamfähigkeit oder Talent, andere anzuleiten oder zu führen (siehe Abb. 1.1).

Alle genannten Kompetenzen sollen zu einer optimalen Leistungs- und Handlungsfähigkeit führen.

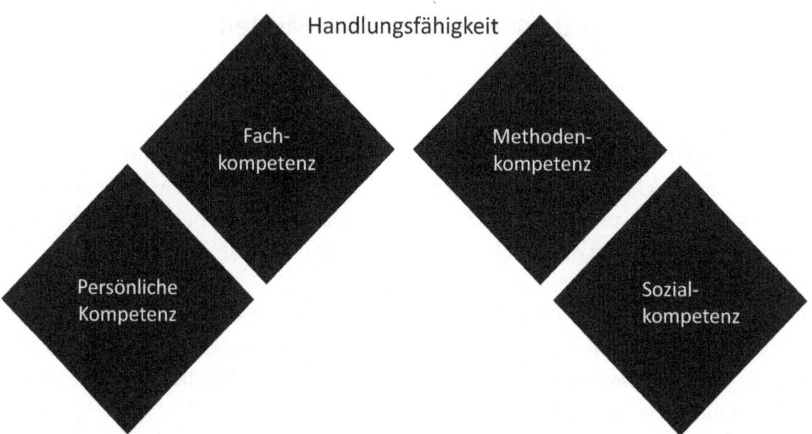

Abb. 1.1 Klassisches Kompetenzmodell. © Nowoczin 2022. All Rights Reserved

Im Kienbaum-Modell zum Kompetenzmanagement werden noch die Ebenen Performance (also die konkret beobachtbare Arbeitsleistung) und Potenzial (noch zu entdeckende und zu fördernde Fähigkeiten und Fertigkeiten, die sich auf alle vier Kompetenzbereiche beziehen können) ergänzt.

Eine andere, teilweise ergänzend verwendete Darstellung ist das „Handlungsquadrat" (siehe Abb. 1.2). Die agierenden Personen benötigen a) das Wissen, für ihre Aufgaben, b) das Können, also die Fähigkeiten und Fertigkeiten zur praktischen Anwendung, c) die persönliche Motivation und d) die angemessenen Rahmenbedingungen wie eigenen Gestaltungs- und Entscheidungsspielraum. Daraus ergibt sich in der Kombination aller Elemente die Leistungs- und Handlungsfähigkeit.

Diese „Quadrophonie" benötigen Sie für innovative Prozesse und die Handlungsfähigkeit Ihrer Organisation. Man könnte auch von einer vereinfachten Form eines „agilen Mindsets" sprechen: die Betroffenen werden zu Beteiligten, alle Visionen, Werte, Ziele sind klar kommuniziert und akzeptiert. Der erforderliche Wissens- und Kompetenzstand ist erreicht oder wird kontinuierlich mit verschiedensten Trainingsmethoden entwickelt, es gibt Entscheidungs- und Gestaltungsspielräume, Ideen sollen auf den Tisch und dürfen ausprobiert werden. Teilhabe und Erfolg motivieren.

Zu diesem Thema steht eine Videopräsentation zur Verfügung (siehe Abb. 1.3).

Abb. 1.2 Das Handlungsquadrat. © Nowoczin 2022. All Rights Reserved

„Wie statt Was" - Tutorial

Session 5: Das Handlungsquadrat

Abb. 1.3 Das Handlungsquadrat © Nowoczin 2022. All Rights Reserved (▶ https://doi.org/10.1007/000-92b)

1.3 Die neuen Kompetenzen

Kommt etwas Neues auf, wird das Bisherige schnell in Frage gestellt. Sind die bisherigen vier Kompetenzen in Zukunft überflüssig? Nein, sondern verstehen wir es eher so, dass sie die Basis, die Plattform, das Fundament sind für all das, was sich im Laufe der Zeit noch ergeben hat und was für die aktuelle Bewältigung von Managementaufgaben unerlässlich ist. Lange Zeit, bis in die 1980er-Jahre hinein, konnte in deutschen Unternehmen nach „Schema F" gearbeitet werden, weil es bestimmte vorgegebene Arbeitsabläufe gab. Diese Vorgehensweise orientierte sich am Prinzip des Taylorismus, das weitgehend auf Arbeitsteilung beruht. Jeder Arbeitsplatz, jeder Bereich war klar gegliedert. Die Aufgaben, die der einzelne zu erfüllen hatte, waren übersichtlich und für ihn nachvollziehbar. Die Vorgehensweise war eindeutig und auch wenig kompliziert. Ein Verkäufermarkt machte es leicht, die Produkte und Dienstleistungen abzusetzen. Mit dem Wandel zum Käufermarkt waren die Unternehmen wegen des zunehmenden Preisdrucks aus Fernost gezwungen, ihre scheinbar bewährten Prozesse zu optimieren. Dies geschah zunächst, von viel Hoffnung auf den idealen Ansatz begleitet, in Form von Steigerung der Automation bis hin zu Visionen von einer menschenleeren Fabrik, in der Robotersysteme nur noch die Überwachung eines einzelnen Leitstandführers benötigen. Dieser Ansatz scheiterte an der rasanten technologischen Entwicklung des IT-Sektors. So schnell, wie die Rechnerkapazitäten und die Fähigkeiten der Steuerungssysteme sich fast exponentiell verbesserten, konnten die Investitionen und die Ablösung veralteter Geräte nicht folgen. Manch einer mag sich noch erinnern, dass erste Personal Computer mit Disketten als Datenspeicher betrieben wurden und erste Festplatten eine Kapazität von gerade mal 20 MB hatten, aus heutiger Sicht geradezu lächerlich.

Mit dem Aufkommen des Lean Managements in den westlichen Industrieländern zu Beginn der 1990er-Jahre, insbesondere mit den Ansätzen einer neuen Unternehmenskultur und den neuen Prozessabläufen eines Taiichi Ohno im Toyota-Produktionssystem (1973), wurde es notwendig, den Menschen und sein gestalterisches Potenzial (wieder) zu entdecken und sein Methodenportfolio, die schmale Werkzeugkiste, deutlich zu ergänzen. Denn nun kam es darauf an, mit anderen gemeinsam zu arbeiten, die Prozesse statt den Einzelarbeitsschritt zu betrachten und in „Workteams" über Verbesserungen nachzudenken. Es reichte nicht mehr aus, nur den eigenen Horizont und den eigenen Arbeitsplatz in Ordnung zu halten, sondern man musste auch schauen: Was passiert in der Kundenlieferantenkette vor dem eigenen Arbeitsplatz, was passiert danach? Welche fertigen oder halbfertigen Waren bekomme ich an meinen Arbeitsplatz? Wie und in welchem Zustand, mit welcher Qualität, gebe ich die Werkstücke, Unterlagen, Aufgaben an den Kollegen oder die Kollegin für den nächsten Arbeitsschritt weiter. Den entscheidenden Impuls lieferte eine amerikanische Studie über die japanischen Produktionsformen, um auch deutsche Manager zum Umdenken und Handeln zu bringen (vgl. Womack et al. 1991). Dabei ging es im Linienmanagement um zwei ganz entscheidende Bereiche. Zum einen, alle bisherigen Arbeitsabläufe und Prozesse zu hinterfragen und auf den Prüfstand zu stellen sowie dabei zu schauen, inwieweit sie auf der einen Seite Verschwendungspotenzial enthalten oder auf der anderen Seite tatsächlich wertschöpfend sind. Zum anderen erwies es sich notwendig, und das war nun tatsächlich neu, immer wieder in diesem Prozess der Veränderung, der Verbesserung, also in dem sogenannten kontinuierlichen Verbesserungsprozess (japanisch „Kaizen“ = Veränderung zum Besseren) zu bleiben und sich nicht mit einmal erreichten Ergebnissen zufriedenzugeben. (vgl. Imai 1993). Elementare Ziele dabei: **Verschwendung eliminieren** (also z. B. Doppelarbeiten, unnötige Wege und Transporte) bzw. zu minimieren (z. B. Prüfvorgänge, Umrüsten von Maschinen) sowie die **Wertschöpfung erhöhen**, d. h. die Tätigkeiten, die den Wert des Produkts oder der Dienstleitung steigern und die der Kunde auch bereit ist zu bezahlen. Es ist also beispielsweise wertschöpfender, an einer Metallplatte die für die Verschraubung erforderliche Gewindebohrung anzubringen, statt die Metallplatte im Behälter mit dem Gabelstapler durch die Halle zu fahren. Dieser Ansatz erforderte plötzlich nicht nur die Fähigkeit der Mitarbeitenden, Dinge nach Vorgaben und konkreten Aufgabenstellungen abzuarbeiten, sondern selber kreativ zu sein, sich Gedanken zu machen und in einem Netzwerk zu arbeiten, das den gesamten Prozess abbildet.

Diese Denkweise wurde sehr stark angetrieben von den Überlegungen der Amerikaner Hammer und Champy (1994), die sich bereits Mitte der 1990er-Jahre Gedanken darüber gemacht haben, wie man Prozesse und Systeme entsprechend beschreiben und wie man sie effektiv beziehungsweise effizient gestalten kann. Sie waren somit die Vorläufer des modernen Prozessmanagements und mit ihrem Ansatz der interagierenden Systeme Inspiratoren (siehe Abb. 1.4) des aktuellen „agilen Mindsets“.

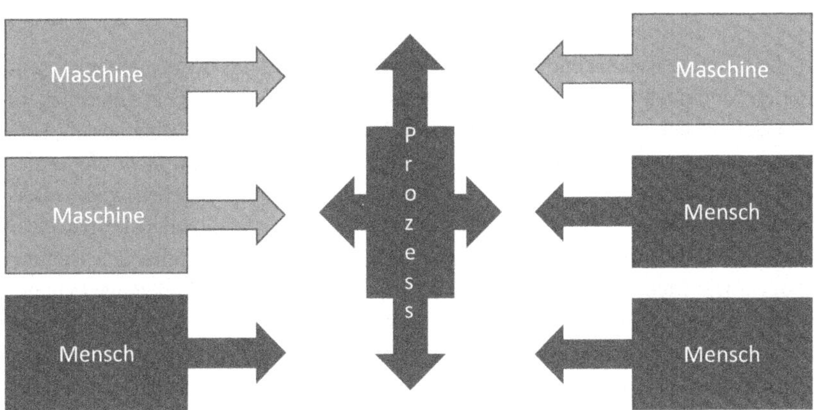

Abb. 1.4 Interagierende Systeme (nach Hammer und Champy 1994).

Praxisbeispiel

Dazu eine kleine Geschichte aus der Praxis eines Unternehmens. Für die Fertigung eines Stahlträgers werden Bleche mit einer Länge von 12 m benötigt. Eines Morgens steht der LKW des Metallgroßhandels auf dem Firmenhof und möchte Stahlbleche abladen. Er wendet sich zwecks Abladens an einen Lagermitarbeitenden: „Habe hier 12-Meter-Bleche. Wo sollen die hin?“ – Statt einer präzisen Antwort, sieht er Kopfschütteln: „Was, die kommen heute schon? Dafür haben wir doch gerade gar keinen Platz!“ – „Was denn nun?“ fragt der Fahrer, „abladen oder wieder mitnehmen?“ Unter diesem Druck wird die Unsicherheit noch größer. „Warte mal einen Moment. Wir klären das.“ Während unser Fahrer sich ein Tässchen Kaffee aus der Thermosflasche gönnt, wird eilend beraten, was man denn nun machen solle. Etwas später ist klar: Abladen, denn man hatte einen Platz gefunden, ungefähr 6 m breit. Es wurde ein Arbeitstrupp zusammengestellt, der die 12 Meter-Bleche mit dem Trennschleifer durchtrennt und aufstapelt. Man war ob dieser Kreativität mit sich zufrieden. Der Stapel war halt nur ein bisschen höher als sonst. Etwa zwei Wochen später erreichte der Fertigungsauftrag die Produktion. Man las in der Teileliste „12-Meter-Bleche“ und schaute sich fragend an. „Haben wir doch gar nicht“. – „Ich ruf mal eben beim Einkauf an, wahrscheinlich haben die vergessen zu bestellen“. Vom Einkauf gab es aber die Auskunft, dass die Bleche ordnungsgemäß vor zwei Wochen geliefert worden seien. Man solle mal richtig nachsehen. Im Lager ging den Mitarbeitenden dann nach erfolglosen Suchbemühungen ein Licht auf: „Das ist der Stapel mit den 6-Meter-Blechen. Was nun?“ Kein Problem. Es wurde schnell ein Arbeitstrupp gebildet, der die Bleche mittig zusammenschweißte: 2 mal 6 m ergibt bekanntlich 12 m. Alles okay. – Überlegen Sie bitte mal, was an dieser Geschichte „wertschöpfend“ war. ◀

Das Thema Verschwendung und Wertschöpfung wird uns bei den prozessorientierten Methoden noch intensiver beschäftigen. Außerdem wird ein Überblick zu den technischen und den kommunikativen Methoden gegeben. Dabei besteht kein Anspruch auf Vollständigkeit. Der Überblick kann im Einzelfall nicht die vertiefende Lektüre und ausführlichere Beschäftigung mit einer Vorgehensweise ersetzen. Daher gibt es Verweise auf die entsprechende weiterführende Literatur oder auch Downloadmaterialien sowie kurze Videoclips mit weiterführenden Erläuterungen. Die Methodenübersicht soll helfen, die wesentlichen Werkzeuge kennenzulernen sowie Hinweise auf Einsatzfelder und Nutzen geben. Und das alles mit der Intention, den schon erwähnten Werkzeugkasten variabel zu gestalten und die Aufgabenbewältigung effektiver und letztlich effizienter zu machen.

Das Richtige richtig tun
Erinnern wir uns kurz daran, was unter Effektivität und Effizienz zu verstehen ist. Effektivität meint, das Richtige zu tun, sich also für die richtigen Werkzeuge, die richtige Vorgehensweise, die richtige Aufgabenbewältigung die nötigen Kenntnisse zu beschaffen und sie dann auch im Alltag einzusetzen. Effizienz meint, diese richtigen Instrumente, diese richtige Vorgehensweise, diese richtige Methodik auch richtig, das heißt situativ passend mit den entsprechenden Personen, in der entsprechenden Situation einzusetzen und umzusetzen. Ziel ist es, dadurch die höchstmögliche Qualität, den höchstmöglichen Erfolg zu erreichen.

Hammer und Champy sahen drei Beziehungspfade in der täglichen Aufgabenbewältigung:

1. Wie können Maschinen mit Maschinen interagieren?
2. Wie kann der Mensch mit Maschinen oder komplexen Systemen interagieren?
3. Wie können Menschen untereinander interagieren?

Das Ziel bei allen drei Vorgehensweisen: die möglichst höchste Effizienz erreichen. Diese Überlegungen waren, wenn man so will, die Geburtsstunde der **systemischen Kompetenz.**

1.3.1 Systemische Kompetenz

Es geht dabei nicht um systematisches Vorgehen, also eine bestimmte Struktur oder Form. Systemik wird gern mit Systematik verwechselt. Systemische Kompetenz meint die Fähigkeit, im Ganzen, in Zusammenhängen, im Netzwerk zu denken und die Konsequenzen des Handelns für vor- und nachgelagerte Bereiche, den Prozess, das System und die Organisation zu beachten (siehe Abb. 1.5).

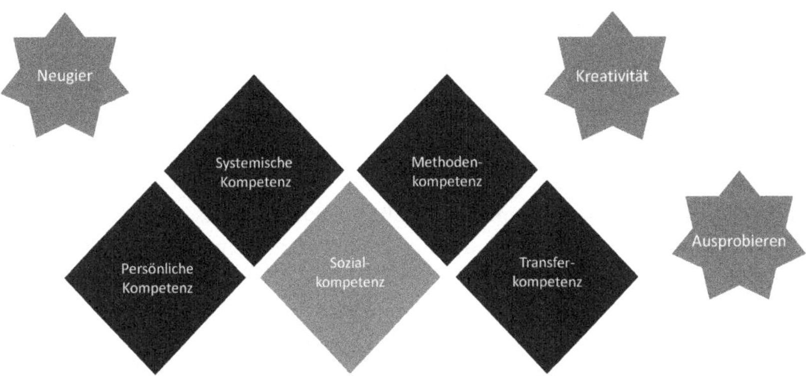

Abb. 1.5 Erweitertes Kompetenzmodell. © Nowoczin 2022. All Rights Reserved

Im Zuge von Industrie 4.0 oder Arbeit 4.0 ergaben sich nun weitere Aspekte, die neue Kompetenzen, neue Vorgehensweisen erforderlich machten. Die Digitalisierung der Arbeitswelt führt dazu, dass wir nicht mehr nur über Kompliziertheit von Vorgängen sprechen. Es geht in der sogenannten VUCA-Welt um die Komplexität der Dinge. Das heißt, die Zusammenhänge zu erkennen, das Denken in Zusammenhängen zu fördern, in Netzwerken zu agieren und letztendlich alle Aspekte eines Prozesses von Beginn bis zum Ende des Prozesses im Blick zu behalten. Die **Volatility** beschreibt in diesem Zusammenhang Schwankungen und Abweichungen in einem System, d. h. einmal gefundene und praktizierte Standards werden hinterfragt. Handlungen und Entscheidungen erfolgen nicht mehr linear, sondern in einer gewissen Bandbreite. Statt einer Lösungsmöglichkeit können „verschiedene Wege nach Rom" führen. Die **Uncertainty** meint die aufkommende Unsicherheit der Prozesse und Geschäftsmodelle. Das Business ist noch schneller geworden. Ideen und Firmen entstehen (wie z. B. die inflationäre Gründung von Start-ups) und verschwinden auch wieder, weil der Markt sie nicht akzeptiert hat. Eine immer weiter zunehmende **Complexity** löst eine bis dato komplizierte Arbeitswelt ab. Es steht immer noch die Bearbeitung von Problemstellungen im Vordergrund, aber es gibt weniger einfache oder gar universelle Lösungen. Die Interdependenzen in den Prozessen haben zugenommen. Die Abhängigkeiten oder auch Folgen von Entscheidungen stellen sich als vielschichtiger und weniger durchschaubar dar. Das führt im Sinne der **Ambiguity** dazu, dass die Eindeutigkeit der Prozesse geschwunden ist. Die zunehmende Fülle der zu verarbeitenden Informationen, die uns in der medialen Welt auf unterschiedlichen Kanälen erreichen, führt zu einer Mehrdeutigkeit der Vorgänge, Arbeitsschritte und -ergebnisse. Die früher angestrebte 100-Prozent-Lösung ist nur noch selten erreichbar. Vor allem kostet sie zu viel Zeit, die die Unternehmen in Zeiten der allgemeinen Beschleunigung nicht mehr haben. Man hat nicht mehr jahrelang die Ressourcen für die Entwicklung eines neuen Produkts bis zur angenommenen Marktreife. Die Gefahr, von der Konkurrenz überholt zu werden und zu spät zu kommen, ist immens. Daher ist das Gebot der Stunde, die alten Sicherheiten und Eindeutigkeiten zu überwinden, 80-Prozent-Lösungen zu akzeptieren und im Markt zu testen. Dabei gilt es im Sinne einer wirklichen Kundenorientierung, das Feedback des Marktes einzubeziehen, quasi beständig und parallel zur Rückkoppelung mit dem Kunden zu entwickeln und sich dabei einzugestehen, dass man viel, aber längst nicht alles weiß. Der frühere Werbespruch „Bauknecht weiß, was Frauen wünschen" hat nicht nur unter Genderaspekten ausgedient, er zeugt auch noch von einer unternehmerischen Arroganz, die sich heute niemand mehr leisten kann. (Abb. 1.6 zeigt, wie rasant die Entwicklung allein in den letzten 100 Jahren war.)

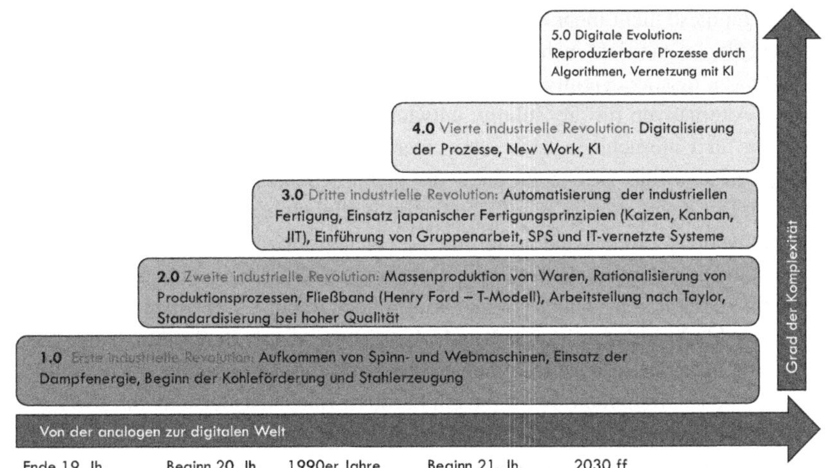

Abb. 1.6 Historische Entwicklung. © Nowoczin 2022. All Rights Reserved

Digitalisierung auf fast allen Ebenen ist keine neue Philosophie, sondern die logische Folge der Transformation ganzer IT-Welten. Algorithmen und künstliche Intelligenz werden bestimmte Berufsbilder verschwinden lassen und neue hervorbringen, indem sie z. B. reproduktive Tätigkeiten übernehmen. Dabei kommt es darauf an, für das jeweilige Business den adäquaten Ansatz und Weg zu finden. Die Angst vor Veränderung ist dafür kein guter Ratgeber. Wir brauchen also eine Therapie gegen die „Innovations-Phobie". Sprenger (2018) und Keese (2019) beschreiben eindringlich, welche Handlungsfelder hier noch brachliegen und wie sich das deutsche Management entwickeln muss, um sich nicht über kurz oder lang von der Dynamik der Weltmärkte abzukoppeln. Aus dieser Denkweise, die sich aktuell in „New Work" noch weiter fortsetzt, ergaben sich zumindest zwei zusätzliche Kompetenzbereiche.

1.3.2 Innovationskompetenz

Wir haben im Zusammenhang mit Digitalisierung und Arbeit 4.0 auch häufig den Begriff Disruption (Zerstörung bisheriger Geschäftsideen) gehört. Dieser Ansatz führt dazu, dass wir radikal darüber nachdenken müssen, was passiert eigentlich, wenn mein Produkt, meine Dienstleistung in drei, fünf, zehn Jahren am Markt gar nicht mehr gefragt ist? Was passiert mit den Fahrzeugen mit Verbrennungsmotoren, wenn diese nicht mehr vom Kunden angenommen werden oder aus Umweltschutzgründen gar nicht mehr zugelassen werden dürfen? Wie wollen wir nach der Abkehr von fossilen Brennstoffen den Energiebedarf decken? Wie weit haben wir bereits Alternativen für die Zukunft entwickelt? Es ist daher von elementarer Bedeutung für Unternehmen, sich schon hier und heute Gedanken darüber zu machen, wie kann das eigene Produkt, die eigene Dienstleistung weiterentwickelt werden. Der dazugehörige Begriff heißt **Innovationskompetenz**. Wie komme ich zur Innovation? Einmal, indem ich meine eigenen Prozesse, meine eigenen Produkte und Dienstleistungen beständig hinterfrage. Dazu gehört auch, nicht im eigenen Saft zu schmoren, sondern immer wieder auch Impulse von außen zu holen, sei es durch Marktanalysen, durch Kundenbefragung, durch Beobachtung der Entwicklung oder durch die Auseinandersetzung mit wissenschaftlichen Erkenntnissen oder neuen Methoden. Wie kann ein Produkt, eine Dienstleistung mit Blick auf den Bedarf des potenziellen Kunden noch besser werden, einen noch höheren Nutzen bieten? Außerdem gilt es, die gesellschaftliche Entwicklung im Blick zu behalten. Dazu gehört beispielsweise zu schauen, wie wir zukünftig unterwegs sein werden? Was wird sich im Bereich der Mobilität verändern? Einige Wissenschaftler gehen davon aus, dass es in Zukunft nicht mehr darum geht, sein *eigenes* Fahrzeug zu haben, sei es ein Auto, ein Fahrrad, was auch immer. Es wird vor allem darum gehen, mit welchen Systemen und welchen Fahrzeugen komme ich bedarfsorientiert von A nach B. Mobilität wird also in Zukunft nicht mehr an dem Besitz eines eigenen Fortbewegungsmittels festgemacht werden, sondern an einer gesamtgesellschaftlichen Idee von Mobilität. Anderes Beispiel: Wir haben lange Zeit in unserem unternehmerischen Denken und Handeln die Kontakte auch in entfernte Länder meist persönlich gestaltet. Das heißt, man flog dann zu entsprechenden Konferenzen und Meetings rund um den Globus zu den internationalen Standorten in USA, Japan, Australien, wohin auch immer. Das bedeutete Aufwand an Zeit, Aufwand an Kosten. Mittlerweile gibt es holografische Systeme, die diese zusätzliche Travelaktivität, ähnlich wie die inzwischen mit guter Qualität angebotenen Videokonferenzen, deutlich reduzieren werden. Wir können zukünftig in der Lage sein, durch bildgebende Projektionssysteme in Echtzeit mit Mitarbeitenden oder Geschäftspartnern weltweit zu kommunizieren. Das heißt, wir sehen sie in der Projektion als Personen mit ihrer Mimik und Gestik, deren Fehlen früher als ein Manko bezeichnet wurde, wenn man nur telefonierte. Diese neue Technologie wird dazu führen, dass sich beispielsweise Fluggesellschaften darüber Gedanken machen müssen, wie ihr Geschäft in der Zukunft aussieht, wenn ein Großteil der geschäftlich motivierten Reisen wegbricht, weil man das einfach nicht mehr braucht. Oder nehmen wir einen anderen innovativen Ansatz aus der gesellschaftlichen Entwicklung. Wir haben glücklicherweise eine Reihe von Impfstoffen und demnächst auch Medikamenten zur Verfügung, die in der Pandemie, die wir durchleben, helfen können. Hier hat eine gesellschaftliche Situation, der Ausbruch von Corona, dazu geführt, dass Innovation entstanden ist. Über Innovationen nachzudenken, gehört wie der schon erwähnte „kontinuierliche Verbesserungsprozess" in die Aufgabenbeschreibung jedes Mitarbeitenden. Die Zeit der „Think-Tanks" und „Org-Labs" im stillen Kämmerlein, häufig auch nur als progressives Alibi genutzt, ist vorbei.

1.3.3 Transferkompetenz

Es reicht heute nicht mehr aus, einfach gute Ideen zu haben oder Erkenntnisse zu gewinnen, die dann in der Schreibtischschublade versauern. Sondern es ist ein ganz wichtiger Faktor für die zukünftige Entwicklung, Ideen, Veränderungen, Ansätze, neue Kenntnisse im Unternehmensalltag auch umzusetzen. Wir brauchen also Instrumente, wir brauchen eine Denkweise, die darauf abzielt, nicht auf halber Strecke stehen zu bleiben, sondern Ideen auch Realität werden zu lassen. Das ist Transferkompetenz. Darunter versteht man, die Fähigkeit, Veränderungen, Verbesserungen, Ideen – als richtig erkannt – tatsächlich erfolgreich in den Arbeitsalltag zu integrieren, neue Standrads zu setzen, Prozesse zu optimieren. Häufig bleiben solche Ideen, neue Ansätze in der Umsetzung stecken. Dafür gibt es verschiedenste Gründe: Blockaden, weil der eine oder andere es nicht gewohnt ist, sich auf Neues einzustellen. Der Spruch: „Das haben wird doch schon immer so gemacht" hemmt die Weiterentwicklung. Denn der Mensch ist ein Gewohnheitstier, das nicht bereit ist, sich ohne weiteres auf Veränderung einzulassen. Der berühmt-berüchtigte „innere Schweinehund" torpediert oft und gern unsere besten Vorsätze. Das kennen wir doch, egal ob es um Abnehmen oder Sporttreiben geht. Gute, alte Gewohnheiten abzulegen, unser Hirn auf eine neue Verhaltensweise zu programmieren, ist mühsam und braucht viel Geduld und Ausdauer. Die haben wir privat meist nicht, die haben Unternehmen nicht. Und schon wundert man sich erneut, warum ein eigentlich guter Ansatz, eine vielversprechende Strategie letztlich scheitert. Deshalb benötigen wir die Fähigkeit von Menschen, diese Umsetzungsprozesse von Erkenntnis auf der einen Seite und tatsächlichem Reagieren und Handeln auf der anderen Seite zu gestalten und entsprechend zu katalysieren. Ein typisches Beispiel dafür ist der Besuch eines Seminars oder einer Schulung. Man hat gute Erkenntnisse gewonnen, bringt diese Ideen mit und kommt in eine Konfliktsituation mit dem vorhandenen organisatorischen Hintergrund oder mit den anderen Kollegen und Kolleginnen, die diese Erkenntnisse noch nicht haben. Da hört der mit Begeisterung und Motivation erfüllte Rückkehrer mal schnell den Spruch: „Lasst den mal in Ruhe, der war beim Seminar, in einer Woche ist der wieder normal". Am Ende steht dann die Frustration, dass jemand mit guten Ideen kommt, aber letztlich gegen Wände läuft. Gute Ideen und potenzielle Impulse versanden wieder im Arbeitsalltag. Häufig haben sich in der Vergangenheit Geschäftsführungen und Führungskräfte gefragt, warum es so schwer ist, tatsächlich Veränderung umzusetzen. Das liegt an der mangelnden Methodenkompetenz, Transferprozesse zu initiieren, zu controllen und zu moderieren. Ganz grob betrachtet, scheitert dieser Transfer an zwei Phänomenen. Zum einen: Es werden Ideen und Erkenntnisse entwickelt, die nicht mit der Organisation und dem System, in dem sie eingesetzt werden sollen, korrelieren. Das heißt, die Mitarbeiter stoßen mit ihren Ideen auf Widerstand, laufen gegen Wände, laufen sich einen Wolf und geben irgendwann frustriert auf. Wir benötigen also eine Gleichzeitigkeit bei der Entwicklung von Ideen und Erkenntnissen und der Weiterentwicklung und Anpassung der entsprechenden Organisation und des Systems, in dem wir arbeiten. Es ist also ein dynamisches Prozessmanagement erforderlich, um Ideen und Veränderung auf den Weg zu bringen. Auf der anderen Seite scheitern Ideen und neue Erkenntnisse, weil wir neue Strategien implementieren, die Organisation verändern wollen, Agilität ganz toll finden, Veränderungen in verschiedenen Bereichen vornehmen wollen, auf die Digitalisierung setzen usw., aber die Mitarbeitenden in diesem Prozess nicht mitnehmen. Mitarbeitende stehen, und das ist unabhängig vom Alter, vor der Herausforderung, sich anzupassen und dabei Gewohnheiten, bestimmte Abläufe, eingespielte Dinge aufzugeben und sich in Neuland zu wagen. Dies ist nicht einfach und dies braucht ein besonderes Händchen für das Transfermanagement, die Mitarbeitenden zu begleiten und zu unterstützen. Dabei ist es auch wichtig zu schauen, welche Stakeholder es im Unternehmen gibt, welche Mentoren, welche Promotoren den Prozess fördern könnten. Und dann wird häufig noch darüber diskutiert, ob man strategisch „top down“ oder besser „bottom up“ vorgeht, oder erst einmal die Veränderung in einer Pilotabteilung ausprobiert.

Berufswelt im Wandel

1) Mit der Stufe 4.0 hat die industrielle Entwicklung ihren höchsten Komplexitätsgrad erreicht und dabei den kürzesten Innovationszeitraum seit dem Ende des 19. Jh. durchschritten. Dabei wir es aber nicht bleiben. Mit Stufe 5.0 beginnt das Zeitalter der künstlichen Intelligenz und das Metaversums.
2) Es werden einige Berufsfelder durch andere neue ersetzt. Insbesondere der reproduktive Bereich erfährt eine Ablösung durch intelligente Systeme (KI). Die MINT – Berufe bleiben wichtig. Der Fachkräftemangel stellt eine besondere Herausforderung dar.
3) Die Verbindung/Vernetzung von Systemen (Maschine-Maschine, Maschine-Mensch sowie Mensch-Mensch) wird im Sinne einer Connectivity in Echtzeit von großer Bedeutung sein. Insbesondere in der antizipierenden Form von Serviceleistungen.
4) Für einige Bereiche stellt die digitale Entwicklung eine disruptive Herausforderung dar. Es gilt daher, alternative Geschäftsmodelle und Dienstleistungsideen zu entwickeln (z. B. holografische Meetings statt Flugreisen, neue Formen von Mobilität).
5) Digitalisierung an sich ist keine Philosophie oder Strategie, sondern (lediglich) ein Werkszeug für die Effizienzsteigerung in Prozessen.

6) Arbeit wird hybrid. Neben Präsenz am Arbeitsplatz treten Remote und Videomeetings.
7) Das Portfolio von Kompetenzen in der Arbeitswelt wandelt sich. Agile Arbeitsformen verlangen mehr Eigeninitiative, Verantwortungsübernahme, Teamfähigkeit bei mehr Gestaltungsspielräumen und flexibleren Arbeitszeiten und Arbeitsräumen. Neugier und Kreativität, Experimentier- und Entscheidungsfreudigkeit spielen dabei eine wesentliche Rolle, ebenso wie Transferfähigkeit und systemische Kompetenz (also das Übertragen von Lösungen in die Umsetzung und das Denken in Zusammenhängen). Mitarbeitende werden neben der persönlichen Performance auch nach diesen Kompetenzen und Potenzialen bewertet. Sie sind ferner für ihr Lernen und ihre Karriereplanung im Sinne eines Selbstmanagements eigenverantwortlich.
8) Arbeit im Sinne von Handlungsfähigkeit vollzieht sich in der Quadratur von Wissen, Können, Wollen und Dürfen.
9) Die Generationen Y und Z setzen andere Schwerpunkte hinsichtlich der Vereinbarkeit von Arbeit/Karriere und Work-Life-Balance. Attraktive Arbeit und attraktive Freizeit- und Lebensgestaltung werden nicht länger als Gegensatz empfunden.
10) Aber beide Generationen sind zunehmend wissensschöpfend und digital kommunizierend unterwegs. Dagegen sind die Methodenkenntnis und die Fähigkeit zur Interaktion in direkten Systemen (z. B. in Scrum-Teams) weniger ausgeprägt.
11) Mehr Gründer- und Entwicklungsgeist ist als Gegensatz zum Technologiemuseum und der weit verbreiteten Innovationsphobie erforderlich. Lernen wir von den Start-ups bzgl. Strategien, Arbeitsformen und Produkten/Dienstleistungen.
12) Nicht auf jeden Zug, der gerade vorbeifährt, muss man aufspringen. Zunächst gilt es, das Reiseziel festzulegen und den Fahrplan für den richtigen Zug zu studieren. Das heißt: Oft wird alter Wein in neuen Schläuchen verkauft. Also konzentriert, aber gelassen und überlegt mit dem „Net of Things“, der „VUCA-Welt“ oder der „neuen Agilität“ samt der Digitalisierungsoffensive umgehen.
13) Führung ist nicht die „Edelsachbearbeitung“, sondern Entwicklungsaufgabe (für den einzelnen Mitarbeitenden, für das Team, für die Organisation, für das Unternehmen). Führung unterstützt, coacht, begleitet, fördert, vertraut und agiert proaktiv und flexibel.
14) Agilität ist nicht das Wundermittel für marode Prozesse. Sie funktioniert auch nicht in überkommenen Strukturen. Agilität wird zunächst analysiert, neu gedacht, strategisch fixiert und dann konsequent gelebt. Alles andere ist Zeitverschwendung.
15) Menschen und Prozesse können durch das Prinzip der kontinuierlichen Verbesserung und der kollegialen Agilität auf ein höheres Niveau gebracht werden. Adäquate Werkzeuge dafür sind: gemeinsam optimieren, weiter denken oder in Gruppen der „kollegialen Beratung“ Führung und Projektmanagement reflektieren..
16) Die zukünftige Arbeitswelt fordert zweifelsohne heraus, aber sie bietet auch wieder Chancen auf Neues, Besseres. Angst wäre die falsche Strategie. Gehen wir interessiert und offen mit den Möglichkeiten der digitalen Welt um. Bewahren wir uns aber auch Respekt und die Achtung vor den Grenzen des Machbaren.

Wichtige neue Elemente im Portfolio der Kompetenzen sind also systemische Kompetenz, Innovationskompetenz und Transferkompetenz. Häufig werden in diesem Zusammenhang auch genannt: Transition (Übergang, Veränderung) und Transformation (Umgestaltung, Wandel). Als weitere Zukunftskompetenz wird aktuell auch noch die **„Adaptabilität“** (Anpassungsfähigkeit) genannt, also die Fä-

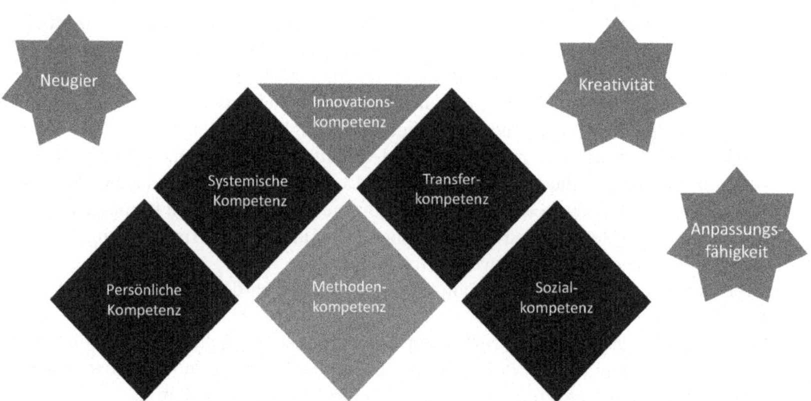

Abb. 1.7 Managementkompetenzen. © Nowoczin 2022. All Rights Reserved

higkeit von Unternehmen oder Systemen, sich möglichst schnell auf neue Herausforderungen, Anforderungen oder Markt- bzw. Gesellschaftsentwicklungen einstellen und adäquat reagieren zu können. Insbesondere die Gabe, Entwicklungen antizipieren zu können, um somit ins Agieren statt ins Reagieren zu kommen, wird eine große Bedeutung erhalten. Carl Naughton (2022) beschreibt die Anpassungsintelligenz in seinem jüngst erschienenen Buch („AQ – warum Anpassungsfähigkeit die wichtigste Zukunftskompetenz ist") als elementaren Skill für die kommenden Jahre (Abb. 1.7).

1.4 Die 6C-Strategie

An sechs Begriffen lässt sich festmachen, wie ein nachhaltiger Wandel, eine nachhaltige Veränderung tatsächlich gestaltet werden kann.

1) **Challenge**. *Regard a challenge as a chance.* Betrachten Sie das, was in der Agilität an neuen Herausforderungen auf uns zukommt, nicht als bedrohlich oder ängstigend, sondern als Herausforderung, in der auch neue Dinge entstehen können, mit der Chance auf eine bessere Zukunft.
2) **Curiosity**. *Keep your eyes open and your brain active.* Wir brauchen die schon erwähnte Neugier, um antizipierend auf den Markt zu blicken. Was könnte sich entwickeln? Welche Herausforderungen können wir wie aufgreifen? Was werden unsere Kunden in der Zukunft benötigen? Wie sieht der Bedarf aus? All diese Dinge sind wichtig in Prozessen, um nicht stehen zu bleiben und den Rückschritt in Kauf zu nehmen, sondern konstruktiv nach vorne zu agieren.

3) **Charisma**. *Get people empowered and enthusiastic.* Ganz wichtig ist es, dass wir die Menschen mitnehmen, dass wir sie begeistern von unserer Idee. Nur wer selber brennt, kann andere anstecken. Daher ist die Motivation wichtig, heraus zu kommen aus der Komfortzone, weil mich etwas Neues interessiert, weil mich etwas Neues begeistert, weil ich mich auf den Weg machen möchte und weil ich mit dabei sein möchte, wenn sich die Prozesse weiterentwickeln.
4) **Creativity**. *Ignore any kinds of limits.* Wir sind es aus der Vergangenheit gewohnt, alles hübsch beim Alten zu belassen, bloß nicht über die Grenzen zu denken oder Kompetenzen zu überschreiten. Daher ist es ganz wichtig zu begreifen, dass gerade das Denken „out-of the box" uns in der Zukunft weiter helfen wird. Dazu müssen wir alle Think-Tanks und Org-Labs aus der hintersten Ecke der Unternehmen herausholen. Kreativität, das Entwickeln von neuen Ideen und Konzepten, gehört zum Arbeitsalltag dazu. Es muss eine elementare Aufgabe jedes Mitarbeitenden sein, sich Gedanken darüber zu machen, wie sich ein Unternehmen weiter entwickeln kann. Und wie Prozesse und Aufgabenabläufe verbessert werden können. Ständig. Tag für Tag.
5) **Communication**. *Be connected with everyone who is concerned.* Es ist ganz wichtig in diesem Prozess Betroffene zu Beteiligten zu machen, nicht über die Köpfe der Leute hinweg zu entscheiden, Informationen nicht an bestimmten Stellen zurückzuhalten und zu bündeln. Jeder muss Bescheid wissen, jeder muss eingebunden sein.
6) **Consequence** *Make things happen.* Es hilft uns nicht, wenn wir ein gutes Konzept entwickelt haben und es in die Schublade legen. Da wird es sich nicht weiterentwickeln, sondern wir brauchen Instrumente, Möglichkeiten, das Transfer-Know-how, um tatsächlich auch gute Ideen und Ansätze in den Arbeitsalltag zu integrieren und sie Wirklichkeit werden zu lassen (siehe Abb. 1.8).

Zu diesem Thema steht eine Videopräsentation zur Verfügung (siehe Abb. 1.9).

✓Challenge (regard a challenge as a chance)
✓Curiosity (keep your eyes open and your brain active)
✓Charisma (get people empowered and enthusiastic)
✓Creativity (ignore any kind of limits)
✓Communication (be connected with everyone who is concerned)
✓Consequence (make things happen)

-> **Your target: sustainable change!**

Abb. 1.8 6C-Strategie der Agilität. © Nowoczin 2022. All Rights Reserved

„Wie statt Was" - Tutorial
Session 6: Die 6-C-Strategie

Abb. 1.9 Die 6 C Strategie © Nowoczin 2022. All Rights Reserved (▶ https://doi.org/10.1007/000-92a)

1.5 Die neue Agilität

Ich habe diese Überschrift ganz bewusst gewählt, weil Agilität an sich gar kein neuer Ansatz ist. Die heute viel diskutierte Agilität geht zurück auf einen Ansatz von Talcott Parsons (1951), der in den 1950er-Jahren schon vier Funktionen ermittelt hat, die für die Existenz und Weiterentwicklung von Systemen zwingend erforderlich sind. 1) **Adaption**. Das heißt, immer wieder die Dinge anzupassen auf das, was gerade an Herausforderung da ist. Gerade in unserer heutigen Zeit ein ganz wichtiger Faktor. 2) **Goal attainment**. Ich setze mir Ziele und verfolge diese Ziele. 3) **Integration**. All das, was ich verändere, muss im System und in der Organisation abgebildet, integriert und zum Standard gemacht werden. Häufig scheitern an dieser Stelle gute Ansätze und gute Ideen, weil es nicht gelingt, diesen Integrationsprozess zu vollziehen. 4) **Latency** oder auch Latent Pattern Maintenance. Das bedeutet die Aufrechterhaltung und Nachhaltigkeit von Veränderung. Bitte kein Strohfeuer abbrennen, das nach einigen Tagen, einigen Wochen wieder vorbei ist, und man kommt in den alten Trott zurück, sondern Veränderungen müssen nachhaltig werden. Sie müssen neu etabliert werden. Sie müssen zum neuen Standard erklärt werden, sodass alle Beteiligten nach dieser Veränderung, auf dieser neuen Basis arbeiten. Vieles was in der heutigen Diskussion um Agilität auftaucht, hat genau diese Zielrichtung. Von daher kann man sich mit Recht fragen, ob dieser ganze Hype um Agilität eigentlich nur eine Modeerscheinung ist oder ob Bahnbrechendes, Innovatives auf uns zukommt. Meine Vermutung geht dahin, dass wir bei der Diskussion um Arbeit 4.0, Industrie 4.0 ein Stück weit in ein Vakuum geraten sind, und die Menschen sich gefragt haben: „Ja, was machen wir denn jetzt? Was sind die Instrumente, mit denen wir dieser Herausforderung begegnen können?" All diese Dinge sind für uns herausfordernd und neu. Was heute noch gilt, kann morgen schon anders sein. Wir haben ein höheres Maß an Unsicherheit, was unsere beruflichen Aussichten angeht, was unsere Arbeitsaufgaben betrifft. Diese werden sich im Laufe unseres Arbeitslebens viel häufiger ändern, als das in der Vergangenheit der Fall war. Wir haben viel mehr Systemisches, was ineinandergreift, wo wir in Netzwerken interagieren. Wir müssen mehr auf die Zusammenhänge achten. Und wir entwickeln uns von einer Kompliziertheit, die wir in der Vergangenheit noch ganz gut bewältigen konnten, in ein hohes Maß von Komplexität hinein, sodass die Aufgaben unter verschiedensten Aspekten und mit verschiedensten methodischen Ansätzen bearbeitet werden müssen. In diesem Sinne können wir feststellen, dass auch die zukünftige Welt sich radikal ändern wird. Wir werden ein gewisses Maß von reproduktiven Tätigkeiten erleben, die möglicherweise von künstlicher Intelligenz oder von Algorithmen bewältigt werden können. Wir werden aber auch ein neues Spektrum von Berufsbildern und Aufgaben erleben, die mit Digitalisierung zusammenhängen und die uns auch neue Horizonte erschließen können. Insofern ist die Diskussion, dass die Digitalisierung und die Entwicklung in die neue Welt, in die New – Work-Welt, Arbeitsplätze kosten wird, nur eine einseitige Betrachtungsweise. Es werden auf der einen Seite Dinge wegfallen, bestimmte Aufgaben, aber auf der anderen Seite auch neue Aufgaben und neue Herausforderungen dazu kommen. Die Agilität an dieser Stelle meint, dass wir uns im Vergleich zu früheren Zeiten, erstens radikal am Kunden orientieren müssen. Zweitens: Wir müssen unsere Anpassungsfähigkeit ausbauen, viel schneller handeln, als das in der Vergangenheit der Fall war. Und unsere Innovationsfähigkeit stärken. Das bedeutet, dass wir in der Organisation auf flache Hierarchien setzen, auf Netzwerke, die zusammenarbeiten, auf kleine Arbeitsgruppen, die in Projekten Dinge schnell vorantreiben. Wir brauchen einen großen Entscheidungsspielraum, vor Ort, bei den einzelnen Agierenden. Wir brauchen selbstgesteuertes Arbeiten, das auch interdisziplinär über Abteilungsgrenzen hinaus reicht. Wir brauchen eine große Eigeninitiative und eine hohe Eigenverantwortlichkeit bei den Mitarbeitenden. Das bedeutet, das Management muss Veränderung erkennen und verstehen. Es muss die Veränderungs- und Agilitätsbereitschaft der Mitarbeitenden stärken. Es muss ein „Agiles Mindset" entwickelt und gelebt werden. Dazu gehören die drei wesentlichen Elemente: **Sensing** meint: Veränderungssignale frühzeitig wahrnehmen, **Seizing** bedeutet: schnell und mit möglichst wenig Ressourceneinsatz feststellen, ob sich aus den Veränderungen eine Chance, im Sinne einer Wertschöpfung, ergeben könnte, und **Pitching** steht für: Lernorientierung stärken, Lern- und Reflektionsroutinen im Alltag verankern. Das bedeuten, wir brauchen eine höhere, auch antizipierende Reagibilität und Handlungsorientierung: *be aware, be fast, be active, be encouraged.* Daraus entsteht zunehmend die Notwendigkeit, entgegengesetzte Ziele parallel zu verfolgen. Dies gilt insbesondere für innovations- und qualitätsorientierte Strategien. Das heißt:

- Unternehmen müssen vorhandenes Wissen ausschöpfen *und* neues Wissen suchen.
- Sie müssen langfristige Strategien verfolgen *und* gute Quartalszahlen vorweisen.
- Sie müssen das Produktportfolio diversifizieren *und* sich auf das Kerngeschäft konzentrieren.
- Sie müssen Zeit- und Kostenvorgaben einhalten *und* innovative Konzepte entwickeln.
- Sie müssen den Arbeitsfortschritt einerseits kontrollieren, aber Wahl der Wege frei lassen, also Entscheidungs- und Gestaltungsspielräume gewähren.
- Sie müssen Mitarbeitende kritisch begleiten und durch Wertschätzung motivieren.

Agile People im Unternehmen bringen einen Entrepreneur-, einen Unternehmensspirit mit.

- Sie brennen für den Kunden und seinen Nutzen. Sie sind als Innovator unterwegs.
- Sie tragen ein hohes Maß an Eigenverantwortlichkeit.
- Sie sind motiviert und selbstreflektiert.
- Sie sind ausgesprochene Teamplayer.
- Und sie sind Leute, die sich unter dem Gesichtspunkt der Neugier auf neue Wege begeben und als Pioniere voraus gehen.

Dabei werden sie unterstützt von agilen Methoden. Methoden, die den Kunden in den Fokus nehmen, das iterative Vorgehen stärken, Prototyping in den Vordergrund stellen und nicht die perfekte 100–Prozent-Lösung suchen. Hinzu kommt eine Fehlerkultur, die es ermöglicht, immer wieder auch zu experimentieren und auszuprobieren. Dazu gehören Mitarbeitende, die mit selbst gesteuerten Teams im Sinne eines Scrum-Ansatzes arbeiten, und die in all dem, was sie tun, eine höchstmögliche Kommunikation und Transparenz pflegen.

Der ehemalige Vorstandsvorsitzende der Deutschen Post AG, Klaus Zumwinkel, hat einmal gesagt: „Eine gute Führungskraft meistert vierfache Herausforderung parallel. Ergebnisse bringen, den Wechsel vorantreiben, Mitarbeiter fördern und Werte vorgeben.“ (Zumwinkel 2008) Daraus ergeben sich, im Rahmen der Digitalkompetenz, folgende Herausforderungen: Strategie, Führung, Werkzeug und Mindset. Im Rahmen der *Strategie* brauchen wir für eine digitalisierte Welt zukünftig die Fokussierung auf den Kunden. Dazu die Überlegung, welche Prozesse sinnvoller Weise digitalisiert werden können, nicht alles muss digitalisiert sein. Nicht Digitalisierung um jeden Preis. Wir brauchen die Entwicklung von neuen Geschäftsmodellen, die anti-disruptiv sind. Und wir brauchen die unbändige Innovationsfähigkeit von Unternehmen und Mitarbeitenden. Siehe 6C-Strategie. Auf der Ebene der *Führung* brauchen wir eine Orientierung am Unternehmerdenken. Wir brauchen die Fähigkeit, auch in der digitalen Welt die Mitarbeitenden zu unterstützen und zu fördern. Die Führungskraft ist nicht mehr der Edelsachbearbeiter, der über allem steht, auch nicht derjenige, der alles vorgibt, sondern derjenige, der inspiriert, der begleitet, der unterstützt, der fördert, der entwickelt. Wir brauchen eine sinnvolle und durchgängige Fehlerkultur in Unternehmen. Wir brauchen ein hohes Maß an Kommunikationsfähigkeit und die wesentlichen *Werkzeuge* für ein Transformations- und ein Transfermanagement. Das *Mindset* muss sich dahin entwickeln, dass wir nicht an dem Überkommenden festhalten, sondern bereit sind, uns zu verändern. Wir brauchen die Fähigkeit und Bereitschaft zur Zusammenarbeit und ein Wissenssharing, also das Weitergeben von Erkenntnissen, die man selbst gewonnen hat. Wir brauchen Leidenschaft und Neugier. Wir brauchen die Fähigkeit, die Dinge letztlich auch anzupacken und umzusetzen. Und wir brauchen im Bereich der Werkzeuge eine Denkweise, die ausgerichtet ist auf die zukünftige Gestaltung von Prozessen. Wir brauchen strukturierte Prozesse, wie beispielsweise Scrum. Wir brauchen die Fähigkeit, Lernmodelle umzusetzen und auch mit Start-up-Ideen in Unternehmen hinein zu gehen. Wir brauchen Businessmodelle wie das Canvas. Wir brauchen Neugier und Kreativität für digitale Ansätze und neue Technologien und Möglichkeiten. Daher gilt es, radikale Neuerungen zu wagen statt Bestehendes nur weiter zu entwickeln. Dazu gehört, die einzelnen Komponenten eines neuen Geschäftsmodells miteinander zu vernetzen und sie als Ganzes zu denken. Dazu gehört, die Innovationsphobie zu überwinden, proaktiv statt reaktiv zu sein. Dazu gehört, „Beschleunigerbahnen“ einzurichten für die Mitarbeitenden, Genialität zu nutzen und nicht zu vertreiben sowie Mut für die Zukunft zu haben, statt um Vergangenes zu trauern. Um all diese Herausforderungen sinnvoll und zielführend zu gestalten, werden entsprechende Methoden und Werkzeuge benötigt. Dennis Fischer (2021) fokussiert sich und seine Beratungs- und Trainingstätigkeit bei Konzernen und Mittelständlern gleichermaßen auf neun sogenannte „Future Work Skills“, die in enger Interdependenz die erfolgreiche Bewältigung zukünftiger Aufgaben beeinflussen: „Unternehmerisches Denken, Kommunikative

Kompetenz, Kritisches Denken, Komplexe Probleme lösen, Kreativität, Selbstmanagement, Resilienz, Empathie, Lebenslanges Lernen." Als weiteres Hilfsmittel zur kreativen Unternehmensentwicklung nennt er „die 30 Fragen kritischer Denker" (Future Work Skills, Seite 160–161).

So gibt es zurzeit eine Reihe von Ansätzen für innovative Skills und Methoden. Ich erinnere noch einmal an das Motto dieses Kapitels: „Wenn ich als Werkzeug nur einen Hammer zur Verfügung habe, werde ich jede Aufgabe wie einen Nagel behandeln." Ziel dieses Buches ist es also, den Werkzeugkasten der Leser und Leserinnen zu füllen und mehr Variabilität beim Einsatz von verschiedensten Methoden herzustellen. Wenn ich mehr Werkzeuge zur Verfügung habe, ergeben sich mehr Möglichkeiten der Interaktion, um das für die Aufgabe richtige, effiziente Werkzeug zu finden. Um Mark Twain zu zitieren: „Wir wussten nicht wohin, aber das mit ganzer Kraft". Eine solche Verschwendung von Ressourcen und Energie soll mit dem richtigen Methodenmanagement und der richtigen Methodenauswahl vermieden werden.

Literatur

Weinert, F. E. (Hrsg.). (2001). Leistungsmessung in Schulen. Weinheim und Basel (Beltz)

Jude, N., Hartig, J., Klieme, E. (Hrsg.). (2008). Kompetenzen als Ergebnisse von Bildungsprozessen. Bonn (BMBF)

Klieme, E., Maag-Merki, K., Hartig, J. (2007). Kompetenzbegriff und Bedeutung von Kompetenzen im Bildungswesen. Berlin (BMBF)

Klafki, W., Otto, G., Schulz, W.. (1977). Didaktik und Praxis. Weinheim und Basel (Beltz)

Imai, M. (1993): Kaizen. München (Lang Müller Herbig)

Womack, J. P., Jones, D.T., Roos, D. (1991). Die zweite Revolution in der Automobilindustrie. Frankfurt/M. und New York (Campus)

Sprenger, R. K. (2018). Radikal Digital. München (DVA)

Keese, C. (2019). Silicon Germany. München (Knaus)

Parsons, T. (1951). The Social System. London (Routledge)

Naughton, C. (2022): AQ – Warum Anpassungsfähigkeit die wichtigste Zukunftskompetenz ist, Offenbach (Gabal)

Fischer, D. (2021). Future Work Skills. Offenbach (Gabal)

2 Die technischen Methoden

> „Alles, was wir tun, ist, auf die Durchlaufzeit zu achten, und zwar von dem Moment an, in dem wir einen Kundenauftrag erhalten, bis zu dem Moment, wo wir das Geld in Empfang nehmen. Wir verkürzen die Durchlaufzeit, indem wir alle Bestandteile eliminieren, die keinen Mehrwert generieren." Taiichi Ohno (2012)

Es ist gar nicht so einfach, die technischen von den eher prozessorientierten Methoden abzugrenzen. Sehen Sie es mir bitte nach, wenn an der einen oder anderen Stelle die Trennschärfe fehlt oder eine Methode „sowohl – als auch" angewendet werden kann. In diesem Kapitel finden sich Methoden, die vorwiegend im Produktionsbereich oder produktionsnahen Abteilungen eingesetzt werden. Alle Methoden haben aber eins gemeinsam: Sie sollen Prozesse schneller, kostengünstiger, kundenorientierter, kurzum wertschöpfender gestalten.

2.1 Kaizen und kontinuierlicher Verbesserungsprozess (KVP)

Kaizen oder die deutsche Variante KVP (kontinuierlicher Verbesserungsprozess) ist ein breitgefächertes Werkzeug zur Steigerung der Wertschöpfung und Optimierung bzw. Sicherung der Produktqualität. Es kam in den 1990er-Jahren aus Japan nach Deutschland und wurde zum wesentlichen Bestandteil von Lean Production und Lean Management. Ich könnte es verstehen, wenn Sie nun fragen, warum ich Sie mit solch „alten Kamellen" langweile. In meiner Einschätzung und Wahrnehmung handelt es sich jedoch um einen bewährten, effizienten und nachhaltigen Ansatz, eine Denk- und Arbeitsweise, die heute immer noch relevant, aber etwas

J. Nowoczin, *„Wie statt Was" – Mit Methodenkompetenz Aufgaben effizient und erfolgreich managen*, https://doi.org/10.1007/978-3-662-65790-4_2

in Vergessenheit geraten ist. Auch weil sich andere Managementprogramme in den Vordergrund geschoben haben. In manchen Unternehmen sind aber die von Maasaki Imai (1993) entwickelten Gedanken zu Arbeitsprozessen in das Alltagsgeschäft eingeflossen und zu selbstverständlichen Werkzeugen geworden, bei dem ständigen Bestreben, einmal Erreichtes ständig weiter zu entwickeln. Viele Unternehmen stiegen damals in diesen Prozess ein. Es gab die „Lernstatt“ bei BMW, die „Qualitätszirkel“ bei VW und auch ein Programm namens „FiT“ bei Mannesmann, an dem ich im Begleitteam mitarbeiten durfte. Unternehmensweit wurden dabei KVP-Teams gegründet, die einmal pro Woche mit einer Stunde verfügbarer Zeit über mindestens eine sofort umzusetzende Verbesserung diskutierten. Tausende Ideen kamen so zusammen und führten zu Kosteneinsparungen im mehrstelligen Millionenbereich. Gleichzeitig aber wurden durch das Vertrauen in deren Erfahrung und Kreativität die Mitarbeitenden aufgewertet, aber auch deren Gestaltungs- und Entscheidungsspielräume im Sinne des Handlungsquadrats (siehe Abb. 2.1) erweitert. Man würde heute auch eher keine breit angelegten Kampagnen starten, sondern auf ein entsprechendes Mindset setzen. Für dieses Denken, für diese Kultur möchte ich an dieser Stelle werben, nicht als neue Aktion, sondern als täglich einsetzbares Werkzeug. Denn Kaizen sieht vorhandene Probleme als Chancen, als Chancen „der Verbesserung zum Guten“, was die eigentliche Wortbedeutung von Kaizen ist.

改 = KAI = Veränderung

善 = ZEN = Gut (zum Besseren)

改善 = KAIZEN = ständige Verbesserung

Das Gute weiter verbessern

In Deutschland KVP :

Kontinuierlicher Verbesserungs Prozess

Abb. 2.1 Die Bedeutung von „Kaizen“. © Nowoczin 2022. All Rights Reserved

Die Grundhaltung von Kaizen lässt mit einigen Spotlights zum Ausdruck bringen:

- Egal welches System man betrachtet, es gibt immer etwas, was noch verbessert werden kann.
- Der vorhandene Zustand ist immer unvollkommen. Es gibt kein zu 100 % perfektes System.
- Der Verbesserungsprozess hört niemals auf. Er setzt sich auf dem nächsthöheren Niveau fort.
- Probleme sind Chancen für die Zukunft. Wenn Probleme nicht wahrgenommen oder unter den Teppich gekehrt werden, gibt es keine Verbesserung.
- Probleme sind Schätze. Die Mitarbeitenden sind der Schlüssel, sie zu heben.
- Menschen werden von Problemverwaltern zu Problemlösern. Betroffene werden zu Beteiligten.
- In der Gruppe potenziert sich die Kraft der Ideenfindung. Gemeinsam werden mehr und schneller Lösungen gefunden als allein im „stillen Kämmerlein".
- Aus Schnittstellen werden Nahtstellen, aus Abteilungsfokussierung wird interdisziplinäre Zusammenarbeit.
- Bestmögliche Wertschöpfung ist das Ziel, denn nur sie wird vom Kunden bezahlt.
- Vor Ort gehen, beobachten und hinterfragen sind die Impulse für den Prozess.

Welche Motivation steckt hinter Kaizen? Auslöser war seinerzeit der Wandel vom Verkäufer- zum Käufermarkt. Man konnte nicht länger mit Herstellkosten plus Gewinnaufschlag kalkulieren. Im knallharten Wettbewerb bestimmte nun der Markt den Preis. Man musste also in der Kalkulation vom zu erzielenden Marktpreis die Herstellkosten abziehen, um zu sehen, ob noch ein Gewinn übrig blieb. Von da an waren somit die Herstellkosten (und deren Reduzierung) die einzige Stellschraube für den Gewinn. Und daran hat sich bis heute nichts geändert! Deshalb nimmt Kaizen alles im Unternehmen unter die Lupe, was zu den Herstellkosten beiträgt, und dabei insbesondere die nichtwertschöpfenden Prozesse und Arbeitsschritte.

Kaizen benötigt dafür einen bestimmten Rahmen.

- Freiräume in Form von Arbeitszeit für die Mitarbeitenden zur Verfügung stellen
- KVP-Räume oder -arbeitsbereiche einrichten und mit dem nötigen Equipment ausstatten (Flipchart, Pinnwand oder Whiteboard, Moderationskoffer und Vordrucke für den Maßnahmenplan usw.)
- Für Visualisierung der Aufgaben und Lösungen sorgen (Stellwände, Informationstafeln, Intranet, Firmenzeitung usw.)
- Mitarbeitenden zuhören, sie bei Vorschlägen und deren Umsetzung unterstützen

- Problemlösungen gemeinsam (unter Einbeziehung aller relevanten Bereiche/Abteilungen) erarbeiten
- Aus den Lösungen Standards ableiten und verbindlich machen
- Ein Bewusstsein für Verbesserung schaffen
- Alle Mitarbeitenden in der Philosophie von Kaizen und den verwendeten Methoden schulen.

Kaizen spielerisch begreifen

1) Vom Werker bis zum Manager ein gleiches Verständnis von Kaizen zu erreichen, ist eine Herausforderung.
2) Vorträge mit bunten Folien oder Ansprachen vor der Belegschaft bringen gar nichts.
3) Wir haben mit großem Erfolg ein einfaches Planspiel eingesetzt, das sowohl die ökonomischen Hintergründe (Käufermarkt) als auch die Effekte eines Verbesserungsprozesses in der Fertigung anschaulich – im praktischen Tun – erleben lässt.
4) Es geht dabei um die Produktion von Papierhüten innerhalb einer vorgegebenen Zeiteinheit. Dabei fließen Herstellkosten und Stückzahl in die Gestaltung des Marktpreises ein. Ein bestimmter Markpreis kann also nur durch Verbesserung in den Abläufen und den damit verbundenen Kosten erreicht werden. Darüber berät die Gruppe aus 12–15 Personen. Jeder Person ist ein Arbeitsplatz/eine Tätigkeit zugeordnet.
5) Das schönste Erlebnis als Trainer ist dabei die Begeisterung der Teilnehmenden über ihre Ideen und das Ergebnis, das sie erzielen. Und natürlich die Motivation, die sie mitnehmen. Die genaue Spielanleitung steht unter https://www.now-bildungsmanagement.de/material zur Verfügung (siehe Abschn. 5.5 Links zu ergänzenden Informationen).

Damit aus den KVP-Teams keine „Kaffeekränzchen" werden, gibt es den gewählten Teamsprecher/Moderator/Facilitator, einen definierten Zeitrahmen und bestimmte Regeln, nach denen die Arbeit abläuft (siehe Abb. 2.2).

Der Problemlösungsprozess besteht aus der systematischen Bearbeitung eines erkannten und definierten Problems in vier Schritten. 1) Problem erkennen, 2) Problem analysieren und beschreiben, 3) Verbesserungsideen sammeln und Lösungsvorschläge entwickeln, 4) Maßnahmen umsetzen, auf Wirksamkeit prüfen und standardisieren. Der Kaizen-Prozess wird zudem protokolliert/visualisiert (z. B. mit dem KVP-Board) (siehe Abb. 2.3).

Zu den KVP-Regeln steht ein Download zu Verfügung (siehe Abschn. 5.5 Links zu ergänzenden Informationen).

Kaizen bedient sich diverser Werkzeuge, also spezieller Methoden, von denen Sie in diesem Buch auch einige kennenlernen (siehe Abb. 2.4).

Sehr gute Erfahrungen haben wir mit der „Rote-Karte-Methode" (Red Tag) gemacht. Probleme und Mängel werden sichtbar lokalisiert. Was sichtbar ist, kann nicht in Vergessenheit geraten. Die Motivation, den „Makel" der roten Karte schnellstmöglich zu beseitigen, führt zur Beschleunigung der Bearbeitung und zum Wettbewerb der einzelnen Teams (siehe Abb. 2.5).

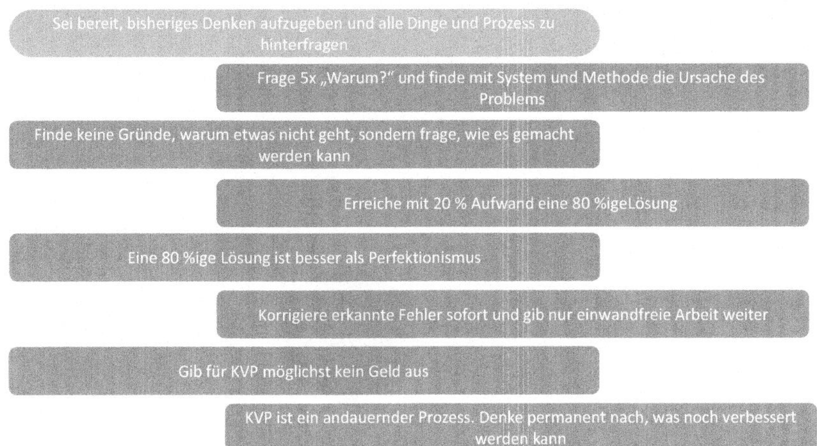

Sei bereit, bisheriges Denken aufzugeben und alle Dinge und Prozess zu hinterfragen
Frage 5x „Warum?" und finde mit System und Methode die Ursache des Problems
Finde keine Gründe, warum etwas nicht geht, sondern frage, wie es gemacht werden kann
Erreiche mit 20 % Aufwand eine 80 %igeLösung
Eine 80 %ige Lösung ist besser als Perfektionismus
Korrigiere erkannte Fehler sofort und gib nur einwandfreie Arbeit weiter
Gib für KVP möglichst kein Geld aus
KVP ist ein andauernder Prozess. Denke permanent nach, was noch verbessert werden kann

Abb. 2.2 KVP-Regeln. © Nowoczin 2022. All Rights Reserved

Ist-Zustand (Foto)	Problembeschreibung	Verbesserungs-vorschlag	Wer? Mit wem?	Bis wann?	Umgesetzt Datum (Foto)

Abb. 2.3 KVP-Board-Maßnahmenplan. © Nowoczin 2022. All Rights Reserved

Wie findet man denn Verbesserungsmöglichkeiten? Zu Beginn einer Aktion fallen den Teilnehmenden erfahrungsgemäß sofort viele Dinge ein, die nicht optimal laufen. Später muss man etwas genauer hinschauen, Abläufe analysieren und hinterfragen. Eine kleine Checkliste ist nachfolgend zusammengestellt.

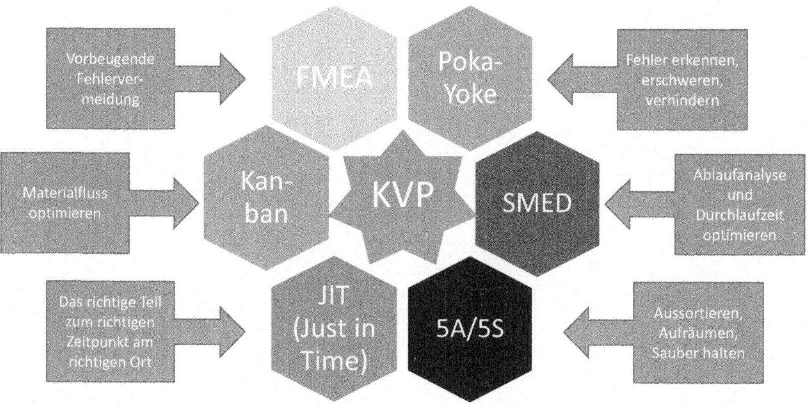

Abb. 2.4 Kaizen-Tools. © Nowoczin 2022. All Rights Reserved

1. Fehler, Mängel erkennen (sei es im Workshop oder individuell)
2. Stichwort – kurze Beschreibung – notieren
3. Karte an die Stelle kleben, wo der Fehler/Mangel aufgetreten ist (z. B. an der Maschine) oder zentral sammeln (Pinwand)
4. Lösungsvorschläge entwickeln, diskutieren und abstimmen (alles Beteiligten einbinden)
5. Lösungsvorschlag eintragen
6. Datum der Fehlerentdeckung und Frist für die Umsetzung des Lösungsvorschlags festhalten

Die Karte hat Aufmerksamkeits- und Erinnerungsfunktion. Sie schafft eine Motivation zum Handeln.

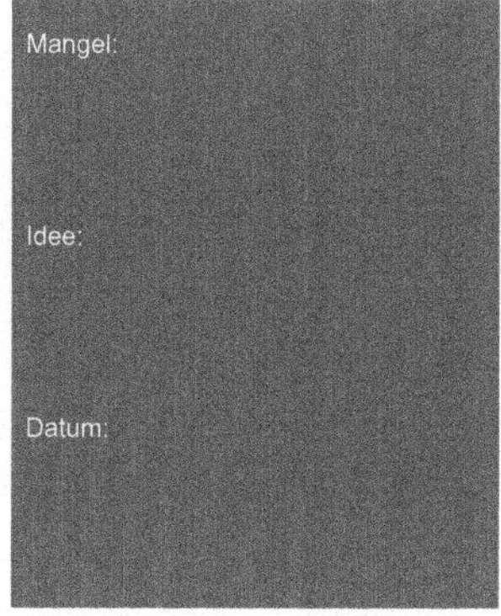

Abb. 2.5 „Rote-Karte"-Methode © Nowoczin 2022. All Rights Reserved

Ishikawa anwenden: Material – Maschine – Mensch – Methode

1) **Arbeitsablauf analysieren:** Welche Arbeitsgänge sind überflüssig? Welche Arbeitsgänge können gleichzeitig ausgeführt werden? Ist die Reihenfolge der Arbeitsgänge richtig und optimal? Kann die Zahl der Transporte verringert werden? Lassen sich Transportwege verkürzen?
2) **Material:** Steht das richtige Material in der richtigen Qualität, zum richtigen Zeitpunkt, in der richtigen Menge, am richtigen Ort?
3) **Maschine**: Ist die Maschine optimal eingestellt? Wie können Stillstandzeiten vermieden werden? Kann die Maschinenlaufzeit erhöht werden?

Wie wird Fehlbedienung verhindert (Vorrichtungen)? Sind Lose zu groß oder zu klein? Ist die Fertigungsreihenfolge optimal?

4) **Mensch:** Sind die Mitarbeitenden ausreichend qualifiziert/geschult/für mehrere Tätigkeiten qualifiziert? Gibt es eine Einweisung für neue Mitarbeitende? Ist der Informationsfluss ausreichend? Findet eine systematische Übergabe zwischen den Schichten statt?
5) **Methode:** Welche Vorgehens-, Arbeitsweise könnte wie optimiert werden? Ist der Arbeitsablauf visualisiert und/oder beschrieben? Ist KVP fester Bestandteil der Aufgaben- bzw. Arbeitsplatzbeschreibung? Welche Aktionen werden regelmäßig durchgeführt oder könnten noch durchgeführt werden?

Auftrag/Ziel:	Was ist unser Auftrag? Was sind die Ziele? Wie realistisch sind unsere Ziele? Woran wird das Ergebnis gemessen?
Organisation:	Was ist die geeignete Form? Welche Rahmenbedingungen gibt es? Wann und wo treffen wir uns?
Verantwortung:	Wer ist für was verantwortlich? Welche Aufgaben hat der Teamsprecher nach innen und außen?
Feedback:	An wen berichten wir? Wer gibt uns wann Feedback zu Arbeitsfortschritt und Ergebnissen?

Kommunikation:	Welche Spielregeln sollen für unsere Zusammenarbeit gelten? Wer übernimmt die Moderation? Wie werden Arbeitsergebnisse festgehalten? Wie werden diese veröffentlicht?
Interaktion:	Wie passen unsere Ziele/Ergebnisse zu anderen Teams? Welche Schnittstellen gibt es? Wer muss eingebunden werden?
Probleme:	Was tun wir bei Konflikten und Meinungsverschiedenheiten? Wer kann uns bei der Teamarbeit unterstützen?

Abb. 2.6 KVP – Fragen zum Start des Teams.

Zur „Rote-Karte-Methode“ und den Verbesserungspotenzialen steht ein Download zu Verfügung (siehe Abschn. 5.5 Links zu ergänzenden Informationen).

Wie geht es denn mit dem KVP-Team los? Am Anfang steht die Aktion, der Auftrag. Dann sind die Rahmenbedingungen zu klären und festzulegen. Ferner stellt sich die Frage, ob es sich um „geborene“ Teammitglieder einer Abteilung handelt, ob das Team sich aus abteilungsübergreifenden Teilnehmenden zu einem bestimmten Thema oder aus abgeordneten Spezialisten zusammensetzt. Soll das Team auf Zeit (also bis zur Erledigung des Auftrags) oder kontinuierlich (ohne Begrenzung) arbeiten? Und: An wen berichtet das Team, wer steht als Unterstützung zur Verfügung? Letzteres können z. B. speziell ausgebildete Teampaten oder Moderatoren sein, aber natürlich auch Führungskräfte des Bereichs. Abb. 2.6 zeigt eine Anleitung für den Start.

2.2 Fließfertigung

Kontinuierliche Verbesserung hat etwas mit dem gesamten Prozess bei Entstehung eines Produkts oder einer Dienstleistung zu tun. Seit den Anfängen der Industrialisierung gab es immer wieder neue Ansätze, die Abläufe zu beschreiben, zu gestalten, zu verbessern. Auch in der modernen Fertigungsorganisation spielt der **Faktor Durchlaufzeit** noch eine wichtige Rolle. Egal ob in der Serienfertigung oder der Produktion von Anlagen, immer gilt es zu schauen, wieviel Zeit von der Auftragserteilung bis zur Auslieferung an den Kunden benötigt wird. Manchmal wird auch noch der Vorlauf (Kontakt zum Kunden mit Verkaufsverhandlung) oder der Nachgang (Inbetriebnahme des Produkts) hinzugerechnet. Die Durchlaufzeit definiert den zeitlichen und kostentechnischen Aufwand, sie taktet die organisatorischen Abläufe und ist maßgeblich für die Kalkulation des Auftrags sowie die Festlegung des Fertigstellungs- bzw. Liefertermins.

Man kann den ersten Ansatz bei Henry Ford um 1913 verorten, als er begann, die Produktion seiner „Tin Lizzie" nach den Ideen des Fließbands und der damit verbundenen **Arbeitsteilung** auszurichten. Dabei setzte er bewusst schon erste Standards, wie jenen Satz zur Produktvielfalt: „Der Kunde kann jede Farbe erhalten, Hauptsache sie ist schwarz".

Es folgte im Zuge des Überwindens der Arbeitsteilung nach Taylor die umwälzende Orientierung an der internen **Kunden-Lieferanten-Kette**. Es war jetzt nicht mehr egal, was vor bzw. nach einem Arbeitsschritt passierte. Anforderungen und somit die zu erwartende Qualität wurden definiert. Es ging der Blick aus der Work Box heraus auf die angelieferte Qualität, die der Mitarbeitende bekam, sowie auf die Qualität, die er an die nächste Station weitergab.

Nachdem eine durchgreifende **Automatisation** an ihre Grenzen stieß (siehe Abschn. 1.1), begann die Stunde der **Gruppen- und Teamarbeit.** Diese erhielten nun die Freiräume, ihre Arbeit selber zu organisieren und zu verantworten. Parallel dazu veränderte sich das Bild der Werkhallen und Büros. Visualisierung kam auf, Flipchart und Pinnwand zogen ein, Verbesserungen wurden gemeinsam erarbeitet und umgesetzt. Und wieder stand die Optimierung der Arbeitsabläufe im Mittelpunkt. Zwei Prinzipien möchte ich in diesem Zusammenhang hervorheben.

1) **One-Piece-Flow (OP)**: In einer Produktionslinie ist immer nur ein Teil unterwegs und wird an den ansprechenden Stationen wertschöpfend bearbeitetet, so dass im Prozess Zug um Zug das fertige Produkt entsteht. Alle Mitarbeitenden sind variabel einsetzbar. Losgrößen und Produktionsplanung werden flexibel gehandhabt. Bei einem Fehler kann sofort eingegriffen werden. Es ist nur das

eine Teil, nicht ein ganzes Los oder eine Charge betroffen. Die Arbeitsstationen sind linear (u. U. mit Fördereinrichtung) oder U-förmig angeordnet.

Vorteil: klar definierter Teilefluss, optimierte Durchlaufzeit.

Nachteil: Produktionsspitzen bzw. mangelnde Auslastung können schlecht kompensiert werden.

2) **One piece – one worker (OW)**: Hier erfolgt die vollständige Abkehr von der Arbeitsteilung. Ein Mitarbeitender ist jeweils für die Fertigung/Montage eines kompletten Produkts verantwortlich. Das Denken in Zusammenhängen wird gestärkt, die Verantwortung erweitert. Der Mitarbeitende sieht das Produkt seiner Arbeit und nicht nur einen Teil davon. Motivation und Identifikation werden gefördert. Der Arbeitsplatz ist ergonomisch gestaltet und enthält alle erforderlichen Arbeitsmittel und Materialen, die z. T. bereits als Bausatz (von der Arbeitsvorbereitung) angeliefert werden.

   Vorteil: Aufwertung der Tätigkeit, keine Schnittstellen, definierte Zuordnung.

   Nachteil: die Kapazität ist nicht schnell und beliebig steigerbar. Unter Umständen unterschiedlicher Qualifizierungs- und Erfahrungsstatus bei dem Mitarbeitenden.

Beide Systeme können auf Team- und Gruppenarbeit ausgelegt werden, oder auch Parallelfertigung für ein bestimmtes Produktmodell.

2.3 Verschwendung erkennen und eliminieren

Wir leben heute in einer Zeit, in der ein jahrelang gepflegter Umgang mit Überfluss an seine Grenzen stößt. Die Ressourcen der Welt sind nicht nur ungleich und ungerecht verteilt, sie sind auch begrenzt. Der Energiesektor lässt uns das besonders deutlich spüren. Das Mittel aller Zeiten heißt sparen. Aber wir sollten es intelligent tun. Das bedeutet sowohl für den privaten wie auch den unternehmerischen Bereich, unsere Tätigkeiten und Prozesse zu überprüfen, inwiefern und in welchem Maße dabei die Verschwendung von Ressourcen geschieht. Und oft sind es Kleinigkeiten, die sich zu erstaunlichen Kosten oder Mengen im Laufe eines Jahres summieren. Die Heizung um ein Grad abzusenken, kann da schon etwas ausmachen, das Wasser beim Einseifen über dem Handwaschbecken oder beim Duschen nicht einfach weiterlaufen lassen, oder überlegen, welche Wege unbedingt mit dem PKW zurückgelegt werden müssen. Im Unternehmen ist es nicht viel anders. Denken Sie nur an die Mengen von Papier, die an einem Tag über die Schreibtische des Landes gehen. Es hat zum Beispiel lange gedauert, uns an „elektronische Akten" zu gewöhnen. Und noch heute werden Sie Mitarbeitende finden, die dazu neigen, eine erhaltene Email doch noch zusätzlich auszudrucken und abzuheften. Ähnlich sieht es bei dem Erzeugen von Kopien aus. Wir haben einmal bei einem Projekt die Anzahl an Kopien pro Jahr in nur einem Unternehmensteil ermittelt und lagen im zweistelligen Millionenbereich. Oder nehmen wir dieses Praxisbeispiel: In einem Montagebereich wurde täglich mehrfach ein Elektrokabel verbaut. Erforderliche Länge 75 cm. Zugeliefert wurde ein konfektioniertes Standardkabel von 1 m Länge. Die Mitarbeitenden schnitten also bei jedem Arbeitsgang 25 cm Kabel ab, warfen den nichtbenötigten Rest in einen Abfallbehälter zur Entsorgung. Eine Verschwendung, die scheinbar nur ein paar Cents pro Vorfall kostete. Hochgerechnet aufs Jahr und in Verbindung mit den Entsorgungskosten ergab sich allerdings ein Betrag von rund 50.000 €. Für die Tonne (siehe Abb. 2.7)!

Die Lösung des Problems war einfach: es wurde auf Anregung der Mitarbeitenden eine Kabeltrommel am Arbeitsplatz aufgestellt. So konnte jeweils die passende Länge abgeschnitten werden. Es lohnt sich also, systematisch und kontinuierlich nach Verschwendung in Prozessen und Abläufen Ausschau zu halten. Verschwendung ist nicht wertschöpfend und kostet zudem Zeit und Geld. Und der Kunde möchte dafür nicht zur Kasse gebeten werden. Daher lohnt sich eine Aktion, um a) Verschwendung zu erkennen, b) sie an den Stellen,

Abb. 2.7 Verschwendung: Wertschöpfend ist, was der Kunde zu zahlen bereit ist! © Noczin 2022. All Rights Reserved

wo bestimmte nichtwertschöpfende Tätigkeiten notwendig sind, auf ein Minimum zu reduzieren (z. B. Transport) und c) sie, wo keine Notwendigkeit besteht, sofort und dauerhaft zu eliminieren. Solche Aktionen waren und sind Bestandteil des kontinuierlichen Verbesserungsprozesses, der Prozessoptimierung und der neuen Agilität. Ich durfte zahlreiche solcher Projekte begleiten. Immer haben wir dabei durch die Analysefähigkeit, die Findigkeit und die Kreativität der Mitarbeitenden Verbesserungspotenziale entdeckt und Prozesse wertschöpfend angepasst. Sei es die Einsparung von Umbau- und Wartezeiten an Maschinen oder die Reduzierung von Doppelarbeiten oder Koordinationsmängeln in der Verwaltung (siehe Abb. 2.8).

Und nebenbei macht es auch noch Spaß, „Verschwendungsdetektiv" zu spielen und am Ende den Erfolg erheblicher Einsparungen zu erreichen.

Um den richtigen Ansatzpunkt zu finden und zielorientiert vorgehen zu können, unterscheidet man sieben Arten von Verschwendung.

1) **Überproduktion**. Werden zu viele Teile (oder Papier in der Verwaltung), also mehr als aktuell benötigt, produziert, steigt der Lagerbestand und Kapital wird gebunden.
2) **Wartezeiten**. Warten auf Teile, Warten während der Bearbeitung an der Maschine, Warten auf Unterlagen, Informationen oder Entscheidungen.

Abb. 2.8 Verschwendung vermeiden. © Nowoczin 2022. All Rights Reserved

3) **Fehler**. Sie sind Verschwendung pur. Insbesondere, wenn dadurch eine Anlage stoppt, ein Prozess aufgehalten wird oder ganze Arbeitsgänge wiederholt werden müssen.
4) **Ineffiziente Prozesse**. Falsche Anordnung von Arbeitsmitteln, Doppelarbeiten, zu viele Bearbeitungsstationen (Kleinteiligkeit), falsche Taktung, überflüssige Prüfung bei mangelnder Prozessstabilität.
5) **Unnötige Wege**. Hin- und Herlaufen kostet Zeit. Unnötige Handbewegungen kosten Zeit. Falsche Ergonomie am Arbeitsplatz stört und erschwert den Ablauf.
6) **Große Bestände**. Hamstern von Materialien, Über-Bedarf-Bestellungen wegen günstiger Konditionen, unnötige Vorhaltung von Lagerkapazität.
7) **Transport**. Mangelnde Koordination: Leerfahrten; falsche Maschinenanordnung; Zwischenlager/Pufferlager; zusätzliche Betriebsmittel: Gabelstapler, LKW; Bedienpersonal.

Außerdem kann Verschwendung entstehen durch veraltete Hardware/Software, defekte oder anfällige Arbeitsmittel, durch unzureichende Schulung oder Einweisung der Mitarbeitenden sowie das Ignorieren von Hinweisen und Verbesserungsvorschlägen aus der Belegschaft (Abb. 2.9).

Welche Möglichkeiten der Verschwendungsvermeidung gibt es denn? Auch hier kann systematisch mit einem Arbeitsteam eine Aktion gestartet werden. Aber auch Einzelne sind gefordert, in ihrem Verantwortungsbereich aufmerksam zu sein. Stellen Sie sich die Fragen:

Nr.	Art der Verschwendung	Nr.	Art der Verschwendung
1	Überproduktion ▸ Erzeugen wir mehr, als der interne/externe Kunde benötigt? ▸ Stellen wir Dinge früher her, als sie tatsächlich gebraucht werden? ▸ Haben wir als Folge der Überproduktion zusätzliche Bestände? ▸ Ergeben sich als Folge der Bestände/Lager ▸ Verwaltungsarbeiten ▸ Mitarbeiter ▸ Lagerflächen ▸ Arbeitszeit ▸ Fehler und Defekte ▸ Handhabung ▸ Kosten für die Anschaffung und für Zinsen ▸ usw.?	4	Unnötige Bewegungen und Handlungen der Mitarbeiter ▸ Suchen von Material oder Werkzeugen ▸ Unnötige Arbeitsschritte ▸ Einfache Handhabung von Materialien ▸ Mehrfache Handhabung von Teilen ▸ Hin- und Herreichen von Objekten ▸ Dinge anschalten ▸ Dinge zählen ▸ Herumlaufen ▸ Einhändiges Arbeiten ▸ Untätiges Beobachten ▸ Arbeiten im Sitzen ▸ Ablegen von Objekten ▸ Bewegungen ▸ Arbeitsunterbrechung, um Objekte anzuordnen ▸ Fehler bei der Arbeitsausführung ▸ Nacharbeit
2	Wartezeiten ▸ Warten auf Material usw. ▸ Mitarbeiter beobachten laufende Maschine	5	Unnötige, unrationelle oder fehlerhafte Arbeitsprozesse ▸ Verfahren, die unnötige Arbeit oder Nacharbeiten erforderlich machen ▸ Übermäßige Arbeitsteilung ▸ Einsatz von zwei oder mehr Personen ▸ Schlechte Anordnung von Objekten, Unordnung ▸ Nichterfüllung der stündlichen Standardproduktionsrate
3	Transport ▸ Unnötiger Transport von Gütern/Behältern ▸ Zu viele Transportmittel ▸ Zu lange oder ungünstige Transportstrecken	6	Material ▸ Verschwendung von Wasser, Öl, Elektrizität, Gas, Rohstoffen, Materialien, gefertigten Teilen usw. ▸ Fehlende oder schlechte Teile

Abb. 2.9 Arten der Verschwendung (Muda). © Nowoczin 2022. All Rights Reserved

- Welche Tätigkeiten sind nicht wertschöpfend? Sind sie notwendig? Wie weit können sie reduziert, wie weit eliminiert werden?
- Welche Tätigkeiten sind ein Hindernis für die Wertschöpfung? Wie kann dieses beseitigt werden?
- Welche Tätigkeiten sind fehleranfällig? Welche Fehler treten auf? Wie können sie nachhaltig verhindert werden?
- Welche Tätigkeiten beinhalten eine Verschwendung von Zeit, Energie, Geld, Ressourcen?

Schauen wir noch auf die Ansatzpunkte bei den sieben Verschwendungsarten:

1) **Überproduktion.** Losgrößen überprüfen; Flexibilität erhöhen; Production on demand: d. h. Produktion nach Bedarf, nicht nach Maschinenauslastung; zeitgerecht produzieren.
2) **Wartezeiten.** Materialwirtschaft optimieren: rechtzeitige Anlieferung, rechtzeitiger Abtransport; korrekte und vollständige Zeichnungen, Unterlagen und Informationen; Rüstzeiten minimieren; Mehrmaschinenbedienung (Multitasking); Informations- und Entscheidungswege verbessern/verkürzen; Meetings (durch Moderation) straffen.
3) **Fehler.** Poka-Yoke durchführen; Mitarbeitende schulen; Prozesse voneinander trennen; Vorrichtungen zur Fehlererkennung; Wartung und Instandhaltung fördern.
4) **Ineffiziente Prozesse.** Ablaufanalyse durchführen; Komplexität reduzieren; Arbeitsorganisation verbessern; Durchlaufzeit verkürzen; Mitarbeitende einbinden.
5) **Unnötige Wege.** Spaghettidiagramm (Aufzeichnung der Wege) durchführen: Pufferlager auflösen; Teilesuchen vermeiden; Arbeitsmittel ergonomisch und übersichtlich anordnen; Prüfung am Arbeitsplatz; Bereitstellung der Hilfsmittel, Materialien durch Support.
6) **Große Bestände**. Flexible Losgrößen; Lieferzuverlässigkeit herstellen: Kanban-Systeme nutzen.
7) **Transport.** Spaghettidiagramm durchführen; Koordination von Transport verbessern, Leerfahrten vermeiden; optimiertes Hallen- oder Bürolayout; effektive Transportsysteme einsetzen; Ablauf im Sinne des Fertigungsflusses gestalten.

In jedem Fall empfiehlt es sich, alle Mitarbeitenden sowie die unterstützenden Bereiche in die Aktion einzubinden. Achten Sie auf die Hinweise der Beteiligten. Die kreativen Schätze liegen bei Ihren Mitarbeitenden. Sie müssen sie nur heben.

2.4 Das Leistung-Nutzen-Verhältnis

Es mag vielleicht verwundern, wieso es dieses Kapitel gibt. Eigentlich geht es auch weniger um eine Methode, als um eine Denkweise. Unsere Gesellschaft ist eine Leistungsgesellschaft. Wer etwas leistet, hat Aussicht auf Erfolg. In vielen Optimierungsprozessen, die ich begleiten durfte, wurde auch immer wieder nach der erbrachten oder zu erbringenden Leistung gefragt. Dies ist meiner Ansicht nach ein falscher Ansatz. Es geht eben nicht um Leistung, sondern um Nutzen oder – das wäre die gedankliche Konsequenz – um Nutzleistung, also eine Leistung, die Nutzen bringt. Wortklauberei? Hier kommt ein kleines Beispiel, das den Unterschied verdeutlicht.

Praxisbeispiel

Wieder eine kleine Geschichte aus der Praxis eines Unternehmens. Krisensitzung in der Planungsabteilung. Es ist fraglich, ob man einen Auftrag, der zeitlich knapp kalkuliert ist, annehmen soll. Letztlich wird die Fertigung in die Pflicht genommen, alles erdenklich Mögliche zu tun, um den mit dem Kunden vereinbarten Termin zu halten. Die Werksleitung berät mit den Meistern, wie es denn gehen soll: So weit wie möglich soll ein Urlaubsstopp gelten, es werden Sonderschichten gefahren, die Samstage miteinbezogen. Durch eine Ansprache des Managements ermutigt, krempeln alle die Ärmel hoch und legen los. In der Woche vor dem Ausliefertermin stellt man erfreut fest, gut in der Zeit zu liegen. Alle haben sich bis zum Limit eingebracht. Da fragt plötzlich der Meister der Endmontage, wo denn die Maschinenbrücke, ein elementares Anbauteil, das von einem Zulieferer kommt, sei. Suche, Nachfrage, Entsetzen. Man hatte den Einkauf nicht über die Terminenge informiert. Der Einkauf hatte das Teil wie üblich, für diesen Auftrag aber zu spät, bestellt. Liefertermin in 4 Wochen. – Damit war die fristgemäße Lieferung Geschichte. Frust, Enttäuschung. Ärger beim Kunden. Strafzahlungen vorbehalten. – Nun kann aber niemand sagen, dass die Mitarbeitenden nicht geleistet hätten. Ganz im Gegenteil. Die Leistung lag über der Norm. ABER: Es gab keinen Nutzen für den Kunden! ◀

Die in Abb. 2.10 dargestellte Übersicht zeigt, welche Leistungsarten es im normalen Arbeitsbetrieb gibt. Davon ist nur die **Nutzleistung** wertschöpfend und wird vom Kunden bezahlt. Die **Stützleistung** (Prüfung, Materialbereitstellung, Transport usw.) ist an manchen Stellen erforderlich, sie sollte aber so weit wie möglich durch intelligente Systeme bei der Qualitätskontrolle und durch die Vermeidung von Wegen auf ein Minimum reduziert werden. Die **Blindleistung** durch falsche Informationen, fehlende Absprachen usw. sowie die **Fehlleistung** (Ausschuss, Mängel usw.) müssen im Arbeitsprozess eliminiert werden.

Nutzleistungen	Alle geplanten Prozesse im Unternehmen, die den Wert des Produktes bzw. Zwischenproduktes steigern und somit die am Markt umsetzbare Leistung erhöhen. **(Werden vom Kunden bezahlt = positive Wertschöpfung)** Beispiel: Hauptzeiten der Bearbeitung, Montage, Entwicklung, Einkauf, Marketing
Stützleistungen	Alle Prozesse, die die Nutzleistung in der Werkschöpfungskette unterstützen, damit das geplante Prozessergebnis erreichbar ist. Stützleistungen sind zwar ebenfalls geplant, verteuern aber das Produkt ohne unmittelbare Wertsteigerung und sind deshalb auf ein Minimum zurückzuführen. **(Werden nicht vom Kunden bezahlt)** Beispiel: Transport, Wareneingang, Zwischenprüfung, Rüstzeiten, Werkzeugwechsel
Blindleistungen	Entstehen durch Unvollkommenheiten in der geplanten Wertschöpfungskette. Blindleistungen entstehen ungeplant, führen zu Erhöhung der Herstellerkosten ohne entsprechende Wertsteigerung am Markt. **(Werden vom Kunden nicht bezahlt und sind zu minimieren/ eliminieren)** Beispiel: Zwischenlager, Sicherheitspuffer, Transporte von und zu Puffern, Konstruktionsänderungen nach Freigabe
Fehlleistungen	Entstehen infolge von unfähigen oder nicht unter Kontrolle stehenden Prozessen, die der Erstellung von Nutzleistungen dienen. Fehlleistungen vernichten Wertschöpfungsprozesse und sind von daher zu eliminieren. **(Werden nicht vom Kunden bezahlt)** Beispiel: Falschlieferung, Ausschuss, alle Fehlerfolgen

Abb. 2.10 Leistung und Nutzen. © Nowoczin 2022. All Rights Reserved

2.5 Arbeitsorganisation 5 S/5A

Ordnung ist das halbe Leben. Diesen Spruch kennt fast jeder. Und mancher oder manche antwortet dann schmunzelnd, dass er oder sie in der anderen Hälfte lebe. Wie jemand Haushalt oder Schreibtisch gestaltet, ist in der Tat Privatsache. In Unternehmen kann der Schlendrian an dieser Stelle jedoch zur Beeinträchtigung von Prozessen, Mängeln an Produkten, zu größerem Zeitaufwand und höheren Kosten führen. Wenn wir also gezielt Verschwendung von Zeit und Geld (siehe Abschn. 2.3) vermeiden wollen, gilt es die aus dem Kaizen stammende Methode des 5S bzw. 5A anzuwenden. Dabei folgt die Methode einer klaren Systematik. Zunächst einmal, sich ein Bild von der Ausgangslage machen. Das dürfen Sie durchaus wörtlich nehmen. Es war für die Teams, mit denen wir gearbeitet haben, sehr motivierend und mit einem gewissen Stolz auf das Geleistete verbunden, wenn man das Foto vor der Aktion mit dem Ergebnis verglich. Im nächsten Schritt wird analysiert, ob die Dinge und welche Dinge noch wofür gebraucht werden. Dabei kommt es auf eine gewisse Ehrlichkeit mit sich und der Arbeitsgruppe an, die letztlich gemeinsam beschließt, was behalten und was aussortiert wird (**S**eiri). Indizien für nicht mehr Benötigtes sind z. B.: Dinge sind doppelt und dreifach vorhanden, Dinge sind defekt und unbrauchbar, Dinge sind verschmutzt und unansehnlich. Papiere oder Aktenordner sind übervoll, veraltet oder nicht beschriftet. Nun wird aufgeräumt. Gegen Unordnung helfen geeignete

Ablagesysteme. Der Arbeitsbereich muss frei bleiben. Die übrig gebliebenen Teile werden nun *angeordnet*, sie bekommen ihren festen, zukünftigen Platz (**S**eiton). Dabei werden die Größe, die Handhabbarkeit, aber auch die Häufigkeit des Gebrauchs berücksichtigt. Dinge, die selten verwendet werden, können entfernter lagern, solche, die täglich benötigt werden, sollten im direkten Zugriffsbereich angeordnet sein. Dies Klassifizierung lautet: ständig, stündlich, täglich, wöchentlich und monatlich. Fallen Dinge in keine dieser Kategorien, sollte an das Aussortieren gedacht werden. Dinge „auf Verdacht" vorzuhalten macht wenig Sinn. Diese Anordnung dient einer Verbesserung des Arbeitsflusses. Dem Mitarbeitenden sollen unnötige Wege und Handgriffe erspart werden. Der Arbeitsplatz bekommt so ein neues, ergonomisches und ablauforientiertes Design. Dies gilt insbesondere für Werkzeuge und andere Hilfsmittel. Häufig bedient man sich dabei sogenannter Schatten- oder Umrissbilder. Das bedeutet, es ist am Schatten bzw. Umriss erkennbar, welcher Gegenstand dort üblicherweise hängt. Es fällt eher auf, wenn etwas fehlt. Darüber hinaus geht es um Sauberkeit am Arbeitsplatz (**S**eiso), das bedeutet regelmäßiges Reinigen des Arbeitsplatzes, Instandhalten der Geräte und Wegräumen von Abfällen. So werden z. B. klar gekennzeichnete Behälter für bestimmte Abfälle aufgestellt: Elektroschrott, Metallreste, Papier und Pappe, Kunststoffe usw. Die gesamte Aktion sollte zu einer Standardisierung der neuen (An-)Ordnung führen (**S**eiketsu). Alle haben sich daran zu halten. Insbesondere, wenn Gegenstände oder Werkzeuge ausgeliehen werden, besteht die Regel, diese nach Gebrauch unverzüglich wieder an deren Platz zu bringen. Es empfiehlt sich für jeden Bereich einen „Kümmerer" zu benennen. Checklisten helfen, die Reinigungs- und Instandhaltungsaktivitäten zu protokollieren und zu überprüfen. Die notwendigen Informationen sollen für alle zugänglich sein, um den Prozess nachhaltig zu gestalten (**S**hitsuke), wie z. B. Kennzeichnungen, Anleitungen und Visualisierung (z. B. Fotos vom Sollzustand). Da die fortschreitende Zeit auch zu erneuter Unordnung führen kann, empfiehlt sich eine Wiederholung der Aktion in regelmäßigen Abständen (z. B. alle 6 Monate). Ich gebe unumwunden zu, dass diese Methode nicht wertschöpfend ist. Sie dient aber elementar dazu, Wertschöpfung zu fördern, wenn Mitarbeitende z. B. nicht mehr auf die Suche nach einem benötigten Werkzeug gehen müssen (siehe Abb. 2.11).

Zur 5A-Methode steht ein Download zu Verfügung (siehe Abschn. 5.5 Links zu ergänzenden Informationen).

Bei 5A sprechen wir von: **A**ussortieren, **A**ufräumen, **A**rbeitsplatz sauber halten, **A**nordnungen zur Regel machen, **A**lle Schritte ständig wiederholen.

Es gibt diverse Hilfsmittel für eine 5S/5A-Aktion: farbige Kennzeichnungen, Boden- und Wegmarkierungen, Umrisse für den Standort von Behältern, Schatten-

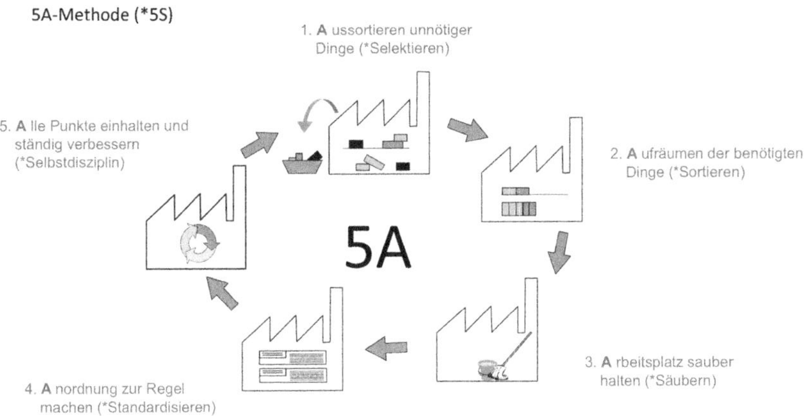
5A-Methode (*5S)
1. A ussortieren unnötiger Dinge (*Selektieren)
2. A ufräumen der benötigten Dinge (*Sortieren)
3. A rbeitsplatz sauber halten (*Säubern)
4. A nordnung zur Regel machen (*Standardisieren)
5. A lle Punkte einhalten und ständig verbessern (*Selbstdisziplin)
5A
*5S Erklärung (inhaltlich ist 5A und 5S identisch)

Abb. 2.11 Ordnung und Sauberkeit © Nowoczin 2022. All Rights Reserved

1. Visualisierung von unnötigen Dingen (sei es im Workshop oder individuell)
2. Karte an die Stelle, auf das Teil kleben oder zentral sammeln (Pinnwand)
3. Klären, ob Teil noch gebraucht wird oder nicht. Weitere Verwendung oder Aufheben muss begründet nachvollziehbar werden. Diskutieren und abstimmen (alle Beteiligten einbinden)
4. Entscheidung
5. Ggf. aussortieren und entsorgen

Die Karte hat Aufmerksamkeits- und Erinnerungsfunktion. Sie schafft eine Motivation zum Handeln.

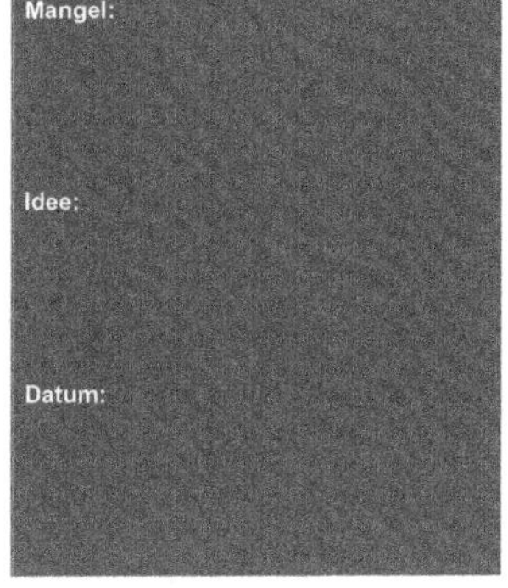
Mangel:
Idee:
Datum:

Abb. 2.12 „Rote-Karte"-Methode (5S/5A-Aktion) © Nowoczin 2022. All Rights Reserved

bilder für Werkzeuge, Beschreibung des Arbeitsplatzes, Fotos vom Soll-Zustand, Beschilderungen sowie Check- und Wartungslisten.

Die „Rote-Karte-Methode" hatte ich schon in Abschn. 2.1 allgemein vorgestellt. Sie eignet sich aber auch für die Visualisierung im Rahmen einer 5S-Aktion (siehe Abb. 2.12).

Um zu Beginn bei der Ist-Analyse eine Bewertung vornehmen zu können, bietet sich die Aufteilung in Tab. 2.1 an:

Tab. 2.1 Stufen der Bewertung

Erstes S	Viele defekte und nicht mehr eingesetzte Dinge	Mehrere defekte und nicht mehr eingesetzte Dinge	Keine defekten Dinge, einige werden nicht mehr eingesetzt	Keine defekten Dinge, einige werden selten eingesetzt	Alle vorhandenen Dinge werden regelmäßig eingesetzt
Zweites S	Keine Kennzeichnung, keine Ablageorte	Einige Kennzeichnungen vorhanden	Kennzeichnungen überwiegend vorhanden	Gute Kennzeichnungen, aber nicht immer erkennbar, was fehlt	Eindeutige Kennzeichnungen
Drittes S	Große Verunreinigung	Große Verunreinigung, gelegentliches Säubern	Wöchentliches Säubern	Sauber, aber Aufwand erforderlich	Sehr gute Sauberkeit mit wenig Aufwand
Viertes S	Keine Standards, keine Regeln, Fertigungsfluss nicht erkennbar, keine Wartungspläne		Visualisierung vorhanden, Regeln bekannt, Wartung in bestimmten Abständen		Sehr gute Visualisierung, alles sind geschult, Wartungspläne aktuell

Diese Methode führt zu:

- **quantitativen Ergebnissen**: Reduzierung von Suchzeiten, Reduzierung des Bestands und der notwendigen Lagerkapazität von Werkzeugen und Hilfsstoffen, Fehlervermeidung und Werterhaltung (Pflege und Wartung).
- **qualitativen Ergebnissen**: Steigerung des Verantwortungsbewusstseins, der Arbeits- und Prozesssicherheit und der Qualität, Aufwertung des Arbeitsplatzes durch Ordnung und Sauberkeit, Imagegewinn.

2.6 Ablaufzeitoptimierung (SMED)

In Abschn. 2.1 habe ich bereits auf die Bedeutung von Durchlaufzeiten hingewiesen. Dies gilt für alle Bereiche des Unternehmens, aber insbesondere für Fertigung und Montage. Dort zählt jede Minute. Und noch immer spielt das Verhältnis von Produktivkosten zu Gemeinkosten (P zu G) eine große Rolle. Eine Kenngröße ist u. a. die „Total Productive Maintenance“ (TPM), wozu auch die (Netto-) Maschinenlaufzeit gehört. Sie merken: Schon wieder dreht sich alles um den Wertschöpfungsgrad von Tätigkeiten. Besonders suboptimal ist es, wenn Maschinen wegen Umbau (Rüstung) oder Wartung nicht produktiv genutzt werden können, deren Kosten und die des Bedienpersonals aber weiterlaufen. Also kann es sinnvoll sein, Arbeitsplätze und Maschinen hinsichtlich der Durchlaufzeiten einschließlich der Rüstzeiten zu überprüfen. Die passende Methode heißt Ablaufzeitoptimierung oder im Fachjargon „Single Minute Exchange of Die“, kurz SMED. Dahinter verbirgt sich das Ziel, Rüstzeiten von möglichweise Stunden oder zweistelligen Minutenwerten auf unter 10 min (also einstellig) zu senken. Im optimalen Fall (z. B. durch intelligente Systeme und Vorrichtungen) wird die Rüstzeit „Null“ erreicht. Hinzu kommt die Verlagerung von zeitintensiven Tätigkeiten bei Maschinenstillstand in Zeiten mit Maschinenlauf, also parallel zur laufenden Produktion.

Definition Rüsten

1. Rüstzeit ist der Aufwand für Vorbereiten, Wechsel, Nachbereiten von Fertigungsvarianten (z. B. verschiedene Durchmesser der zu bearbeitenden Teile bzw. Lose).
    a. Genau genommen ist es die Zeit vom letzten fertigen Teil der alten Variante bis zum ersten Teil der neuen Variante.
2. Internes Rüsten bezeichnet Tätigkeiten, die nur bei Stillstand der Maschine durchgeführt werden können (Wechsel der Werkzeuge oder Greifer, Säuberung, Laden der Software usw.).
3. Externes Rüsten umfasst Tätigkeiten, die, während die Maschine produziert, durchgeführt werden können, also parallel stattfinden.

Ziele von SMED sind:

- die Optimierung des fließenden Produktionsprozesses,
- die Senkung der Bestandskosten durch Reduzierung der Materialbestände und Lagerkapazitäten,
- die Verkürzung der Durchlaufzeit,
- die Vermeidung von Verschwendung an Zeit und Material,
- die Sicherung der Qualität durch Vermeidung von Rüstfehlern,
- die Senkung der für Rüstvorgänge erforderlichen (nicht primär wertschöpfenden) Arbeitszeit,
- die erhöhte Flexibilität (besonders bei kleinen Losen),
- die Verbesserung der Gesamtanlageneffektivität (OEE),
- die Steigerung der Produktionskapazität.

Die Beschäftigung mit Rüstzeiten ist also ein entscheidender Faktor bei der Just-in-Time-Produktion. Es gibt entsprechende Fachliteratur, die weiter ins Detail geht. Ich schließe nun noch die Beschreibung der Vorgehensweise an.

Acht Schritte der Rüstzeitoptimierung

1. **Ist-Zustand erfassen:** Rüstvorgang wird durch ein KVP-Team beobachtet, das Zeitaufnahmen (möglichst mit Video) durchführt (mit Arbeitsblatt) und Wege aufzeichnet (Spaghettidiagramm). Arbeitsschritte werden bewertet, erste Verbesserungen spontan umgesetzt.
2. **5A-Aktion durchführen:** Aussortieren – Aufräumen – Anordnen usw. (siehe Abschn. 2.5)
3. **Abläufe standardisieren:** Rüstschritte in die optimale Reihenfolge bringen. Materialzuführung, Verfügbarkeit von Hilfs- und Begleitstoffen einbeziehen, Prüfvorgänge bewerten (notwendig? Aufwand?). Erste Ablaufbeschreibung (die später verbindlich und am Arbeitsplatz ausgehängt wird) erstellen.
4. **Internes und Externes Rüsten trennen:** was muss unbedingt während des Stillstand der Maschine gemacht werden, was kann parallel zu deren Betrieb erledigt werden (siehe Background Information)?
5. **Tätigkeiten ins externe Rüsten verlagern:** Vormontage, Materialbereitstellung, Abtransport, Einlesen von Programmen.
6. **Interne Rüstzeiten verkürzen:** Schnellspannvorrichtungen beim Werkzeugwechsel, Einsatz von Kassettensystemen und Modulen, effektivere Werkzeuge (z. B. Akkuschrauber), Steckverbindungen statt Schrauben, Vermeidung von Nachjustieren oder Probeteilen.
7. **Externes Rüsten verkürzen:** Werkzeuge und Vorrichtungen standardisieren (in Verbindung mit Poka-Yoke), Werkzeugvoreinstellung nutzen, Bereitstellung

von Werkzeugen, Vorrichtungen, Arbeitspapieren durch Fachabteilung, Prüfung am Arbeitsplatz ermöglichen.

8. **Die Schritte 4–7 als kontinuierlichen Prozess ständig wiederholen:** es gibt immer noch eine Verbesserungsidee: Ziel Rüstzeit „Null".

Spaghettidiagramm

Im Zuge der Rüstzeitaufnahme und deren Verkürzung wird anhand eines Formblatts jede Bewegung, jeder Weg des Werkers erfasst und dokumentiert. Dies gilt für die benötigte Zeit (in Sekunden) und den zurückgelegten Weg (in Metern). Durch die Analyse und Bewertung können überflüssige Bewegungen und Wege erkannt und eliminiert werden. Zudem können Wege durch intelligente Anordnung und Erreichbarkeit von Werkzeugen, Vorrichtungen Materialien oder Betriebsmittels reduziert werden.

Für eine Rüstzeitoptimierung ist ein Team erforderlich. Das sollte aus den Maschinenbedienern (aller Schichten), der zuständigen Führungskraft, Fachexperten (wie z. B. aus der Arbeitsvorbereitung, Instandhaltung, Materialwirtschaft) und einem Moderator bestehen. Es kann wegen des Einsatzes von Videoaufzeichnungen und dem Verändern der Arbeitsorganisation sinnvoll sein, auch ein Mitglied des Betriebsrats einzubinden.

Das Team beginnt mit der Aufnahme des Ist-Zustandes (mit Videoaufzeichnung). Dann schließt sich eine Workshopsitzung an, bei der die Ergebnisse und Beobachtungen sowie die Verbesserungsvorschläge diskutiert werden. Sofern möglich, werden diese sofort umgesetzt. Es folgt nach jedem Verbesserungsmeeting ein weiterer Testdurchlauf zu den geänderten Bedingungen. Am Ende der Aktion folgt die Probe aufs Exempel. Der Durchlauf erfolgt real unter den veränderten Bedingungen. Das Video vom Ist-Zustand zu Beginn wird zeitgleich gestartet. Erfahrungsgemäß ist der Durchgang an der Maschine bereits beendet, während das Video noch läuft. Es kann somit unmittelbar festgestellt werden, wieviel Zeit eingespart wurde. Das ist dann ein Erfolgserlebnis für alle Beteiligten.

Im Rahmen der Neuorganisation eines Fertigungsbereichs haben wir diese Rüstzeitoptimierung an allen verbleibenden Maschinen mit großem Erfolg durchgeführt. Neben einer Zeiteinsparung von 40–50 % konnten Wege (Meter) sogar im dreistelligen Bereich verkürzt, Tätigkeiten eingespart, Werkzeuge und Vorrichtungen intelligenter gestaltet werden. Zudem wurde das Arbeitsumfeld nachhaltig verbessert (z.B. Messmittel am Arbeitsplatz, Zulieferung von Teilen statt Abholen), ohne dass – und das möchte ich ausdrücklich betonen – die Mitarbeitenden dadurch einem höheren Arbeitsdruck ausgesetzt wurden. Ganz im Gegenteil: die Verbesserungen wurden positiv bewertet.

Optimal ist es, wenn bei einer Rüstzeitoptimierungsaktion auch die vor- und nachgelagerten Bereiche informiert bzw. einbezogen werden, weil sich die Verbesserungen u. U. auch dort auswirken (z. B. bei Materialbereitstellung oder Transport).

2.7 Fehlermöglichkeits- und Einflussanalyse (FMEA)

Es ist eine Binsenweisheit, dass Fehler die Abläufe beinträchtigen und Ergebnisse beeinflussen können. Die Palette der Fehlermöglichkeiten ist breit:

- unpräziser Kundenauftrag,
- fehlende Spezifizierung,
- Fehler in der Konstruktion,
- Materialfehler/Materialmangel,
- Bearbeitung-/Bedienungsfehler:
  - menschliche Fehlleistung (fehlende Konzentration, fehlende Schulung),
  - maschinelle Fehlleistung (defektes Werkzeug, mangelnde Wartung),
- Fehler in der Organisation,
- Fehler in der Datenübermittlung und verarbeitung,
- Fehler in der Zulieferung, bei Zukaufteilen,
- Prüffehler,
- Transport- und Versandfehler,
- Fehler in Zeichnungen und Arbeitsunterlagen,
- Fehler in Rechnungen und Bescheinigungen.

Dass die Folgen und Kosten immer größer werden, je später ein Fehler im Prozess erkannt wird, ist im Kapitel Poka-Yoke nachzulesen. Wir brauchen zwar nicht immer eine 100-Prozent-Lösung, aber hätten doch gern einen Null-Fehler-Prozess. Denn wir wissen aus Erfahrung, dass auch ein kleiner Fehler große Auswirkungen haben kann. Die FMEA ist ein Ansatz, schon im Vorfeld, also bei der Einführung eines Produkts, eines Ablaufs oder eines Prozesses, darauf zu schauen, welche potenziellen Fehler auftreten könnten und wie sie zu vermeiden sind. Hier gibt es eine Parallele zur Risikoanalyse (Abschn. 3.1.4). Ferner können bei bereits laufenden Prozessen schon erkannte Fehler beschrieben und die Möglichkeiten der Einflussnahme, d. h. Eliminierung, geprüft werden. Wir unterscheiden zwei Varianten:

1) die Konstruktions-FMEA (häufig im Vorfeld einer Konstruktion eingesetzt) zur Untersuchung der einzelnen Komponenten eines Produkts hinsichtlich möglicher Fehler in der Konstruktion, bei der Fertigung, bei der Montage, bei der Inbetriebnahme. Das Ziel ist, einen aus konstruktiver Sicht einwandfreien Entwurf zu erhalten.
2) die Prozess-FMEA (meist auf bereits bestehende Prozesse angewendet) zur Untersuchung des Herstellungsprozesses hinsichtlich der Eignung (von Verfahren, Arbeitsmitteln, Materialien usw.) zur Herstellung der geforderten Produkteigenschaften. Das Ziel ist, ein fertigungstechnisches Risiko zu erkennen, zu bewerten und prozessbedingte Fehler zu eliminieren.

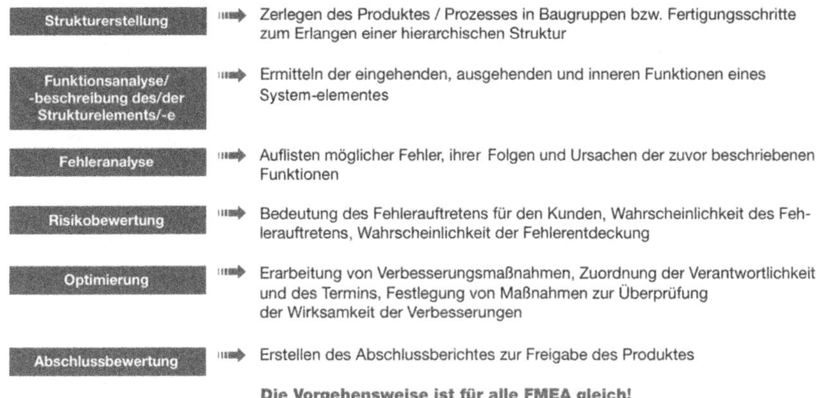

Strukturerstellung
Zerlegen des Produktes / Prozesses in Baugruppen bzw. Fertigungsschritte zum Erlangen einer hierarchischen Struktur
Funktionsanalyse/ -beschreibung des/der Strukturelements/-e
Ermitteln der eingehenden, ausgehenden und inneren Funktionen eines System-elementes
Fehleranalyse
Auflisten möglicher Fehler, ihrer Folgen und Ursachen der zuvor beschriebenen Funktionen
Risikobewertung
Bedeutung des Fehlerauftretens für den Kunden, Wahrscheinlichkeit des Fehlerauftretens, Wahrscheinlichkeit der Fehlerentdeckung
Optimierung
Erarbeitung von Verbesserungsmaßnahmen, Zuordnung der Verantwortlichkeit und des Termins, Festlegung von Maßnahmen zur Überprüfung der Wirksamkeit der Verbesserungen
Abschlussbewertung
Erstellen des Abschlussberichtes zur Freigabe des Produktes
Die Vorgehensweise ist für alle FMEA gleich!

Abb. 2.13 Fehlermöglichkeits- und Einflussanalyse FMEA. © Nowoczin 2022. All Rights Reserved

Die Vorgehensweise zeigt Abb. 2.13.

Hier noch Hinweise auf die ideale Zusammensetzung eines FMEA-Teams.

Für die System-/Designvariante: Kunde/Lieferant + Konstruktion/Entwicklung + Produktionsplanung + Beschaffung + Vertrieb.

Für die Prozessvariante: Konstruktion/Entwicklung + Arbeitsvorbereitung + Technik + Qualitätsmanagement + Fertigung.

Wie für viele der bisher genannten Prozesse gilt auch hier die Notwendigkeit einer klaren und abgestimmten Definition des Arbeitsauftrags und des Ziels sowie nach Abschluss der FMEA der Maßnahmenkatalog zu Umsetzung. Denn in der Schublade hilft sie nicht weiter.

2.8 Poka-Yoke und Standardisierung

Es geht um Fehler in Prozess und an Produkten. Nobody is perfect – bedeutet, dass bei menschlichen Tätigkeiten immer wieder mal (unbeabsichtigte) Fehler auftreten können. Da diese zu Störung des Ablaufs, zu Qualitätsverlusten, Wartezeiten und erhöhten Kosten führen können, gibt es inzwischen zahlreiche methodische Ansätze zu deren Vermeidung. Daher finden sich auch in diesem Buch verschiedene Möglichkeiten, das Thema anzugehen. Eine davon ist Poka (unbeabsichtigter Fehler)- Yoke (Vermeidung). Von dem Japaner Shingeo Shingo in den Jahren 1950 bis 1977 entwickelt verbirgt sich dahinter eine Vorgehensweise zur Vermeidung unbeabsichtigter Fehler. Vorsatz oder Sabotage werden also ausgeklammert. Ziel ist eine „Null-Fehler-Strategie, egal ob es sich um Fertigungs- oder Dienstleistungsprozesse handelt. Primär aber wurde Poka-Yoke im Zuge der Kaizen-Bewegung und des daraus entstandenen Lean Managements im Produktionsbereich eingesetzt. Das hatte damit zu tun, dass Fehler im Fertigungsprozess häufig zum Stillstand einer kompletten Fertigungslinie führten oder in der Serienfertigung erst spät bemerkt wurden und somit ganze Lose mangelhaft waren. Es ging und geht also letztlich um Kostenreduzierung und Wertschöpfung. Denn der Kunde zahlt nicht für Ausschuss oder Nacharbeit von fehlerhaften Teilen.

Die potenziellen Fehler sind u. a.:

- Vergesslichkeit,
- Missverständnisse,
- fehlende Information,
- nicht ausreichende Schulung/Einweisung,
- Langsamkeit,
- Unkonzentriertheit, Ablenkung,
- Materialmängel,
- Lieferantenwechsel,
- Veränderungen am Prozess,
- Verwechslung bei der Verwendung ähnlicher Teile oder Werkzeuge,
- Überspringen eines Arbeitsgangs,
- falsche Reihenfolge,
- Täuschung bei Größe und Beschaffenheit des Werkstücks,
- unzureichende Vorrichtungen,
- Montageirrtümer.

Selbst ein geringer Prozentsatz an Fehlern kann mitunter dramatische Auswirkungen haben. Wer möchte schon falsche Banktransaktionen in Kauf nehmen, oder verlorengegangene Postsendungen, unzuverlässige Bremsen am Auto oder gar eine fehlerhafte Operation?

Mit Poka-Yoke lässt sich aber die Fehleranfälligkeit von Organisationen, Systemen und auch das potenzielle Risiko einer fehlerhaften oder falschen Bedienweise reduzieren.

Die Vorgehensweise besteht aus den Schritten: Fehlerbeschreibung, Lokalisierung, Analyse, Auswahl der Einrichtung, Umsetzung, Überprüfung und Implementierung (Abb. 2.14).

Im Poka-Yoke-Team wird dabei gemeinsam, auch unter Anwendung ergänzender Methoden wie z. B. Brainstorming, FMEA, SKA, Pareto usw.) analysiert. Dazu helfen folgende Fragen: Was genau ist der Fehler? Wo ist er aufgetreten (am Pro-

Abb. 2.14 Poka-Yoke-Ablaufübersicht. © Nowoczin 2022. All Rights Reserved

dukt, im Prozess, an welchem Arbeitsplatz, bei welcher Tätigkeit)? Wann das erste Mal? Wie oft insgesamt? Gibt es Tendenzen (abnehmend, steigend, gleichbleibend)? Ist es ein periodisches Auftreten (wann, wann nicht)?

Es folgen die Beschreibung des Fehlers und seine Lokalisierung.

Ferner muss betrachtet und bewertet werden, welche Relevanz (Häufigkeit, Kosten) der Fehler hat. Dies darf nicht nur punktuell geschehen, sondern muss ggf. auf einen Zyklus (Monat, Jahr) hochgerechnet werden. Ein fehlerhaftes Teil, das pro Schicht zweimal ersetzt werden muss und 0,50 € kostet, scheint vernachlässigbar zu sein. Bezogen auf das Geschäftsjahr liegen wir aber bei **Zusatz**kosten von rund 500,00 €.

Für diese Risikobewertung verwendet man spezielle Skalen mit Bewertungskennziffern, die z. B. die Wahrscheinlichkeit und Auswirkung des Fehlers kategorisieren.

Es schließt sich die Entscheidung an, welcher Fehler nun mit welcher PY-Einrichtung bearbeitet werden soll. Dabei entwickelt und diskutiert die Gruppe die verschiedenen Lösungsvorschläge. Dabei gilt der Grundsatz, möglichst einfache Lösungen zu finden, die wenig Aufwand und Kosten verursachen und zudem schnell umgesetzt werden können.

So kann z. B. durch farbliche Kennzeichnung von Teileboxen das Verwechseln von Teilen verhindert werden (so angewendet bei einem Maschinenbauunternehmen in der Montagehalle: Jedem Modell wurde eine Farbe zugeordnet, die Boxen mit den Teilen und auch die Arbeitsplätze entsprechend gekennzeichnet).

So kann eine spezielle auf die jeweilige Größe ausgelegte Vorrichtung an einer Bearbeitungsmaschine das Einsetzen eines falschen Teils unterbinden.

Poka-Yoke setzt also zunächst auf **Prävention,** das Vermeiden unbeabsichtigter Fehler, bevor sie entstehen können. Eine weitere Maßnahme ist das schnellstmögliche **Erkennen von Fehlern** (siehe Abb. 2.15) und somit das **Abstellen des Fehlers**, die Vermeidung von vielen Mangelteilen und durch **Aussortieren** die Vermeidung der Weitergabe von fehlerhaften Teilen. Dabei darf **kein Stillstand** des Arbeitsprozesses entstehen. Es sollte auch **keine Wiederholung des Fehlers** geben.

Entscheidend ist zudem, wann im Produktionsablauf ein Fehler entdeckt wird. Je eher, desto besser. Fatal, wenn erst der Kunde im Rahmen einer Reklamation die Fehlersuche und -behebung anstößt. Außerhalb des Unternehmens hat sich der Faktor an Kosten und Aufwand dann bereits verzehnfacht.

Häufig werden dabei Warnmechanismen eingesetzt, die z. B. durch ein Signal auf eine falsche Anwendung oder ein falsches Teil aufmerksam machen. Bei Eingriffsmechanismen wird die Arbeit automatisch gestoppt, eine Fehlermeldung angezeigt. Oder gibt spezielle dezentrale und direkte Prüfverfahren, die eine Abweichung zeigen. Wichtig ist dabei ein Auslösemechanismus (z. B. über Kontakte, Sensoren usw.).

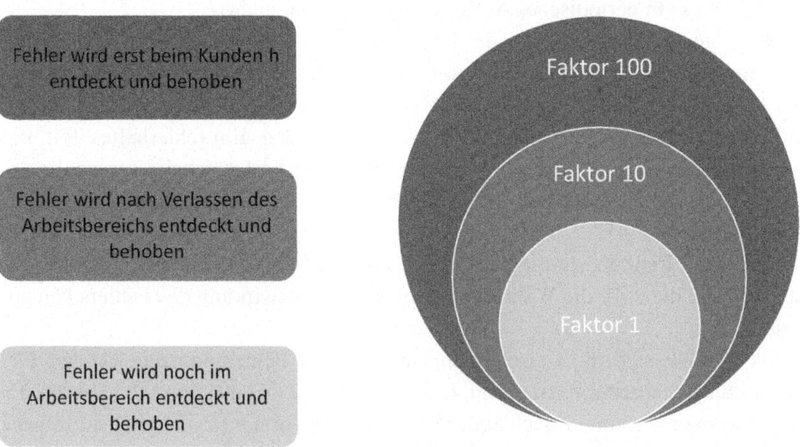

Abb. 2.15 Fehlervernachlässigungsfolgen © Nowoczin 2022. All Rights Reserved

Problemdarstellung

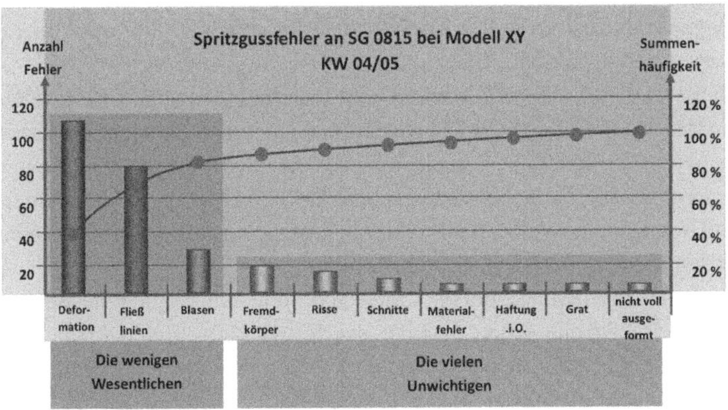

Mit der Bearbeitung von 3 Fehlern ist der Ausschuss zu > 80 % bearbeitet

Abb. 2.16 Fehleranalyse nach dem Pareto-Prinzip. ©Nowoczin.

Die gefundene Lösung wird nun in der Praxis auf ihre Tauglichkeit geprüft. Verläuft der Test erfolgreich, wird aus dem Lösungsansatz einer Dauerlösung. Diese wird als neuer Standard implementiert und dokumentiert (siehe Abb. 2.16). Pareto bedeutet hier wiederum, mit möglichst wenig Aufwand (20 % der Fehler) den größtmöglichen Effekt (80 % des Ausschusses) zu erzielen.

Shingo und Dillon (1989) unterscheiden weiche und harte Poka-Yoke. Weich bedeutet: Fehler erkennen und sein Auftreten erschweren. Hart bedeutet: den Fehler erkennen und eliminieren.

Die eingeleiteten Maßnahmen werden weiterverfolgt und bewertet:

A) Wurde das Ziel erreicht, das Problem behoben, DANN Standardisierung.
B) Wurde das Ziel erreicht, aber das Problem könnte erneut auftreten, DANN den Prozess wiederholen für eine nachhaltige Lösung.
C) Wurde das Ziel nicht erreicht, das Problem besteht weiterhin, DANN den Prozess vertiefen und auf andere, mögliche Grundursachen prüfen.

Poka-Yoke ist somit auch ein gutes Instrument für Standardisierung. Festgelegte Abläufe, die Verwendung definierter Materialien und Werkzeuge, die Festlegung und Einhaltung von Regeln vereinfachen und erleichtern das Miteinander und sichern die Qualität von Produkten und Prozesses. Standardisierung erfolgreicher

Prozesse (also das finale Festschreiben von Veränderungen und Verbesserungen) verhindert das Zurückfallen in alte Gewohnheiten.

Klar geht das zu Lasten der Kreativität. Aber möchten Sie, dass Ihr Pilot im Flieger die Landung „kreativ" gestaltet?

Früher war es ein Plus am Markt, wenn Unternehmen stark differenzierte und individualisierte Produkte oder Dienstleistungen anbieten konnten. Bei zunehmendem Konkurrenz- und Kostendruck ließ sich dieser Ansatz aber auf Dauer nicht durchhalten. Heute gibt es bei vielen scheinbar individuellen Produkten den Standard im Hintergrund, so z. B. bei Baukästen (Anzüge usw.). Mehr zu Standardisierung finden Sie in den Abschn. 2.1 und 2.6.

In meiner Unternehmenspraxis konnte ich viele sehr gelungene Beispiele für praxisnahes Poka-Yoke sehen und bei der Entwicklung unterstützen. Auch für diese Methode gilt, dass sie nur etwas nützt, wenn man sie konsequent anwendet. Manchmal braucht man dafür auch etwas Geduld.

„ My medicine works, but only if the patient takes it."
Shingeo Shingo

Literatur

Imai, M. (1993): Kaizen. München (Lang Müller Herbig)

Womack, J. P., Jones, D.T., Roos, D. (1991). Die zweite Revolution in der Automobilindustrie. Frankfurt/M. und New York (Campus)

Ohno, T. (2012): Taiichi Ohno – Workplace Management. New York (McGraw Hill)

Kostka, C., Kostka, S. (2017): Der kontinuierliche Verbesserungsprozess. München (Hanser)

Geiger, G., Hering, E. et al. (2020): Kanban. Optimale Steuerung von Prozessen. München (Hanser)

Füermann, T. (2008): Prozessmanagement. München (Hanser).

Zollondz, Hd. (2013): Grundlagen des Leanmanagements. München (Oldenbourg)

Gorecki, P., Pautsch, P.R. (2021): Lean Management. München (Hanser)

Lacy, P., Rutqvist, J. et al. (2015): Wertschöpfung statt Verschwendung. München (Red Line)

Grohnert, A-C. (2021): Das verborgene Kapital. Frankfurt/M. (Campus)

Hummel, T., Malorny, C. (2011): Total Quality Management. München (Hanser)

Danzer, W. (2016): Qualitätsmanagement in der Produkt- und Prozessentwicklung. München (Hanser)

Brückner, C. (2021); Qualitätsmanagement und Fehlerkultur. München (Hanser)

Krolid, D., Ohnesorge, D. et al. (2020): 5S – Prozesse und Arbeitsumgebung optimieren. München (Hanser)

Teeuwen, B..Grombach, A. (2019): SMED. o.O. (Deutscher Management Verlag)

Pfeufer, H-J.(2021) FMEA. München (Hanser)

Tietjen, T. (2020); FMEA – Praxis. München (Hanser)

Kamiske, G.F.; Sondermann, J.P. (2018): Poka-Yoke. München (Hanser)

Shingo, S., Dillon, A.P. (1989): A Study of the Toyota Production System. Boca Raton-London-New York (CRC Press)

Die prozessorientierten Methoden 3

„Wir wus sten nicht wohin, aber das mit ganzer Kraft."
Mark Twain

In diesem Abschnitt geht es um Werkzeuge für die Verbesserung ganzer Arbeitsabläufe. Daher sprechen wir von „Prozessorientierung". Seit der Abkehr von der Arbeitsteilung des Taylorismus steht das Betrachten eines Prozesses von einem definierten Startpunkt bis zum erwarteten Ergebnis im Fokus. Die nachfolgenden Methoden stellen eine Auswahl dar. Diese orientiert sich an den Erfahrungen aus meiner über 30-jährigen Tätigkeit in verschiedenen Industrieunternehmen. Der Überblick kann auch zum Teil nur einen ersten Eindruck vermitteln, um ein Gefühl für Ziel, Zweck und Anwendungsbereich der jeweiligen Methodik zu erhalten. Für detailliertere Informationen wird auf die entsprechende Fachliteratur verwiesen.

3.1 Systematische Bearbeitung komplexer Aufgaben (SKA)

Wie schon erwähnt, befinden wir uns in einer Zeit der zunehmenden Komplexität. Daher ist es wichtig, auch Methoden zu kennen, die uns einen sicheren Weg zu guten Ergebnissen bahnen, wenn auf den ersten Blick alles verworren und unübersichtlich erscheint. Es mag ein wenig verwundern, wenn ich nachfolgend einen methodischen Ansatz vorstelle, der seine Wurzeln in den 1980er-Jahren hat, also nach den heutigen Entwicklungszyklen uralt ist und von daher längst überholt und allenfalls noch historisch wertvoll sein dürfte. Als ich meine Ausbildung zum Trai-

J. Nowoczin, *„Wie statt Was" – Mit Methodenkompetenz Aufgaben effizient und erfolgreich managen*, https://doi.org/10.1007/978-3-662-65790-4_3

ner für diese Methode machte, war der Ansatz neu und teilweise revolutionär. Entscheidungen traf man „aus dem Bauch heraus", die Aufgaben und Situationen waren übersichtlich, Ursachen für Abweichungen fand man nach dem Motto „Versuch und Irrtum" und Risiken nahm man ohnehin nicht so ernst. Wenn etwas nicht passte, wurde es eben noch einmal oder anders gemacht. Hunderten von Teilnehmern an unseren Seminaren konnten wir im Laufe der Zeit „beweisen", dass systematischen Arbeiten keine Zeitverschwendung, sondern ganz im Gegenteil ein Ansatz ist, der schneller und genauer zum anvisierten Ziel führt. Vom Nutzen der Methodik bin ich bis heute überzeugt. Daher ist sie kein Ladenhüter aus der Mottenkiste, sondern gerade in der heutigen Zeit (wieder) hochaktuell. Die „Erfinder" dieser Vorgehensweise waren die Amerikaner Kepner und Tregoe (1985), die dem Management mit einfach strukturierten Prozessen und dazu gehörenden Fragen aufzeigten, wie man:

- in komplexen Situationen/Aufgaben den Überblick behält,
- fundierte und nachvollziehbare Entscheidungen trifft,
- die wirklichen Ursachen bei Abweichungen, Fehlern oder Defekten findet,
- Risiken bei der Durchführung von Projekten richtig einschätzen, vermeiden oder zumindest negative Folgen minimieren kann.

Die vier Methoden sind so aufgebaut, dass am Anfang eine Kurzbeschreibung steht. Dann folgt die detaillierte Anleitung. Am Ende steht eine schematische Übersicht der methodischen Schritte.

Bei den SKA-Seminaren haben wir mit den Teilnehmern zu Beginn immer eine Wette abgeschlossen, dass jede ihrer Arbeitsaufgaben mit einer der vier Methoden zu bewältigen sei. Wir mussten den ausgelobten Preis nie abgeben. Von daher war es recht eindrucksvoll, die am Anfang genannten, aktuell anstehenden Aufgaben am Ende auf ihre Tauglichkeit für die gelernten Methoden zu überprüfen und festzustellen, dass die Aussage von Kepner/Tregoe stimmt. Ich lade Sie ein, ebenfalls die Nagelprobe zu machen (siehe Abb. 3.1).

https://now-bildungsmanagement.de

3.1.1 Situationsanalyse

Die heutige Situation in der Phase von Arbeit 4.0 zeichnet sich insbesondere durch den Umstieg von Kompliziertheit zu Komplexität aus. Reichte es früher, eine Aufgabe isoliert für sich zu betrachten, spielen nun die Rahmenbedingungen, der Kontext, die Vernetzung und die Einbindung in die entsprechenden (vor- oder

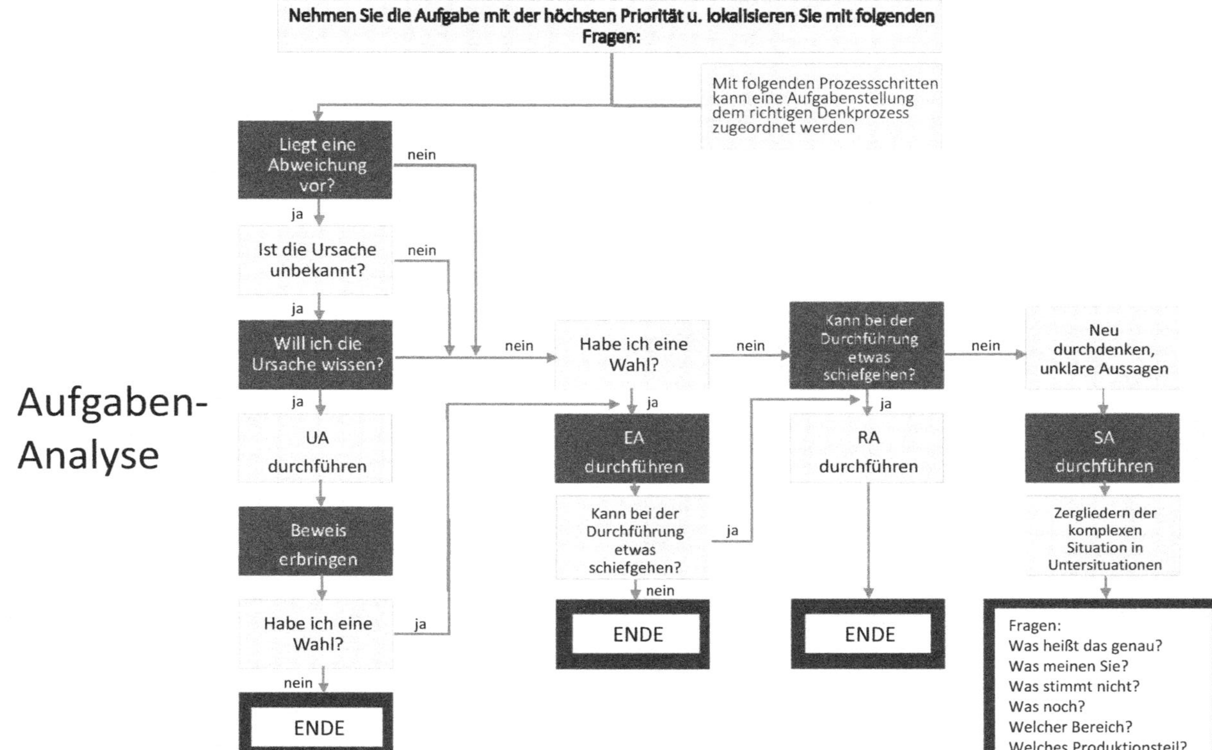

Abb. 3.1 Aufgabenanalyse.

nachgelagerten) Prozesse eine wichtige Rolle. Daher ist es von großer Bedeutung, Aufgaben nicht einfach mal aus dem Handgelenk oder aus dem Bauch heraus anzupacken, sondern mit Struktur und Systematik vorzugehen.

Beginnen wir mit der **Situationsanalyse**. Wie essen Sie einen Elefanten? In einem Stück? Oder doch besser häppchenweise? Viele Aufgaben sind viel zu groß, unhandlich, nicht zu packen. Es hilft, diese in einzelne Teilaufgaben und dann in Arbeitspakete, Arbeitsschritte sowie konkrete Maßnahmen und Aktionen zu zerlegen. Manchmal fehlen noch wichtige Informationen, Vorgaben, Definitionen oder Absprachen. Oft ist die Verantwortung nicht klar. Eruieren Sie also „who is in the drivers seat?" und, welche Ressourcen bzw. Arbeitsmittel Ihnen zur Verfügung stehen. Ehrlich zur Verfügung stehen! Vorsicht bei der Aussage „Fangen Sie doch schon mal an!", solange nicht alles geklärt ist. Wir haben nämlich nie die Zeit, es gleich richtig anzupacken, aber machen gern am Ende alles doppelt und dreifach. Es kann sich also durchaus lohnen, „vernünftig" zu planen. Prüfen Sie zudem, ob die Aufgabe wirklich Sie betrifft oder Ihnen elegant weitergeleitet wurde und überlegen Sie, ob Sie überhaupt handeln müssen, jetzt handeln müssen. Denn oftmals – wieder nach Mark Twain – ersetzt „operative Hektik geistige Windstille". Das Kästchen mit dem SKA-Frageraster zeigt, wie Sie zu den weiteren Methoden gelangen: Haben Sie eine Wahl? Oder geht es um Ursachenfindung? Oder benötigen Sie eine Risikobewertung?

Praxisbeispiel

Dazu eine kleine Geschichte aus der Praxis eines Unternehmens. Morgens halb zehn in Deutschland. Abteilungsleiter Müller ist auf dem Weg in die Kantine, ein Frühstücksbrötchen holen. Auf dem Weg trifft er seinen Bereichsleiter, der ihn wie folgt anspricht: „Hallo, Herr Müller! Das ist ja schön, dass wir uns hier begegnen. Wollte Sie sowieso schon ansprechen. Ich habe den Eindruck, es gibt da Probleme in Ihrer Abteilung. Aber das sollten wir mal in aller Ruhe angehen. Lasen Sie sich von meiner Assistenz doch – am besten für morgen – einen Gesprächstermin geben." Und schon ist er weg. Herr Müller hat plötzlich keinen Appetit mehr auf Brötchen, er hat auch den Kaffee auf. In seinem Kopf ist ein Hornissenschwarm unterwegs. „Was meint er wohl? Was für Probleme?" Noch immer mit diesen Fragen beschäftigt, geht er zurück in seine Abteilung, setzt ein kurzfristiges Meeting aller Teamleiter an und bereitet schon einmal den Besprechungsraum vor (Flipchart, Pinnwand, … was man so braucht). Zum Termin schlägt ihm aus der Runde Unmut und Unverständnis entgegen, waren doch alle aus ihrem Tagesgeschäft gerissen worden. „Also", beginnt er das Meeting, „bei uns gibt es Probleme! Hat mir gerade unser Bereichsleiter gesagt.

Warum weiß ich davon nichts? Das ist inakzeptabel! In einer Stunde treffen wir uns wieder hier. Dann erwarte ich von jedem einen Bericht, wo, was und warum schiefläuft!" – Kopfschütteln, Murren. „Und was ist mit unseren dringenden Tagesaufgaben?" wagt jemand zu fragen. „Spielt keine Rolle. Liegenlassen. Das hier geht vor. Ich will doch morgen nicht ins offene Messer laufen." – Eine Stunde später geschäftiges Treiben. Brainstorming. Potenzielle Probleme werden zusammengetragen und am Flipchart festgehalten. Einige meinen keine Probleme gefunden zu haben und bekommen nur „Kann doch nicht sein!" zu hören. – Ob Herr Müller gut geschlafen hat, ist nicht überliefert. Jedenfalls steht er am nächsten Morgen mit seiner Flipchartrolle potenzieller Probleme und einem mulmigen Gefühl in der Magengegend im Büro des Bereichsleiters. Bevor Herr Müller seine Blätter ausrollen kann, beginnt der schon das Gespräch: „Prima, dass es so schnell mit dem Termin geklappt hat. Also, zu den Problemen. Wenn ich abends noch länger im Hause bin, ist mir schon mehrfach aufgefallen, dass in Ihrer Abteilung noch Licht brennt und viele Kolleg*innen an ihren Aufgaben sitzen. Wir haben ja zurzeit auch Termindruck und Engpässe. Deshalb dachte ich mir, da mal einzugreifen. Durch meine Hochschulkontakte konnte ich zwei Studierende im Abschlusssemester gewinnen, die Sie in den kommenden Wochen als Praktikanten unterstützen werden. Sind Sie damit einverstanden?" – Ein perplexer Herr Müller stammelt noch „Vielen Dank" und macht sich samt seiner Flipchartrolle auf den Weg zurück in seine Abteilung.

Musste er nach dem Kantinengespräch überhaupt handeln? Wie hätte er die Situation besser einschätzen können? ◄

Situation erkennen

Das Erkennen einer Handlungssituation ist der unverzichtbare Einstieg für die Aufgabenerledigung am Arbeitsplatz. Wenn ein klarer Auftrag vorliegt, bedarf es keiner Frage, dass gehandelt werden muss. Häufig ist die Situation jedoch nicht so eindeutig. Neue Informationen, eine neue Lage, ein veränderter Zustand veranlassen uns, zu überlegen, ob wir jetzt etwas unternehmen müssen. Oder wir stellen fest, dass ein Handeln derzeit nicht erforderlich ist.

Frage: Welche Aufgabenstellung, Gelegenheit oder Schwierigkeit erfordert jetzt mein Handeln?

Gefahr: Auf Vermutungen hin zu handeln!

Komplexe Situation zerlegen

Durch das Zerlegen komplexer Arbeitsaufgaben sollen bearbeitungsgerechte Einheiten entstehen.

Prozessfragen:

- Ist die Aufgabenstellung eindeutig?
- Was muss getrennt bearbeitet werden?
- Was muss gemeinsam bearbeitet werden?
- Wie können wir erreichen, dass …?
- Was meinen Sie mit …? Was genau?

Prioritäten setzen
Das Wichtigste zuerst!

Niemand kann zwei Dinge gleichzeitig tun. Darum müssen Sie sich jetzt entscheiden, welche Ihrer Aufgaben Sie vorrangig bearbeiten werden. Tätigkeiten, die eine ganz bestimmte Arbeitsfolge verlangen, braucht man hier nicht weiter zu analysieren. Legen Sie jedoch fest, auf welche Situationen Sie Ihre Zeit und Energie aufwenden wollen; dabei helfen folgende Fragen:

A. Auswirkung, Bedeutung
- Kosten, Gewinn/Verlust?
- Chancen/Gefahren?
- Welches Ausmaß?
- Was steht auf dem Spiel?
- Wer ist noch über die Situation beunruhigt?

B. Dringlichkeit (Zeit, Termin)
- Wieviel Zeit habe ich?
- Wann anfangen? Welcher Termin muss eingehalten werden?
- Wie dringend ist die Situation jetzt?
- Wer will es dringend wissen?
- Aus welchen Informationen schließe ich, wann etwas getan werden muss?
- Welche nachteiligen Auswirkungen ergeben sich, wenn ich das Problem jetzt beiseiteschiebe?

C. Entwicklung (Tendenz)
- Wie ist der Verlauf? Vergangenheit, Gegenwart, Zukunft?
- Wird die Auswirkung größer oder kleiner?
- Woraus ist zu schließen, dass es schlimmer oder besser wird?

D. Delegieren

- Was kann ich delegieren?
- Aktionsplan aufstellen:

Was?	Wer?	Bis Wann?

Verfahren auswählen

1. Besteht eine Abweichung?
   Ist etwas schiefgegangen?
2. Ist die Ursache unbekannt?
3. Muss oder will ich die Ursache jetzt ermitteln? 3 x Ja bedeutet Ursachenanalyse (UA)
4. Besteht eine Wahl zwischen mehreren Möglichkeiten? Ja bedeutet Entscheidungsanalyse (EA)
5. Muss ein Vorhaben (Plan) abgesichert werden? Ja bedeutet Risikoanalyse (RA)

Zusammenfassung

Die Situationsanalyse ist das Instrument, um „Komplexität" aufzulösen, zu zergliedern und vernünftige Arbeitspakete zu schnüren. Die Festlegung der Prioritäten geschieht in der Praxis häufig nur vor dem Hintergrund anstehender Termine. Die Folge ist ein ständiges Arbeiten unter Zeitdruck. Auswirkungen, Entwicklungen, mögliche Arbeitsteilungen und die Termine sollten für das Festlegen der Prioritäten betrachtet werden. Je frühzeitiger eine Situation erfasst wird, desto seltener wird man von unerwarteten Ereignissen überrascht (siehe Abb. 3.2).

3.1.2 Entscheidungsanalyse

Wie treffen Sie eine Entscheidung? Auf der Basis von Zahlen, Daten, Fakten? Aus dem Bauch heraus? Von Ihrer Erfahrung geleitet? Oder nutzen Sie die Entscheidungshilfe für Manager, den Würfel mit den Seiten: Ja, Nein, Später, vielleicht, nicht zuständig, keine Zeit? Wenn Sie *tatsächlich* eine Wahl haben, also nicht schon alles feststeht, dann nutzen Sie doch mal die **Entscheidungsanalyse**, um Ihre Vorgehensweise strukturierter und das Ergebnis nachvollziehbarer zu gestalten. **Schritt 1:** Definieren Sie *genau*, was entschieden werden soll, also Subjekt, Handlung, ggf. Einschränkung -> Kauf einer neuen Fräsmaschine. Es geht also um Kauf (nicht um Leasing), es geht um neu (nicht gebraucht), es geht um Fräsmaschine (nicht um Dreh- oder Bohrmaschine). Die häufigste Irritation bei Entschei-

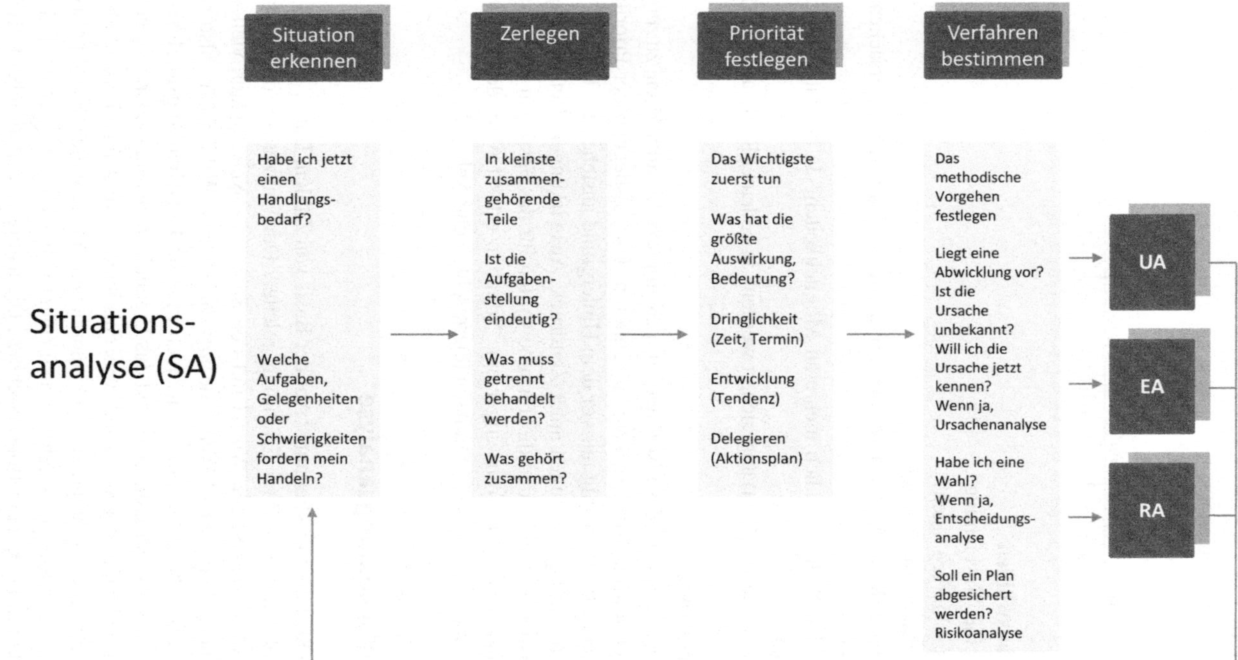

Abb. 3.2 Situationsanalyse (SA).

dungsprozessen entsteht durch Unschärfe bei der Definition. **Schritt 2:** Formulieren Sie Musskriterien (nicht zu viele, 2–3), danach Wunschkriterien. Was muss die anzuschaffende Maschine unbedingt erfüllen, was wäre „nice to have". **Schritt 3:** Gewichten Sie die Wunschkriterien (z. B. von 1–10). Je höher, desto stärker der Wunsch. **Schritt 4:** Beschaffen Sie sich die Informationen (zu Fräsmaschinen auf dem Markt) und stellen Sie die Alternativen nebeneinander. **Schritt 5:** Bewerten Sie die Alternativen: a) Alternativen, die ein oder mehrere Musskriterien *nicht* erfüllen, fallen raus. Die Wunschkriterien prüfen Sie hinsichtlich des Erfüllungsgrades (z. B. von 0 bis 10). Multiplizieren Sie dann Gewichtung mit Erfüllungsgrad. Die Addition ist dann Ihr Ergebniswert für die entsprechende Alternative. Die höchste Punktzahl steht für die wahrscheinlich beste Alternative. **Schritt 6:** Betrachten Sie abschließend das potenzielle Risiko bei der gefundenen Alternative: Ist der maximale Kaufpreis nur knapp eingehalten, könnte es noch eine Preiserhöhung geben? Ist die Lieferzeit möglicherweise bei einer anderen Alternative kürzer, wenn Sie die Maschine dringend benötigen? – Manchmal hören wir den Einwand, das sei alles zu aufwendig und am Ende doch auch subjektiv. Dazu hilft Ihnen unser Methodenkärtchen, das Sie mit den richtigen Fragen schnell zum Ergebnis führt. Subjektiv bleibt es durch die Festlegung und Bewertung der Kriterien seitens des Anwenders, aber es ist dennoch nachvollziehbarer und eindeutiger als die oben bereits genannten anderen Möglichkeiten der Entscheidungsfindung.

Ziel der Entscheidungsanalyse: Durch Analyse von Vorgaben und Zielen die beste Alternative auswählen. Dabei mögliche Risiken abwägen.

Thema definieren

Mit der Definition wird die Entscheidungsabsicht in Form einer Überschrift festgelegt. Die eindeutige Definition ist wichtig, um Verschiebungen auf der Ebene der Entscheidung zu vermeiden. Wenn einmal entschieden wurde, dass es nach einem Lottogewinn um einen Autokauf geht, dann sollte nicht mehr über Möbel oder eine Reise diskutiert werden. Wenn es um ein neues Auto geht, dann spielen Gebrauchtwagenmarkt oder Leasingagentur keine Rolle. Verzögerungen und Verwirrungen gibt es, wenn die Entscheidungsebene nicht stringent eingehalten wird.

Prozessfragen:

- Was ist das Thema der Entscheidung?
- Was ist der fundamentale Zweck?
  - **z. B. beste Verwendung des gewonnenen Geldes**

- Was ist das unmittelbare Ziel?
  - **ein neues Auto kaufen**
- Welche Vorentscheidungen sind schon getroffen?

Die Definition besteht aus drei Bestandteilen:

- Objekt, Subjekt
- Vorgehen
- Einschränkung
  (aus vorher getroffenen Entscheidungen)

Kauf eines gebrauchten Autos.

Kriterien aufstellen
Die Formulierung der Kriterien für die Entscheidung ist einer der wichtigsten Schritte im Entscheidungsprozess.

Die nachfolgende Checkliste soll Ihnen helfen, eine möglichst umfassende Aufstellung der Kriterien zu erreichen.

Checkliste

- Mitarbeiter, Spezialisten, Betriebsrat, Urlaub, Gesundheit, Fachwissen; Erfahrung, Belastung, Sicherheit, Fluktuation
- Maschinen, Rohstoffe, Betriebsstoffe, Verpackung, Qualität
- Material, Verfahren, Prozesse, Technologie, Werkzeuge
- Geld, Umsatz, Gewinn, Kosten, Rendite, Zinsen, Eigenkapital, Bonitätsfristen
- Markt, Produkte, Dienstleistungen, Wettbewerb, Kunden, Marketing, Vertrieb, Preis, Inland, Ausland, Image, Angebot, Nachfrage
- Qualifikation, Verantwortung
- Gebäude, Einrichtungen, Gelände, Raum, Zufahrt, Standort, Lager
- Gesetzgeber, Verbände, Interessengruppen, Politik, Stärken, Schwächen
- Organisation, Umwelt, Betrieb, Hierarchie, Richtlinien, Transportwege
- Zeit, Termine, Eckdaten, Meilensteine

Es gibt zwei Kategorien: Muss- und Wunschkriterien. Um obligatorische Anforderungen von wünschenswerten zu trennen, wird in Muss- und Wunschkriterien unterschieden.

Musskriterien sind **Ausscheidungskriterien**. Sie sind **unabdingbar** und **begrenzend.** (min./max.)

Musskriterien sind zwingende Restriktionen und sollten deshalb messbar sein. Sie sind in ihrer Bedeutung untereinander gleichrangig. Die Alternativen werden im K.-o.-Verfahren an ihnen gemessen. Musskriterien haben daher die Eigenschaft eines Filters. Alle Alternativen, die die Musskriterien nicht erfüllen, scheiden aus. Prüfen Sie darum auch, ob Ihre Anforderungen **realistisch** sind. Prüfen Sie, welche Alternativen die Musskriterien erfüllen.

Woraus werden Musskriterien entwickelt?

- begrenzte Ressourcen
- Unternehmensrichtlinien
- Firmenpolitik
- einzuhaltende Vertragsbedingungen
- Gesetze, Normen
- techn./kaufm. Anforderungen
- geographische oder regionale Gegebenheiten

Alle anderen Zielsetzungen sind „Wunschkriterien“. Wunschkriterien sind Auswahl- oder Bewertungskriterien. Um zu einer guten Entscheidung zu kommen, betrachten Sie Ihre Zielsetzungen kritisch.

Wunschkriterien müssen:

- **Ausgewogen sein.**
  Gemeint ist damit, dass die Ziele nicht mehrfach (nur anders formuliert) genannt werden.
- **verständlich und widerspruchsfrei sein**
- **die Interessen, Anforderungen und Wünsche, die für die Entscheidung von Bedeutung sind, berücksichtigen.**
- **Falls erforderlich, aus Musskriterien abgeleitet werden**
  Wenn z. B. nur ein maximales Budget zur Verfügung steht, so bedeutet das sicher nicht, dass man auch den gesamten Betrag ausgeben will. Deshalb leitet man aus diesem Musskriterium den Wunsch *„möglichst geringe Anschaffungskosten“* ab.
- **frei sein von der Benennung von Alternativen**
  Damit hätte man sich von vornherein auf das Ergebnis festgelegt.

Wunschziele geben eine Richtung an. Deshalb steht vor jeder Anforderung „möglichst“. So z. B. beim Autokauf:

- möglichst geringer Verbrauch,
- möglichst großer Kofferraum,
- möglichst hohe Sicherheit,
- möglichst helle Farbe.

Gewichten der Wunschkriterien
Im Hinblick auf die zu treffende Entscheidung haben nicht alle Wunscheigenschaften das gleiche Gewicht. So kann beispielsweise der Wunsch „helle Farbe“ beim Autokauf ein weitaus geringeres Gewicht haben als „möglichst hohe Sicherheit“.

Damit die unterschiedliche Bedeutung im Entscheidungsprozess berücksichtigt wird, gewichtet man die Wunschkriterien nach folgender Klassifizierung:

Das wichtigste Wunschkriterium erhält den Faktor 10, die restlichen Wunschkriterien werden relativ dazu gewichtet. Das Verteilen der Faktoren soll eine unterschiedliche Bedeutung erzeugen und keine numerische Rangfolge festlegen. Deshalb kann jede Zahl mehrmals vergeben werden, auch die 10.

Den bisher genannten Wunschkriterien für den Autokauf könnte man folgende Gewichtung auf einer Skala von 1 (niedrig) bis 10 (hoch) geben:

	Gewichtung (G)
• möglichst geringer Verbrauch	7
• möglichst geringe Betriebskosten	10
• möglichst großer Kofferraum	5
• möglichst hohe Sicherheit	9
• möglichst helle Farbe	3

Alternativen finden
Erst jetzt, nach dem Auflisten der Muss- und Wunschkriterien, beschäftigt man sich erstmalig mit möglichen Alternativen.

Zunächst müssen Alternativen gefunden werden. Dies geschieht durch:

- kreative Entwicklung von Alternativen aus den Zielsetzungen,
- Suche nach vorhandenen Alternativen (Markt, Angebot),
- Vorgaben (Vertrag, vorherige Entscheidungen, Gesetzesauflagen).

Alternativen vergleichen

a) **Musskriterien prüfen**
Frage: Erfüllt diese Alternative das Musskriterium/die Musskriterien? Ja/Nein?
Die Alternativen, die ein oder mehrere Musskriterien nicht erfüllen, werden verworfen.

b) **Wunschkriterien bewerten**
Um herauszufinden, welche Alternative die Gesamtheit aller Kriterien am besten erfüllt, müssen die Wunschkriterien bewertet werden. Dies geschieht mit Hilfe einer Wertskala 10 (voll erfüllt) bis 0 (nicht erfüllt).
Für die verbliebenen Alternativen notieren Sie zunächst die Informationen zu den jeweiligen Wunschzielen.
Betrachten Sie für jedes Kriterium die Informationen. Die Alternative, die das Wunschkriterium am besten erfüllt, erhält die höchste Bewertung (z. B. 10). Die anderen Alternativen werden relativ dazu geringer oder gleich (wenn sie identisch sind) eingestuft. Erfüllt eine Alternative ein Ziel nicht, erhält sie die 0.

Im nächsten Schritt wird das Produkt aus **Gewicht des Wunschkriteriums x Bewertung der Alternativen** gebildet und diese Produkte zu einer Summe für jede Alternative zusammengefasst. Daraus ergibt sich der Gesamterfüllungsgrad (siehe Abb. 3.3).

Hierbei ist zu beachten, dass es sich bei den Summen um relative Zahlen handelt. Somit dürfen geringe Punktdifferenzen nicht zum Ausscheiden einer Alternative führen. Deshalb wird man in der Praxis stets für die besten Alternativen eine Risikobetrachtung anstellen.

In unserem Beispiel für die Modelle A und B.

Risikobetrachtung
In einem gesonderten Analyseschritt werden die Risiken für die verbliebenen Alternativen ermittelt und bewertet. Man untersucht, was bei der Realisierung schiefgehen könnte.

Fragen:
- Welche nachteiligen Auswirkungen sehe ich bei der Realisierung?
- Was könnte schiefgehen?
- Wie können sich zukünftige Randbedingungen ändern?

Ziele			Alternativen											
			A			B			C			D		
			Information	J/N		Information	J/N		Information	J/N		Information	J/N	
Muss	Anschaffungspre is max. € 25.000		23.400			22.300			24.400			26.900		N
	Betriebskosten max. € 350, -/Monat bei 1000 Fahrkilometer		245,-			260,-			325,-			300,-		
		G		WZ	G x WZ		WZ	G x WZ		WZ	G x WZ		WZ	G x WZ
Wunsch	möglichst. großer. Kofferraum	5	400 ltr.	9	45	450 ltr	10	50	450 ltr.	10	50			
	helle Farbe	3	Weiß	10	30	blau	6	18	Braun	2	6			
	hohe Sicherheit*	9	gut	8	72	sehr gut	10	90	mittel	6	54			
	möglichst. geringer Anschaffungspreis	7	23.400	6	42	22.300	10	70	24.400	2	14			
	möglichst. geringe Betriebskosten	10	245,-	10	100	260,-	9	90	325,-	2	20			
			Summe	289		Summe	318		Summe	144		Summe		

Abb. 3.3 Übersicht Autokauf. © Nowoczin 2022. All Rights Reserved

- Welche Informationen sind unsicher?
- Wo fehlt Erfahrung?
- Welche hochgewichteten Wunschkriterien werden schlecht erfüllt?
- Welche Musskriterien sind nur knapp erfüllt?
- Welche negativen Faktoren, Einflüsse, Folge- und Nebenerscheinungen sind mit dieser Alternative verknüpft?
- Auf welche Bereiche könnte die Alternative unerwünschte Auswirkungen haben?

Bei der Risikobetrachtung sucht man nach neuen Informationen, die bisher in der Analyse nicht berücksichtigt wurden.

Ausnahmen: Wenn ein Muss- oder sehr wichtiges Wunschkriterium nur knapp erfüllt wird.

Risikobewertung

Die Risiken werden nach zwei Gesichtspunkten bewertet:

a) **Wahrscheinlichkeit ihres Eintretens (W)**
b) **Tragweite, falls sie eintreten sollten (T)**

Als Maße für die Größe der Bedrohung eignen sich die Einschätzungen nach:

H=hoch M=mittel G=gering

Oder man verwendet die Skala 0–10.

W 10 = Eintreten mit Sicherheit
T 10 = extreme Auswirkung (für diese Entscheidung)

Fragen:

- Wie groß ist die Wahrscheinlichkeit, dass dieses Ereignis eintritt?
- Welche Tragweite ist zu erwarten, wenn die Befürchtung sich einstellt? (Kosten, Imageverlust, Umweltschäden, Zeitaufwand usw.)

Fragen:

- Was kann getan werden, um das Auftreten eines Risikos zu vermeiden?
- Was reduziert das Ausmaß im Schadensfall?
- Welcher Aufwand (Zeit, Geld, Personal usw.) entsteht?
- Was für ein Risiko bin ich (sind wir) bereit einzugehen?
- Womit kann ich (können wir) „leben"?

Mit geeigneten Maßnahmen kann das Risiko gemindert oder ganz vermieden werden. Dabei ist unbedingt darauf zu achten, dass Aufwand und Kosten in einem realistischen und realisierbaren Verhältnis zum Abschaffungswert der Alternative stehen. Bei einem Neuwagenpreis von 25.000 €, wären Umbaukosten für die Garage von 5000 € nicht sinnvoll.

Dann kommt ggf. die zweitbeste gefundene Alternative zum Tragen.

Endgültige Entscheidung

Der letzte Schritt der Entscheidungsanalyse ist die endgültige Entscheidung. Trotz mathematischer Prozesse ist die EA eine subjektive Vorgehensweise (z. B. das Aufstellen und Gewichten der Kriterien, Bewertung der Alternativen, Risikobetrachtung) und somit sollten Sie bedenken:

Die optimale Entscheidung ist die Wahl der Alternative, die alle Musskriterien erfüllt, die Wunschkriterien am besten erreicht und die wenigsten Risiken aufweist.

Diese Bedingungen erreicht im Allgemeinen die Variante mit dem größten Gesamterfüllungsgrad.

Sehen Sie sich die gewählte Alternative auf ihre Restrisiken hin an.

Frage:

Ist eine Alternative mit geringem Risiko und geringem Vorteil besser als eine, die große Vorteile, aber auch höhere Restrisiken hat?

Schnellanwendung

Viele Entscheidungen werden von Ihnen in der Praxis spontan abverlangt. Für Situationen, in denen Sie keine vollständige Entscheidungsanalyse durchführen können, reicht die verkürzte Form einer Schnellanwendung.

Welche Prozessschritte sind dabei erforderlich?

1. Der Zweck der Entscheidung muss klar sein (Definition).
2. Musskriterien und wenige wichtige Wunschkriterien (ohne Gewichtung) reichen für die Beurteilung der Alternativen.
3. Das Finden und Vergleichen der Alternativen. Eine Beurteilung wird nach dem Erfüllungsgrad H/M/G oder nach Schulnoten (1–6) vorgenommen, um sich ein Gesamtbild zu verschaffen. Alternativen sind bei Schnellanwendungen im Allgemeinen bekannt.
4. Die Betrachtung des Risikos **muss immer** durchgeführt werden.

Bei einfachen oder wiederkehrenden Entscheidungen reicht oft schon das Abschätzen der Risiken (siehe Abb. 3.4).

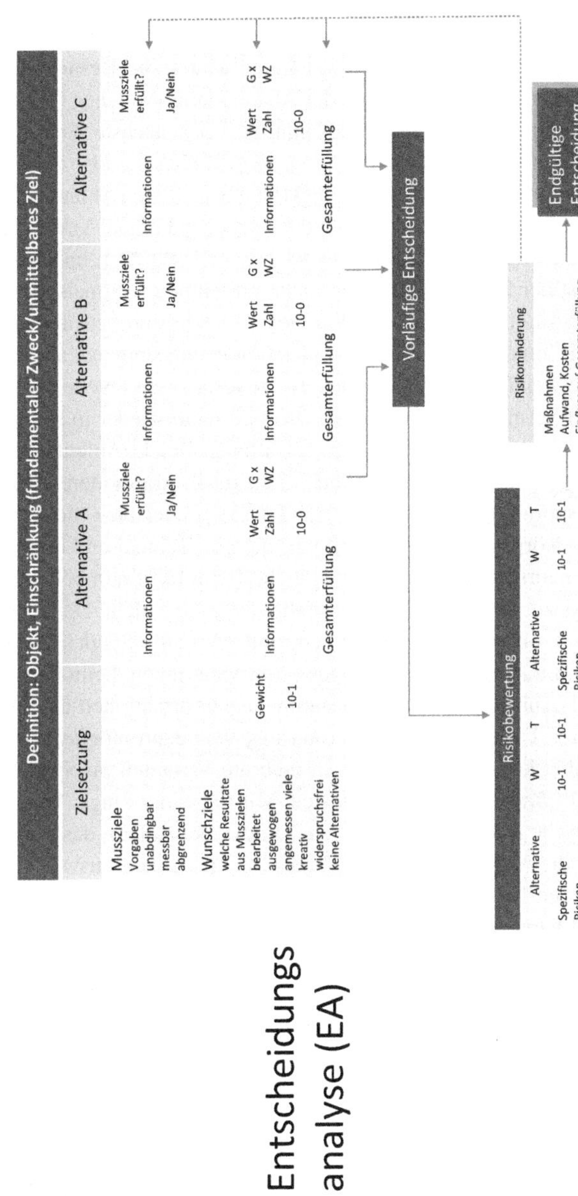

Abb. 3.4 Entscheidungsanalyse (EA).

3.1.3 Ursachenanalyse

Wie finden Sie die Ursache für eine Abweichung? Durch die **Ursachenanalyse.** Diese startet mit der genauen *Definition* der Abweichung (Welches Objekt? Welcher Defekt?), deren Ursache **nicht** bekannt ist. Der nächste Schritt ist die *Beschreibung des Problems* und seine *Abgrenzung*. Bilden Sie also zwei Spalten und stellen Sie einmal an das betroffene Objekt/den betroffenen Ablauf und einmal an andere nicht betroffene Objekte/Abläufe die folgenden Fragen: 1) Was genau ist betroffen/nicht betroffen? 2) Wo ist der Defekt (am Objekt, Ort, im Prozess)/wo nicht? 3) Wann ist der Defekt aufgetreten/nicht aufgetreten (erstmals, periodisch, permanent, zu bestimmten Zeiten)? 4) Wie viele Objekte sind betroffen/nicht betroffen? 5) Welche Tendenz ist erkennbar (gleichbleibend, steigend, abnehmend)? Holen Sie alle notwendigen Informationen aus zuverlässigen Quellen ein. Geben Sie sich nicht mit Vermutungen zufrieden. Oft wird dann wieder in Richtung der „Lieblingslösung" gedacht. Gibt es an dem betroffenen Objekt/Ablauf eine *Besonderheit,* die auf die anderen Objekte/Abläufe nicht zutrifft (besondere Materialien, gesonderter Transport, nur für bestimmte Kunden usw.)? Beispiel: Stellen Sie sich zwei zylindrische Körper auf einem Tisch vor: der eine schmal und hoch, der andere breiter und niedriger. Diese unterschiedliche Form führt nun bei einem Stoß gegen den Tisch dazu, dass der schmale umfällt, der andere nicht. Denken Sie nun noch darüber nach, ob es im Zusammenhang mit dem auftretenden Defekt *eine Veränderung* gab (im Ablauf, bei den eingesetzten Materialien, beim Personal, bei Zulieferern usw.). Anhand der bereits gesammelten Informationen überlegen Sie nun aufgrund Ihres Fachwissens/Ihrer Erfahrung, was denn *mögliche Ursachen* sein könnten. Dabei können durchaus noch mehrere Varianten im Spiel sein, die Sie nun auf ihre *Wahrscheinlichkeit* hin testen. Mit folgender Frage: Wenn A oder B oder C die Ursache ist, warum ist dann das Objekt, der Ablauf, das Problem betroffen und nicht die Abgrenzung (die anderen Objekte, Abläufe usw.)? Die Ursachenvariante, die den Test besteht, bei der also Betroffenheit und Abgrenzung samt Besonderheit und Veränderung logisch erscheinen, wird die wahrscheinlichste Ursache sein. Dies gilt es dann abschließend (vor Ort) zu überprüfen. In jahrelanger Praxis konnten wir viele Beispiele finden, wie dieses strukturierte Vorgehen zur Lösung des Problems und zur Vermeidung von Irrwegen geführt hat. So z. B. bei einem Defekt im Zuge der Inbetriebnahme einer Anlage, wo alle Beteiligten fest davon überzeugt waren, es läge an den mangelhaften Teilen des Zulieferers (wie schon mal vorgekommen). Der Austausch der Teile hätte einen sechsstelligen Betrag an Mehrkosten verursacht und der Termin zur Inbetriebnahme wäre nicht zu halten gewesen. Mit „unserer" Methode stellte sich heraus, dass es ein Softwarefehler war, der in kurzer Zeit behoben werden konnte.

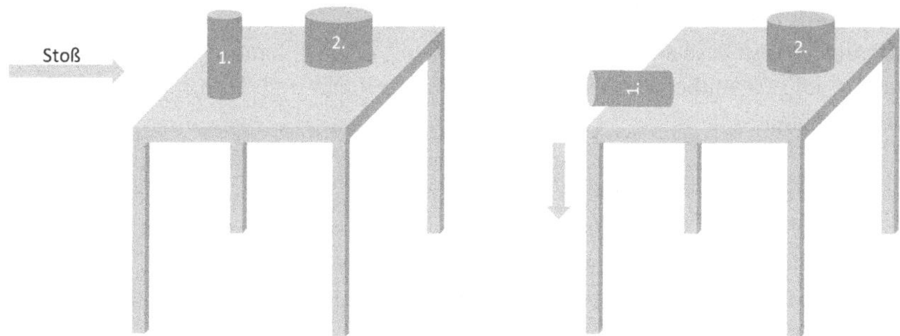

Abb. 3.5 Besonderheit und Veränderung. © Nowoczin 2022. All Rights Reserved

Ziel ist es also, durch systematisches Sammeln und Verarbeiten von Informationen die Ursache eines Problems einzukreisen oder zu finden!

Eine Abweichung kann positiv (mehr Umsatz als erwartet) oder negativ zu einem Sollwert (Vorgabe, Qualität usw. nicht erreicht) sein.

Wenn zum Zeitpunkt der Betrachtung der Istwert dem Sollwert nicht mehr entspricht, ist in der Vergangenheit etwas passiert. Es muss sich also etwas verändert haben.

Beispiele: Verschleiß, Materialermüdung, Konstruktionsänderungen, Verfahrensumstellungen, neue Kundenwünsche usw.

Veränderung und Abweichung stehen in einem direkten Zusammenhang.

Wenn wir die Ursache ermitteln wollen, müssen wir die entscheidende Veränderung finden. Die Wirkung dieser Veränderung kann zudem von der Besonderheit des Objekts oder des Prozesses beeinflusst werden und muss daher mit in die Analyse einbezogen werden.

Die Ursache für eine Abweichung ist eine bestimmte Veränderung (siehe Abb. 3.5):

Die Besonderheit des Zylinders 1 im Vergleich zum Zylinder 2 ist seine geringere Standfestigkeit. Unter Einwirkung einer Veränderung (Stoß) fällt der Zylinder 1 vom Tisch (Abweichung).

Obwohl auf beide Zylinder die Veränderung einwirkt, tritt das Problem nur bei Zylinder 1 auf. Dort trifft die Veränderung auf ein besonderes Merkmal. Durch diese Kombination von Veränderung und besonderem Merkmal wird die Störung hervorgerufen.

Das Prinzip der Ursachenanalyse basiert auf dem Herausfinden von Besonderheiten. Sie geben Aufschluss über die Wirkung von Veränderungen und führen somit zur Ursache.

Die Ursachenanalyse umfasst die folgenden Arbeitsschritte:

Definition der Abweichung (genau, eindeutig)
Hierunter versteht man die genaue Bezeichnung des Problems in Form einer Überschrift. Die Formulierung muss das betroffene Objekt und den festgestellten Defekt enthalten.

Zum Beispiel: „Verkaufsrückgang bei Traktor SC 500"

Es ist darauf zu achten, dass erst dann eine Definition niedergeschrieben wird, wenn die letzte bekannte Abweichung des „Ist" vom „Soll" feststeht.

Beispiel: Problem: Mitarbeitender kommt zu spät zum Meeting

- Bekannte Ursache: Zug verpasst
- Bekannte Ursache: nicht rechtzeitig am Bahnhof
- Bekannte Ursache: nicht rechtzeitig losgefahren
- Bekannte Ursache: Auto sprang nicht an
- Bekannte Ursache: Batterie leer
- Bekannte Ursache: Lichtmaschine hat nicht geladen
- Ursache unbekannt

Erst an dieser Stelle im Klärungsprozess würde die Ursachenanalyse beginnen und untersuchen, warum der Ladevorgang nicht stattfand.

Kontrastierende Beschreibung

Beschreibung besteht aus zwei Blöcken:

1. Zustand **„Ist"** (was ist betroffen?)
2. Abgrenzungen **„Ist nicht"** (was ist nicht betroffen?)

- Systematische, umfassende, exakte Beschreibung des „Ist" und „Ist nicht" nach Objekt, Defekt, Ort, Zeit und Ausmaß vornehmen.
- Die Beschreibung ist eine Auflistung von Fakten, nicht von Vermutungen!
- Unbedingt eine scharfe Trennung zwischen „Ist"- und „Ist nicht"-Informationen einhalten.

Besonderheiten
Durch die Abgrenzungen („Ist nicht") wird das Problem eingegrenzt. Streng logisch müssen zwischen dem „Ist-Zustand" und dem „Ist-nicht-Zustand" Unterschiede vorliegen, die sich als Besonderheiten des Problems beschreiben lassen.

- Der Defektvergleich entfällt. Hier führt die Frage nach Besonderheiten und Unterschieden zu Vermutungen über die Ursache.
- Alle Besonderheiten, die das „Wann" betreffen, sind Veränderungen.

Prozessfragen:

- Was unterscheidet den „Ist-Zustand“ vom „Ist-nicht-Zustand“?
- Was ist das Besondere am Problem („Ist“) im Vergleich zur Abgrenzung („Ist nicht“)?

Beispiel: Was ist das Besondere am Zylinder 1 im Vergleich zu Zylinder 2? – Kleinere Standfläche.

Veränderungen
Die Ursachenanalyse basiert auf der Erkenntnis, dass jede Abweichung vom Soll die Folge einer Veränderung ist. Die Suche nach den Veränderungen beschränkt sich auf die Beschreibungen, bei denen eine Besonderheit aufgeführt wurde. Denn nur in Verbindung mit einem besonderen Merkmal kann eine Veränderung die mögliche Ursache einer Abweichung sein. Jede Veränderung soll mit der entsprechenden Zeitangabe (wann vorgenommen, wann eingetreten?) festgehalten werden.

Prozessfragen:
- Was hat sich im Rahmen der Besonderheit verändert?
- Welche Veränderung ruft das besondere Merkmal hervor?
- Seit wann?

Potenzielle Ursachen
Die möglichen Ursachen werden:

- von den Veränderungen abgeleitet,
- aus den Kombinationen der Veränderung mit den Besonderheiten entwickelt,
- aus Fachwissen und Erfahrung entwickelt.

Mögliche Ursachen sind logische Hypothesen und Vermutungen. Die Formulierung geschieht in Form eines kurzen Satzes.
Beispiel: Kleinere Standfläche bewirkt eine geringere Standsicherheit.

Prozessfragen:
- Wie kann die Veränderung oder diese zusammen mit einer Besonderheit die Abweichung hervorgerufen haben?
- Was sind sonst noch mögliche Ursachen?

Prüfen

Ziel des Testens ist es, aus den möglichen Ursachen die wahrscheinlichste(n) Ursache(n) zu ermitteln.

Die Wahrscheinlichkeitsprüfung der möglichen Ursachen erfolgt an den einzelnen Punkten der Beschreibung („Ist" im Vergleich mit dem „Ist nicht").

Prozessfragen:

- **Wenn** dies die Ursache ist, **warum** betrifft sie das Problem („Ist") **und nicht** die Begrenzung („Ist nicht")?
- **Wenn** die Vermutung stimmt, **warum** ist der „Ist- Zustand" **und nicht** der „Ist-nicht-Zustand" betroffen?

Prüfergebnisse:

- **Die Ursache trifft zu, weil …**
  Wenn die Ursache zutrifft, muss sie logisch und eindeutig die Abweichung erklären.
- **Die Ursache trifft nicht zu, weil …**

Die beim Testen widerlegten Hypothesen fallen als Ursache weg.

- **Die Ursache trifft nur zu, wenn …**
  Bei Annahme begründeter Vermutungen überstehen einige der möglichen Ursachen den Test.

Beweis

Die tatsächliche Ursache muss jetzt bewiesen werden. Diese Beweisführung ist theoretisch nicht durchzuführen. Ortsbesichtigungen, Versuche und Untersuchungen am Objekt sind geeignete Mittel, um die „tatsächliche Ursache" zu finden.

Mit dem Beweis ist die Problemanalyse noch nicht abgeschlossen. Zusätzlich müssen Maßnahmen eingeleitet werden, die die Störung beheben und in Zukunft vermeiden.

Ferner gilt:

„Über die Sache hinausdenken!"

- Gibt es andere Abweichungen, die durch die gleiche Ursache hervorgerufen wurden?
- Gibt es andere Objekte, die ebenfalls betroffen sein könnten?
- **Was war dann die Ursache der Ursache?**

Maßnahmen
Die einzuleitenden Maßnahmen lassen sich wie folgt klassifizieren:

- Vorläufige Maßnahme

Ursache unbekannt, Schaden soll gemindert werden, es wird Zeit gewonnen.

- Abstellende Maßnahme

Ursache bekannt und soll durch die Maßnahme endgültig beseitigt werden.

- Anpassende Maßnahmen

Ursache bekannt, soll oder kann jedoch nicht abgestellt werden.

Schnellanwendung der Ursachenanalyse

Es ist nicht immer notwendig, eine Ursachenanalyse ausführlich durchzuführen. Das Suchen nach der wahrscheinlichsten Ursache findet gedanklich in einer verkürzten Form statt.

Dieses Vorgehen bezeichnet man als Schnellanwendung.

Bei der Beschreibung konzentriert man sich auf „scharfe Kontraste" zwischen Problem und Abgrenzung. „Scharfe Kontraste" entstehen durch Informationen, wo die Abgrenzungen mit dem Problem sehr eng verwandt sind.

Auf die Ermittlung der Besonderheiten und Veränderungen wird verzichtet. Mögliche Ursachen werden aus Erfahrung und Fachwissen formuliert. Test und Beweisführung bleiben.

UA-Ziel: Durch destruktives Testen (ausgrenzendes Testen) unlogische Arbeit ersparen.

Achtung: Manche Abweichungen sind von Anfang an vorhanden, z. B. eine Maschine hat noch nie 100 % ihrer angegebenen Leistung erreicht. Bei der Ursachenermittlung können deshalb keine Veränderungen festgestellt werden (siehe Abb. 3.6).

Mögliche Ursachen werden deshalb aus besonderen Merkmalen und aus Erfahrung/Fachwissen entwickelt.

Kosten und Aufwand gespart

Es gibt immer wieder den Einwand, ob es denn wirklich sinnvoll ist, so viel Aufwand zu betreiben, um eine Ursache zu finden. Ja – das bewahrt vor den schnellen „Lieblingslösungen". Dazu folgendes Beispiel aus der Praxis:

Unter anderen haben wir die Ursachenanalyse auch in Trainings für Inbetriebnehmer vorgestellt. Zu Beginn gab es einige Widerstände von den Kollegen mit

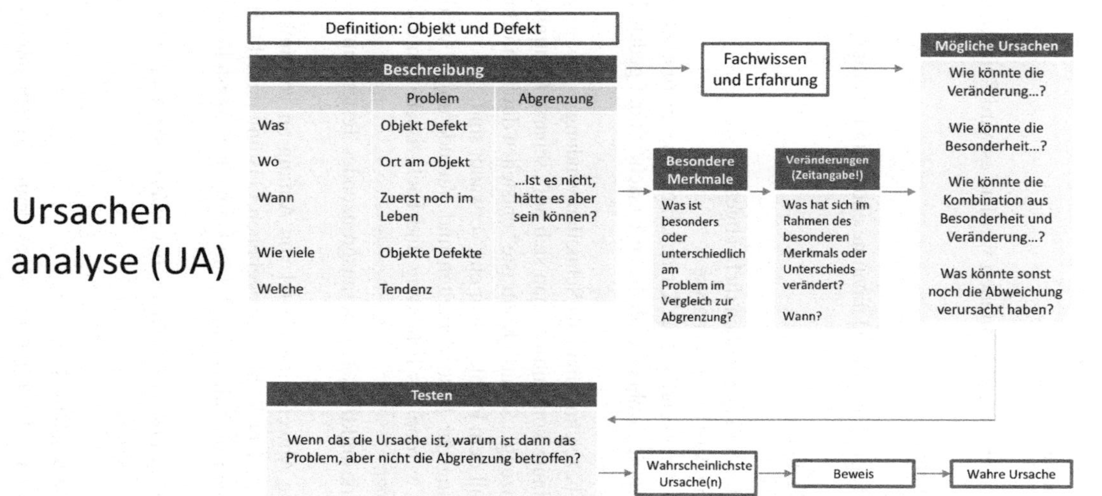

Abb. 3.6 Ursachenanalyse. © Nowoczin 2022. All Rights Reserved

umfangreicher Berufserfahrung. Die sagten sehr deutlich, dass sie schon wissen, wie man Ursachen findet. In der Kaffeepause ergab sich ein Gespräch zu einem konkreten Problem bei einem Großkunden. Die Anlage zeigte Fehler beim Probelauf. Man war sich aber ziemlich sicher, dass es an den Bremsmotoren des Zulieferers liegen müsse. Da hatte es in der Vergangenheit immer wieder mal Probleme gegeben. Der Plan: Bremsmotoren reklamieren, Ersatz anfordern, Austausch vornehmen. Leider mit dem Nebeneffekt: Mehrarbeit, Mehrkosten, Termin beim Kunden nicht zu halten. Wir vereinbarten, dass mit der Checkliste aus der Ursachenanalyse noch einmal genau nachgehakt würde. Einige Wochen später gab es ein Reviewtreffen der Teilnehmenden. Gespannt hörten wir den Bericht: Ein bisschen kleinlaut wurde eingeräumt, dass nicht die Bremsmotoren Schuld waren. Durch die Fragen und die Systematik fand man heraus, dass es an einem Programmierfehler gelegen hatte. Dieser konnte innerhalb einer Stunde behoben werden. Die Anlage lief. Keine Mehrkosten. Kein zusätzlicher Zeitaufwand. Kunde zufrieden.

Und: Die Methode hatte sich bewährt. ◀

3.1.4 Risikoanalyse

Wie sichern wir die Durchführung einer Aufgabe, eines Projekts ab? Wie vermeiden bzw. minimieren wir das Risiko? Dazu gibt uns die **Risikoanalyse** die entsprechende Anleitung. Erstellen Sie **erstens** zu Ihrer Aufgabe/Ihrem Projekt eine Liste mit allen Ihnen einfallenden Dingen, die schiefgehen könnten. Bewerten Sie die einzelnen Punkte **zweitens** bezüglich der Wahrscheinlichkeit, dass sie tatsächlich eintreten, nach hoch/mittel/niedrig und ebenso bezüglich ihrer Tragweite, also dem Umfang des Schadens, der entstehen könnte. Es kristallisieren sich die Dinge mit hoher Wahrscheinlichkeit bzw. großem Schadenspotenzial heraus. Das sind Ihre Risiken! Überlegen Sie nun **drittens**, welche Maßnahmen Sie vorab ergreifen können, damit der Schadensfall gar nicht erst eintritt. Das sind Ihre „vorbeugenden Maßnahmen". Denken Sie dann **viertens** darüber nach, was Sie zur Eindämmung des Schadens, der Minimierung der Folgen tun können, sollte es doch schiefgehen. Das sind Ihre „Eventualmaßnahmen".

Beispiel: Es könnte ein Feuer in Ihrem Lager ausbrechen, in dem Sie große Mengen von Verpackungsmaterial vorhalten.

1) **vorbeugend:** Rauchverbot erlassen, Schulung der Mitarbeitenden, Rauchmelder anbringen,
   Videoüberwachung.
2) **eventual:** Feuerversicherung abschließen, Sprinkleranlage installieren, Material mit schwer
   entflammbarer Folie abdecken.

Es ist insbesondere bei größeren Projekten zudem sinnvoll, immer auch einen „Plan B“ in der Schublade zu haben und sich nicht erst dann Gedanken zu machen, wenn das sprichwörtliche „Kind bereits in den Brunnen gefallen ist“. Weiterhin benötigen Sie ein Meldesystem. Ihre Vorsorge nützt wenig, wenn Sie nicht über Abweichungen oder den Schadensfall informiert, also alarmiert werden. Bauen Sie also diese „Alert Points“ in Ihren Plan bezogen sowohl auf den zeitlichen Ablauf als auch auf die beteiligten Personen ein. Es greift unter Umständen zu kurz, wenn nur Sie über die Maßnahmen Bescheid wissen und „Plan B“ kennen. Was ist, wenn Sie im Moment des Schadensereignisses nicht vor Ort sind? Allerdings gilt beim Ergreifen aller Maßnahmen die Verhältnismäßigkeit von Kosten und Aufwand im Vergleich zum potenziellen Schaden. So macht es natürlich wenig Sinn, Maßnahmen in Höhe von Tausenden von Euros für die Absicherung eines Pappkartons von 100 € Wert zu ergreifen.

Ziel der Risikoanalyse
Alle Aufgaben, die auf die Zukunft ausgerichtet sind, enthalten gewisse Risiken:

- Abwicklung eines Auftrages
- Abschluss eines Vertrages
- Verhandlungen mit Kunden, Konsortialpartnern
- Begründen eines Investitionsantrages
- Vorbereitung einer Geschäftsreise
- Aufstellen einer Finanzierung
- Durchführung einer Konstruktion, Softwareentwicklung
- Einrichten einer Baustelle
- Integration einer neuen Maschine, eines PC s usw.
- Einarbeitung eines neuen Mitarbeiters
- Erprobung eines neuen Verfahrens
- Erstellen eines Angebotes

Mit der Risikoanalyse wird ein Vorhaben abgesichert. Die Zielerreichung darf nicht verhindert und möglichst wenig beeinträchtigt werden. Für den Fall, dass etwas schiefgeht, soll sich das Ausmaß des Schadens in Grenzen halten.

Beispiel: Das Beste ist, einen Brand zu verhindern. Sollte es aber dennoch brennen, so muss man das Feuer schnellstens löschen können.

Prinzip der Risikoanalyse
Um potenziellen Abweichungen vorzubeugen oder entgegenzutreten, sind bei der Frage „Was könnte schiefgehen?" zwei Aspekte zu bedenken (siehe Abb. 3.7):

Das Prinzip der Risikoanalyse basiert also auf der Ermittlung der denkbaren zukünftigen Abweichungen (potenzielle Probleme) und der Bereitstellung von Maßnahmen:

A) **Vorbeugende Maßnahmen**
Diese sollen verhindern, dass ein potenzielles Problem wirksam wird. Vorbeugende Maßnahmen entfernen somit die möglichen Ursachen oder machen sie unwirksam.

B) **Eventualmaßnahmen**
Sollen den Schaden möglichst klein halten, falls ein potenzielles Problem tatsächlich eintritt.

Planerstellung (inklusive kritischer Prozessschritte)
Mit dem Plan wird eine Absicht, ein Vorhaben oder ein Ziel beschrieben. Darum ist es wichtig, zunächst den Zweck des Planes zu definieren. Die Definition enthält folgende Elemente:

- **Objekt** (z. B. Verfahren, Person, Bereich, Prozess)
- **Vorgang** (Was soll mit dem Objekt geschehen?)
- **Einschränkungen, Vorgaben**

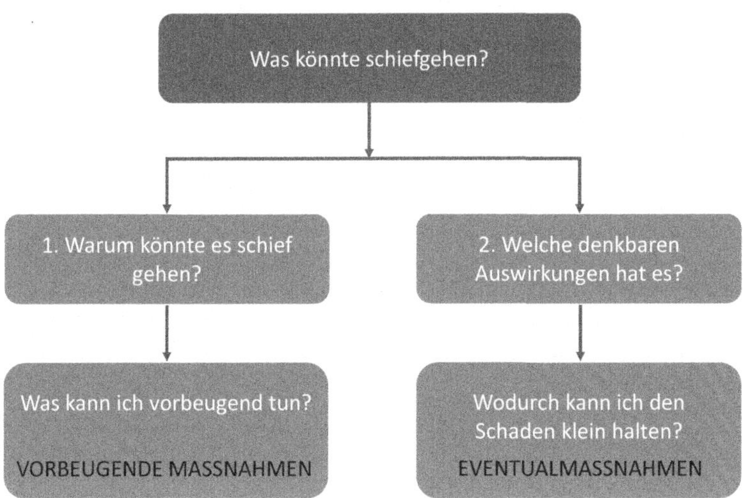

Abb. 3.7 Übersicht Risiko.

Prozessfrage: Was ist der Zweck des Planes?

Jeder Plan enthält kritische und weniger kritische Schritte. Es empfiehlt sich, zunächst einmal alle durchzuführenden Planschritte systematisch aufzulisten. Vier Planbereiche sind dabei zu beachten:

1. Was (Auflistung der Arbeitsschritte, Aufgaben, Prozessfrage, Vorgehensweise usw.)
2. Wo (Ort – Wo soll es geschehen?)
3. Wann (Termin – Bis wann soll es fertig sein?)
4. Wie viel (Wie viel Personal, Arbeitsmaterial, Maschinen usw. werden dafür benötigt?)

Kritische Planschritte

Nach der Planerstellung werden die kritischen oder risikoreichen Planschritte aufgespürt. Es handelt sich hierbei um Bereiche, wo am ehesten etwas schiefgehen könnte.

Prozessfragen:

- Wo wird etwas Neues, Ungewohntes versucht?
- Wo wird ein Arbeitsablauf stark von anderen Geschehnissen beeinflusst?
- Wo ist die Verantwortung nicht klar abgegrenzt und zugeordnet?
- Wo erwarte ich Widerstände, Gegenargumente, Prozessschwierigkeiten usw.?
- Welche Ortsverhältnisse könnten Schwierigkeiten bereiten?
- Wo herrscht Termindruck?
- Wo könnten Ansprechpartner, Fachkräfte usw. fehlen?
- Wo könnten Kapazitätsengpässe sein?
- Wo könnten Geldmittel fehlen?
- Wo könnte Material fehlen?
- Wo liegt die Verantwortung nicht bei uns?

Manchmal reicht es schon, wenn nur die kritischen Planschritte aufgeführt werden.

Mögliche Probleme

Nachdem die kritischen Planschritte ermittelt wurden, folgt die Überlegung, was bei dem jeweiligen Planschritt schiefgehen könnte. Es werden die potenziellen Schwierigkeiten analysiert.

Prozessfragen:

- Was könnte schiefgehen?
- Was für mögliche Schwierigkeiten erwarte ich?

Die gefundenen potenziellen Probleme werden nun subjektiv nach der Wahrscheinlichkeit des Auftretens (W) und nach der Trageweite (T) eingeschätzt. Unter Tragweite ist die Auswirkung zu verstehen, die im Falle einer Zielabweichung zu beachten ist.

Wahrscheinlichkeit und Tragweite werden nach H=hoch, M=mittel und G=gering eingestuft.

Bei der Betrachtung des Gesamtrisikos (W+T) werden Sie feststellen, dass Sie mit einigen möglichen Schwierigkeiten leben können (Risiko nicht sehr groß), andere aber mit vorbeugenden Maßnahmen und Eventualmaßnahmen absichern müssen.

a. Denkbare Ursachen

Nach dem Auflisten der potenziellen Schwierigkeiten wird nun nach den denkbaren Ursachen geforscht.

Prozessfragen:

- Warum könnte es schiefgehen?
- Was könnte eine Abweichung hervorrufen?

Die denkbaren Ursachen werden auf die Wahrscheinlichkeit des Eintretens mit H=hoch, M=mittel und G=gering beurteilt (z. B. H= trifft mit Sicherheit ein).

Bei der Einschätzung der Wahrscheinlichkeit ist Ihre oder die Gruppenerfahrung erforderlich. Jede mögliche Schwierigkeit kann mehrere denkbare Ursachen haben!

Vorbeugende Maßnahmen sollen die Wahrscheinlichkeit des Auftretens eines potenziellen Problems beseitigen oder reduzieren.

Für alle risikoreichen denkbaren Ursachen sind daher vorbeugende Maßnahmen zu entwickeln. Sind solche Maßnahmen nicht zu verwirklichen oder kann die denkbare Ursache nicht entfernt werden, dann muss man das Risiko tragen.

Prozessfragen:

- Was kann getan werden, um die denkbare Ursache auszuschalten?
- Welche zusätzlichen Planschritte sind dafür nötig
- Welche zusätzlichen Mittel (z. B. Geld, Stunden, Personal) werden gebraucht?

Vorbeugende Maßnahmen sollen die denkbaren Ursachen eliminieren oder unwirksam machen.

b. Denkbare Auswirkungen

Um an gezielte schadensmindernde Maßnahmen zu kommen, müssen zunächst die denkbaren Auswirkungen betrachtet werden.

Prozessfragen
- Welche Auswirkungen hat es, wenn die Schwierigkeit dennoch auftritt?
- Welche Folgen hat eine mögliche Abweichung?
- Wie hoch ist die Tragweite?

Die denkbaren Auswirkungen sind gemessen ihrer Tragweite (T) in H=hoch, M=-mittel oder G=gering einzustufen.

Ist eine Auswirkung besonders weittragend, dann ist es erforderlich, Eventualmaßnahmen vorzusehen.

c. Eventualmaßnahmen

Trotz aller vorbeugenden Maßnahmen kann es vorkommen, dass doch etwas schiefgeht. Um in solchen Fällen die Folge (Schäden) in vertretbaren Grenzen zu halten, bereitet man Eventualmaßnahmen vor. Mit der Eventualmaßnahme soll die Tragweite der Auswirkung abgeschwächt werden.

Prozessfragen:
- Wodurch kann der entstehende Schaden möglichst klein gehalten werden?
- Welche zusätzlichen Mittel sind dazu nötig?
- Welche zusätzlichen Planschritte (z. B. Verteilung des Risikos) sind erforderlich?

Wenn es nicht gelingt, Maßnahmen zu entwickeln, die die Folgen von möglicherweise eintretenden Abweichungen in Grenzen halten, müssen Sie entscheiden, ob das Risiko getragen werden kann.

Warn- und Meldesystem
Im Gegensatz zu den vorbeugenden Maßnahmen kommen Eventualmaßnahmen nur zur Anwendung, wenn der Schadensfall wider Erwarten doch eintritt.

Da die Eventualmaßnahmen **nicht automatisch** wirksam werden (die Feuerwehr ist auch zu benachrichtigen), wird ein Warn- und Meldesystem installiert.

Fragen:

- Wer meldet wem, dass der Schadensfall eingetreten ist, sodass die Eventualmaßnahme ausgelöst werden kann?
- Wer ist noch zu informieren?

Schnellanwendung der Risikoanalyse

Die Schnellanwendung der Risikoanalyse konzentriert sich auf folgende Hauptschritte:

1. **mögliche Schwierigkeiten erkennen,**
2. **denkbare Ursachen ermitteln,**
3. **vorbeugende Maßnahmen planen,**
4. **Eventualmaßnahmen festlegen.**

Alle Informationen können übersichtlich in einer Tabelle (siehe Tab. 3.1) zusammengefasst werden.

Fragen:

- Was könnte schiefgehen?
- Was könnte die Ursache sein, wenn etwas schiefgeht?
- Was kann das Schiefgehen verhindern, was kann ich vorbeugend tun?
- Was können wir tun, wenn die Schwierigkeit dennoch auftritt, um den Schaden möglichst klein zu halten?

Diese Art der Risikobetrachtung sollte eine Denkgewohnheit sein und nicht nur bei formal wichtigen Plänen Anwendung finden (siehe Abb. 3.8).

– Nun kennen Sie alle vier SKA-Methoden. Wie für alle Methoden gilt auch hier: sie können nur nützen und helfen, wenn sie angewendet werden. Probieren Sie es also bei den nächsten Aufgaben aus. Abschließend weise ich noch auf den Unterschied zwischen der „üblichen“ Vorgehensweise und der systematischen Bearbeitung von Aufgaben anhand von SKA hin (siehe Abb. 3.9).

Tab. 3.1 Übersicht zur Risikoanalyse

Aufgabe/ Situation	Welche Schwierigkeiten werden erwartet?	Denkbare Ursachen	Vorbeugende Maßnahmen	Eventualmaßnahmen
…	…	…	..	..

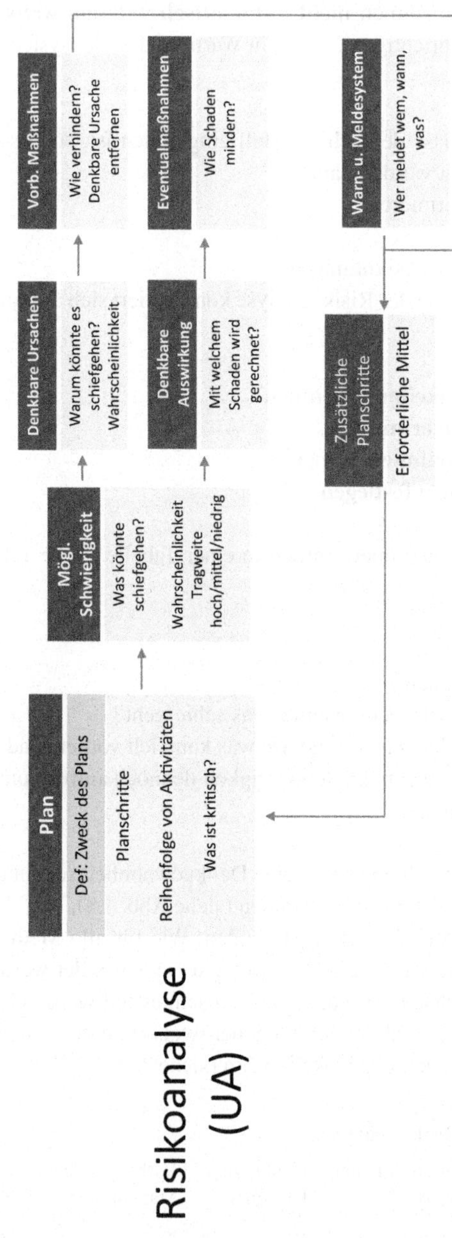

Abb. 3.8 Risikoanalyse. © Nowoczin 2022. All Rights Reserved

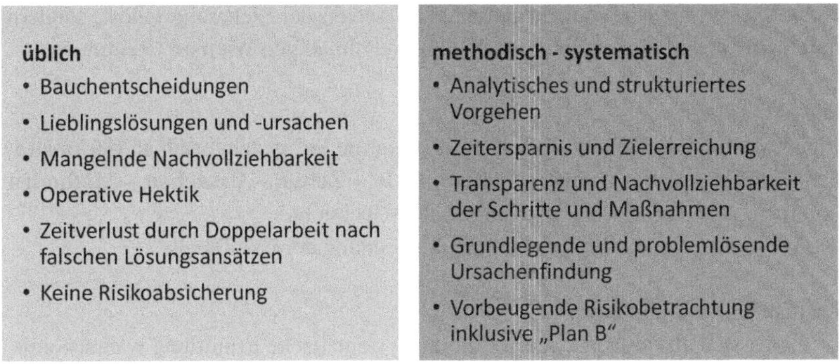

üblich	**methodisch - systematisch**
• Bauchentscheidungen • Lieblingslösungen und -ursachen • Mangelnde Nachvollziehbarkeit • Operative Hektik • Zeitverlust durch Doppelarbeit nach falschen Lösungsansätzen • Keine Risikoabsicherung	• Analytisches und strukturiertes Vorgehen • Zeitersparnis und Zielerreichung • Transparenz und Nachvollziehbarkeit der Schritte und Maßnahmen • Grundlegende und problemlösende Ursachenfindung • Vorbeugende Risikobetrachtung inklusive „Plan B"

Abb. 3.9 SKA – Vergleich der Vorgehensweisen. © Nowoczin 2022. All Rights Reserved

Zu den SKA-Methoden steht ein Download zu Verfügung (siehe Abschn. 5.5 Links zu ergänzenden Informationen).

3.1.5 Ergänzende Werkzeuge

Die fünf Warums
Hier kommt eine simple Fragetechnik, für Sie persönlich oder als Moderator in der Teamarbeit.

Sie denken über einen Arbeitsschritt nach oder Sie suchen nach der Ursache eines Problems?

Sie erhalten weiterführende Informationen bzw. Hinweise auf die Ursache, wenn Sie fünfmal „warum" fragen. Das nachfolgende Bespiel macht das deutlich:

- **Warum** steht die Maschine still?
  – Die Sicherung ist wegen Überlast durchgebrannt.
- **Warum** kam es zur Überlast?
  – Das Lager war nicht ausreichend geölt.
- **Warum** war das Lager nicht ausreichend geölt?
  – Die Ölpumpe hat nicht richtig gearbeitet.
- **Warum** hat die Ölpumpe nicht richtig gearbeitet?
  – Die Pumpmechanik war verschlissen.
- **Warum** war die Pumpmechanik verschlissen?
  – Verschmutzung sorgte für Reibung.

Fazit: Das Problem wird nicht durch das Ersetzen der Sicherung gelöst, sondern durch eine neue Pumpe und einen Plan zur regelmäßigen Wartung (Reinigung).

Die 6W-Tabelle

Eine noch umfangreichere Fragetechnik, über die Sie systematisch an Informationen über **Personen – Arbeitsschritte – Orte – Zeiten – Ursachen – Methoden** kommen, zeigt die in Abb. 3.10 dargestellte Übersicht.

Abb. 3.11 zeigt ein Beispiel für die Anwendung der 6W-Tabelle.

Das Ishikawa-Diagramm

Es eignet sich als einfacher Ansatz für die systematische Ermittlung wahrscheinlicher Ursachen eines Problems. Außerdem entsteht eine Illustration der Wechselwirkungen verwandter Ursachen. Sie können diese Grafik aber auch einsetzen, um unter verschiedenen Aspekten nach Verbesserungsmöglichkeiten zu suchen. Diese Methode geht zurück auf den japanischen Wissenschaftler Kaorou Ishikawa, der sich in den 1940er-Jahren Gedanken über ein systematisches Qualitätsmanagement machte. Der Vorteil der auch als „Ursache-Wirkungs-Diagramm" bekannten Vorgehensweise liegt in der leichten Anwendbarkeit. Nachteilig ist, dass sie bei komplexeren Problemstellungen an ihre Grenzen stößt (siehe Abb. 3.12).

Die klassischen W-Fragen (Wer, was, wann, wo, wie, warum) sind Teil einer Technik, mit der komplexe Themen in einzelne Bestandteile zerlegt werden können, um wesentliche Zusammenhänge zu erkennen bzw. zu verstehen

Teil	6 W-Fragen: Problem	6 W-Fragen: Nicht Problem	6 W-Fragen: Lösung
Zweck	Problem fokussieren + Verständnis bei den beteiligten Problemlösern entwickeln	Eindeutige Problemabgrenzung durch 6 W-Fragen in Nicht-Form	Formulieren der Lösungsziele
Fragen	Wer meldet das Problem? Wo tritt das Problem auf? Wann tritt das Problem auf? Was ist das Problem? Warum ist das ein Problem? Wie zeigt sich das Problem?	Was ist nicht das Problem? Wer ist nicht betroffen von dem Problem? Wo tritt das Problem nicht auf? Wann tritt das Problem nicht auf? Warum ist es für andere kein Problem? Wie läuft es normalerweise ab?	Wer könnte die Lösung ebenfalls benutzen? Wo könnte die Lösung ebenfalls eingesetzt werden? Wann sollte die Lösung vorhanden / umgesetzt sein? Was sollte die Lösung unbedingt können? Warum brauchen wir die Lösung? Wie sollte die Lösung aussehen?

Abb. 3.10 6W-Methode.

Problem: Unzufriedenheit mit den Leistungen der Kantine

	Was	Wer	Wo	Wann	Warum	Wie
Problem	Unzufriedenheit mit den Leistungen (Speisen, Freundlichkeit des Personals, Geschmack, s. Fehlersammelliste) in der Kantine; s. a. Tendenz in der MA-Befragung	Mitarbeiter (ca. 30) + diverse Kunden	Wo tritt das Problem auf ? Kantine im Südbau, Essenausgabe	Mittagessen, Mo.-Do.	Verschlechterung der Motivation der MA; schlechtes Image gegenüber eingeladenen Gästen; Kosten für Kantine tragen sich nicht mehr	Lange Wartezeiten; Ausgabe kalter Speisen
Nicht-Problem	Was ist nicht das Problem? Ambiente in der Kantine; Preise für Speisen	Wer ist nicht betroffen vom Problem? MA, die die Kantine nicht besuchen	Wo tritt das Problem nicht auf? Imbissecke	Wann tritt das Problem nicht auf?	Warum ist das für andere kein Problem?	Wie läuft es normalerweise?
Soll-Zustand	Langfristiges, zufriedenstellendes Leistungsangebot	Nur Kantine	Nur Kantine	In den Frühstückspausen; Mittagspause Fr.	?	Kurze Wartezeiten; warme Speisen; keine unfreundliche Abfertigung; ca. 50 MA nehmen die Leistungen an
	Was sollte der Sollzustand unbedingt leisten?	Wer könnte den Sollzustand ebenfalls nutzen?	Wo könnte der Sollzustand ebenfalls eingesetzt werden?	Wann sollte der Sollzustand umgesetzt sein?	Warum brauchen wir den Sollzustand?	Wie sollte der Sollzustand aussehen?
				Innerhalb der nächsten 3 Wochen	Ansonsten muss man die Kantine schließen; eine Sozialleistung (Essenzuschuss) entfällt	Sauberes Ambiente; kurze Wartezeiten; ausreichende Auswahl + Abwechslung; Kategorie: bürgerliche Gaststätte

Abb. 3.11 6W-Methode (Beispiel). © Nowoczin 2022. All Rights Reserved

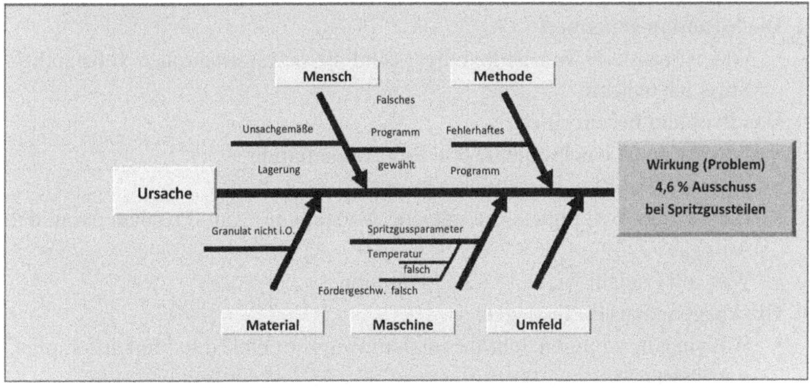

Abb. 3.12 Ishikawa-Diagramm. © Nowoczin 2022. All Rights Reserved

Wie geht man vor?

- Zeichnen Sie auf einer Pinnwand die Struktur vor.
- Setzen Sie in den Kasten rechts im Diagramm die Problembeschreibung ein.
- Suchen Sie mit Brainstorming nach wahrscheinlichen Ursachen innerhalb jedes Faktors.
  Sie können den Ideenfluss durch vertiefende Suchfragen fördern:
  Diese Fragen können auf die oben eingesetzten Stichwörter abzielen.
- Achten Sie darauf, dass Sie keine Sammlungen von Symptomen, sondern tatsächliche Ursachen sammeln. Werden Symptome (Beobachtungen, Indizien) zugerufen, fragen sie warum …, warum …, warum …, bis Sie den Begriff für die Ursache haben.
- Zuletzt gewichten Sie die Ursachen durch Punktbewertung:
  „Welche der gefundenen Ursachen sind nach Ihrer Meinung die wahrscheinlichsten?"
  Zeichnen Sie Kreise um die wahrscheinlichsten Ursachen.

Sieben Schritte zur Problemlösung

Mit SKA (siehe Abschn. 3.1) haben wir schon eine ausführliche Methode kennengelernt. Im Bereich der kontinuierlichen Verbesserung gibt es aber auch noch einen kurzen Leitfaden, der in sieben Schritten den Weg zur Lösung aufzeigt.

Zu den sieben Schritten der Problemlösung steht ein Download zu Verfügung (siehe Abschn. 5.5 Links zu ergänzenden Informationen).

1) **Die Situation erkennen**
   - Was ist passiert? Wer ist beteiligt? Sind meine Informationen vollständig? Muss ich handeln?
2) **Das Problem beschreiben**
   - Was genau ist das Problem? d.h. Problemdefinition
   - Was ist schon über das Problem bekannt?
   - Haben alle Beteiligten die gleiche Vorstellung vom Problem, von der Aufgabe?
   - Was soll erreicht werden? – Zieldefinition
3) **Die Vorgehensweise festlegen**
   - Was sind die weiteren Schritte auf dem Weg zum Ziel? d.h. Meilensteinplan, Arbeitspakete

- Welche Methoden sollen angewendet werden?
- Wer ist Auftraggeber, Moderator, Unterstützer des Prozesses?

4) **Informationen sichten**
   - Haben alle den gleichen Informationsstand? Welche Informationen fehlen noch? Wer kann diese liefern?
   - Abgleich der Informationen mit bereits bekannten Fakten
   - Unterscheidung von wichtigen und redundanten Informationen
5) **Lösungsvorschläge sammeln**
   - Kreativitätsmethode festlegen, wie z. B. Mindmap, Brainstorming, Kartenabfrage
   - Keine Idee darf verloren gehen. Keine Diskussion über die Ideen.
   - Rangfolge bilden, z. B. mit Punktabfrage. Was wollen wir zuerst bearbeiten? Welcher Vorschlag erscheint besonders viel versprechend bezogen auf Kosten, Schnelligkeit, Nachhaltigkeit?
6) **Bearbeitung einzelner Lösungsvorschläge**
   - Welche Kosten? Welcher (Zeit-)Aufwand? Welche Vorteile/Nachteile? Welches Risiko?
7) **Maßnahmenplan erstellen**
   - Was macht Wer mit Wem bis Wann?
   - Wer kontrolliert die Umsetzung?

Wenn Ihnen diese Vorgehensweise zu aufwendig erscheint, hilft Ihnen vielleicht das in Abb. 3.13 abgebildete Schema – mit einem Augenzwinkern – weiter.

In einigen Unternehmen findet sich als Problemlösemethode auch der **8D-Report**. Er besteht aus 8 Schritten: Teambildung – Problembeschreibung – Sofortmaßnahmen zur Problemeindämmung – Ursachenfindung – Planung der Maßnahmen – Durchführung der Korrekturmaßnahmen – Vermeidung von Wiederholungen – Dokumentation. Damit ähnelt dieses Verfahren anderen, die ich bereits vorgestellt habe bzw. die noch folgen.

Mipps und Wors

Vielleicht kennen Sie diese Übung bereits. Ich habe sie oft bei der Schulung zur Problemlösung eingesetzt, weil sie spielerisch deutlich macht, wie elementar der Umgang mit Informationen in einem Problemlöseprozess ist, wie leicht man sich verzetteln kann und wie wichtig Moderation und strukturiertes Vorgehen sind.

Zu dieser Übung steht ein Download zur Verfügung (siehe Abschn. 5.5 Links zu ergänzenden Informationen)

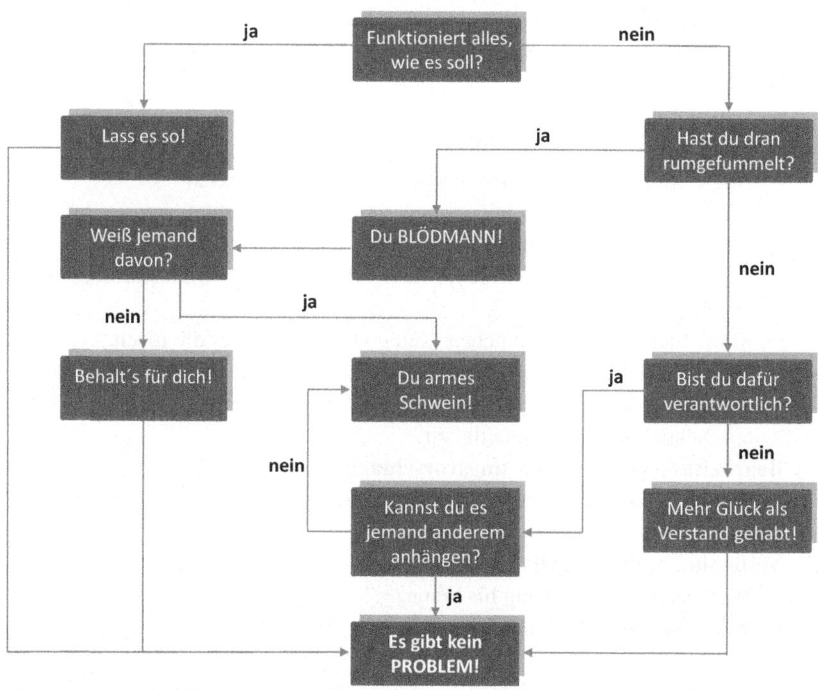

Abb. 3.13 Wie löse ich ein Problem? © Nowoczin 2022. All Rights Reserved

3.2 Prozessablaufanalyse

Häufig sind bestimmte Arbeitsabläufe irgendwann einmal festgelegt und dann nie wieder konsequent angesehen worden. Jeder einzelne Prozessschritt beinhaltet aber sowohl potenzielle Wertschöpfung, wie auch mögliche Fehler, Verzögerungen, Verschwendungen usw. Oft kommen auch noch Doppelarbeiten, unnötige Prüfprozesse, Materialbeschaffungen oder unkoordinierte Parallelarbeiten dazu. Beispielsweise waren in einem Unternehmen für eine bestimmte Produktlinie die mechanische und die elektronische Projektierung in verschiedenen Abteilungen angeordnet. Man begann auch zu unterschiedlichen Zeitpunkten mit der Planung. In der Folge ergaben sich Wartezeiten und Abstimmungsfehler, die z. T. erst in der Arbeitsvorbereitung der Fertigung auffielen und dann zu immensem Korrekturaufwand führten. Erst ein Workshop mit allen Verantwortlichen ergab Klarheit in den Abläufen und eine Fülle von Verbesserungsansätzen. Am Anfang stand eine Prozessablaufanalyse.

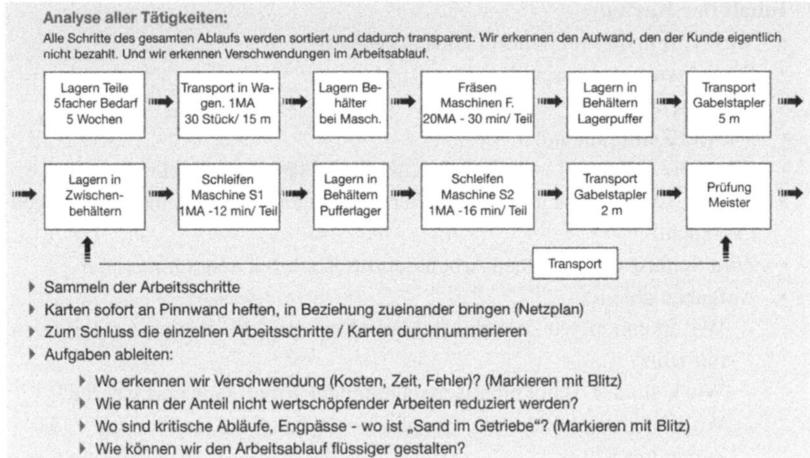
Analyse aller Tätigkeiten:
Alle Schritte des gesamten Ablaufs werden sortiert und dadurch transparent. Wir erkennen den Aufwand, den der Kunde eigentlich nicht bezahlt. Und wir erkennen Verschwendungen im Arbeitsablauf.
Lagern Teile 5facher Bedarf 5 Wochen
Transport in Wagen. 1MA 30 Stück/ 15 m
Lagern Behälter bei Masch.
Fräsen Maschinen F. 20MA - 30 min/ Teil
Lagern in Behältern Lagerpuffer
Transport Gabelstapler 5 m
Lagern in Zwischenbehältern
Schleifen Maschine S1 1MA -12 min/ Teil
Lagern in Behältern Pufferlager
Schleifen Maschine S2 1MA -16 min/ Teil
Transport Gabelstapler 2 m
Prüfung Meister
Transport
Sammeln der Arbeitsschritte
Karten sofort an Pinnwand heften, in Beziehung zueinander bringen (Netzplan)
Zum Schluss die einzelnen Arbeitsschritte / Karten durchnummerieren
Aufgaben ableiten:
Wo erkennen wir Verschwendung (Kosten, Zeit, Fehler)? (Markieren mit Blitz)
Wie kann der Anteil nicht wertschöpfender Arbeiten reduziert werden?
Wo sind kritische Abläufe, Engpässe - wo ist „Sand im Getriebe“? (Markieren mit Blitz)
Wie können wir den Arbeitsablauf flüssiger gestalten?

Abb. 3.14 Prozessablaufanalyse.

Alle Schritte des gesamten Ablaufs werden visualisiert und dadurch transparent. Wir erkennen den Aufwand, den der Kunde eigentlich nicht bezahlt. Und wir erkennen Verschwendung im Arbeitsablauf (siehe Abb. 3.14).

Zur besseren Übersicht können verschieden farbige Karten (analog dazu auch Post-Its) verwendet werden.

1. **Zuordnung der Karten/Post-Its:**
   - Der eigentliche **Prozess**, Herstellen, „Wertschöpfen“: auf **weiße** Karten
   - **Transport**vorgänge, Bewegen, Verschieben, Holen: auf **grüne** Karten
   - **Lagerung**, zwischenlagern, zur Seite stellen, nicht sofort benötigt: auf **gelbe** Karten
   - **Kontrolle**, Selbst- und Fremd-, Zwischen- und Endkontrolle: auf **rote** Karten

   Dies ist nur ein Beispiel. Selbstverständlich können die Farben auch anders zugeordnet oder andere Farben verwendet werden. Ganz allgemein ist auch folgende Verwendung (analog zur Verkehrsampel) in solchen Abfragen üblich:
   - rot für Probleme, Konflikte, Dringlichkeit, schwere Mängel
   - gelb für Achtung, Warnung, potenzielle Probleme, leichte Mängel
   - grün für gute Abläufe, Freiheit von Störungen, positive Beispiele und Ergebnisse

2. **Inhalt der Karten:**
   - Was wird in diesem Schritt gemacht (genau)?
   - Womit wird es gemacht?
   - Wer macht es?
   - Wieviel Zeit braucht der Schritt?
   - Wie viele Teile, wie viele Behälter, wie viel Fläche, wie viel m Strecke?
   - Karten sofort an Pinnwand heften, in Beziehung zueinander bringen (Netzplan)
   - Zum Schluss die einzelnen Arbeitsschritte/Karten durchnummerieren
   - Aufgaben ableiten:
     - Wo erkennen wir Verschwendung (Kosten, Zeit, Fehler)? (Markieren mit Blitz)
     - Wie kann der Anteil nichtwertschöpfender Arbeit reduziert werden?
     - Wo sind kritische Abläufe, Engpässe – wo ist „Sand im Getriebe"? (Markieren mit Blitz)
     - Wie können wir den Arbeitsablauf flüssiger gestalten?
3. **Ideen/Verbesserungsvorschläge sammeln**
   - Verbesserungsvorschläge und Lösungsansätze schreiben lassen und anpinnen
   - Clustern (d. h. Themenblöcke ähnlicher oder gleicher Inhalte bilden)
   - ggf. die Priorität der Vorschläge (z. B. nach Dringlichkeit oder schneller Ausführbarkeit) bewerten: Was muss zuerst angepackt werden?
   - Im Maßnahmenplan festlegen: Wer macht was, mit wem, bis wann

▶ **Tipp** Obwohl wir schon seit vielen Jahren mit Pinnwänden und Moderationskarten arbeiten, hier noch einmal in aller Kürze die wichtigsten Regeln:

- Pro Karte nur ein Beitrag oder eine Idee oder eine Frage
- Stichworte verwenden, ober sodass der Inhalt verständlich ist
- Nicht mehr als 3 Zeilen pro Karte (in Ausnahmefällen auf zweiter Karte fortsetzen)
- Leserlich schreiben
- Edding (Filzstift mit breiter Spitze) verwenden (keine Kugelschreiber)
- Zeit für die Bearbeitung vorgeben
- Nach Ablauf der Zeit gibt es zwei Möglichkeiten:
  - Karten einsammeln, Karte für Karte vorlesen und anheften (die Zuordnung kann auch unter Einbeziehung der Gruppe erfolgen). Ggf. Karten beim Einsammeln oder vor dem Vorlesen mischen, damit nicht mehrere Karten desselben Schreibenden hintereinander folgen.

- Die Teilnehmenden heften ihre Karten selbst an und legen auch im Dia- oder Metalog an der Pinnwand die Zuordnung fest. Alternativ kann die Zuordnung auch im Nachgang erfolgen, wenn alle Karten angepinnt sind.
  - Alle Karten werden angeheftet, auch solche gleichen Inhalts. Denn keine Karte darf wegfallen (Wertschätzung). Zudem wird bei Mehrfachnennung die Bedeutung eines Themas deutlicher.
  - Die Karten werden weder beim Einsammeln noch beim Anheften kommentiert bzw. bewertet. Verständnisfragen sind erlaubt.
- Karten gleichen oder ähnlichen Inhalts werden einander zugeordnet, bilden einen Block, der anschließend eine Überschrift erhalten kann.

• Mit einer Punktabfrage können z. B. anschließend noch Prioritäten festgelegt werden oder es erfolgt mit den Bilderpunkten (lachendes bzw. trauriges Gesicht, Frage- bzw. Ausrufezeichen, Herz oder Blitz) eine Bewertung.

Statt Moderationskarten zum Anpinnen können Sie auch die immer beliebteren selbstklebenden Post-Its verwenden. Bei den Klebepunkten gibt es neben unterschiedlichen Farben und Gestaltungsformen inzwischen zusätzlich viele verschiedene Motive (Gesichter, Fragezeichen, Ausrufezeichen usw.), die zur Bewertung dienen können.

Projektmeeting

Auch hier ein Praxisbeispiel: Als Moderatoren haben wir einmal bei einem Unternehmen einen solchen Prozess der Ablaufanalyse begleitet. Alle Leitenden der Bereiche Projektierung, Konstruktion, Technik, Verkauf, Einkauf, Arbeitsvorbereitung und Produktion waren dabei. Auf zahlreichen, nebeneinander stehenden Pinnwänden ließen wir uns den Ablauf eines Auftrags beschreiben. Dann wurden in der Diskussion die kritischen Schritte, die Probleme, die Verzögerungen herausgearbeitet und im Ablauf markiert. Es schloss sich die Entwicklung von Lösungs- und Verbesserungsvorschlägen an. Über 40 Ideen kamen zusammen. Unter anderem zeigte sich, dass mechanische und elektrotechnische Konstruktion nicht parallel, sondern zeitlich versetzt arbeiteten, was in der Abwicklung schon häufig zu Missverständnissen, Fehlern und Spannungen geführt hatte. Die Vorschläge wurden in eine Maßnahmenliste übertragen und in den Fachabteilungen oder auch – wo notwendig – interdisziplinär behandelt. Final brachte dieses Vorgehen Verbesserungen bei den Prozessen, der Koordination, den Kosten und vor allem bei der Durchlaufzeit eines Auftrags. ◀

3.3 Wertstromanalyse

„Der Anfang des Heils ist die Erkenntnis des Fehlers“ Epikur

Die Wertstromanalyse ist verwandt mit der gerade geschilderten Prozessablaufanalyse. Der Schwerpunkt liegt hier bei der Unterscheidung von wertschöpfenden zu nichtwertschöpfenden Tätigkeiten. Wertschöpfung erfolgt immer dann, wenn ein Produkt durch die Bearbeitung einen höheren Wert erreicht (z. B. das Herstellen von Bohrlöchern in einer Metallplatte, das Fräsen von Gewindegängen in einer Schraubverbindung). Drei Ebenen werden dabei speziell betrachtet: der Materialfluss, der Informationsfluss sowie die auftretenden Schnittstellen. Häufig gerät der Wertstrom an einer solchen Schnittstelle ins Stocken. Zuständigkeiten wechseln, der Bearbeitungsort ändert sich, andere Werkzeuge kommen zum Einsatz, andere Personen greifen in den Prozess ein. Dabei sind Fehler nicht auszuschließen. Ein wichtiges Ziel ist somit, den reibungslosen Übergang an solchen Stellen zu sichern, aus den Schnittstellen also Nahtstellen zu machen, die den Prozess nicht durchtrennen, sondern die Stationen des Ablaufs zu verbinden. Früher wurde der Wertstrom aus der Sicht des besten unternehmensinternen Ablaufs organisiert. Da wo Kundenorientierung inzwischen ernst genommen wird und nicht nur als Lippenbekenntnis im Werbeprospekt steht, definieren sich die Schritte des Wertstroms aus der Sicht des Kunden bezogen auf das gewünschte Endprodukt. Das heißt, der Kunde ist nicht bereit, für Tätigkeiten zu bezahlen, die den Wert seines Produkts überhaupt nicht erhöhen. Dazu gehören z. B. Transporte, Prüfvorgänge, Materialbereitstellungen, Lagervorgänge. Dazu einige Beispiele. Ich durfte an der Neugestaltung eines gesamten Fertigungsprozesses unterstützend mitwirken. Neben der Betrachtung der Wertschöpfung an den einzelnen Maschinen (siehe Abschn. 2.6 – SMED) wurde auch über den Wertstrom nachgedacht (siehe Tab. 3.2).

Ein wesentlicher Aspekt der Wertstromanalyse ist somit die Frage, was im Interesse des Kunden ist: kurze Lieferzeiten, termingetreue Ablieferung, flexible Reaktion auf Änderungswünsche, hohe, gleichbleibende Qualität, Einhalten von Zusagen usw. Die Vorgehensweise der Wertstromanalyse ist bestimmt von:

- Trennung von wertschöpfenden vs. nicht wertschöpfenden Tätigkeiten (erstere fördern, letztere so weit wie möglich reduzieren bzw. eliminieren),
- Betrachten von Schritten und Schnittstellen,
- Denken im Zusammenhang bzw. Prozessfluss,
- bisherige Vorgehensweisen in Frage stellen, begründen: Das machen wir so, weil …,

Tab. 3.2 Steigerung der Wertschöpfung im Prozess

vorher	Nachher
Werkstückprüfung an zentraler Stelle in der Werkhalle. Weite Wege, mitunter längere Wartezeiten	Werkerselbstprüfung mit Werkzeugen am Arbeitsplatz, keine Wege, keine Wartezeit
Werker holt sich bei Schichtbeginn die Werkzeuge, Vorrichtungen und Arbeitspapiere ab. Weg- plus Zeitverlust	Die Werkzeugausgabe stellt dem Werker alle Werkzeuge, Vorrichtungen und Arbeitspapiere auf einem Rollcontainer zu Schichtbeginn an den Platz. Wiederholt benötigte Vorrichtungen werden am Arbeitsplatz gelagert
Der Werker bedient nur eine spezielle Maschine, wartet während der Bearbeitung	Der Werker wurde in Mehrmaschinenbedienung geschult. Er kann während der Bearbeitung eine zweite Maschine bestücken. Dual-Flow-Prinzip
Arbeit mit Pufferlagern zwischen den Arbeitsschritten und Arbeitsplätzen	Umstellung auf Fließfertigung ohne Zwischenlager
Lange Rüstzeiten mit kompliziertem Werkzeugwechsel bei unterschiedlichen Losgrößen	Nach Analyse Verlagerung bestimmter Tätigkeiten von internem auf externes Rüsten
Individuelle Arbeitsablaufgestaltung	Standardisierung der Abläufe gemäß „best practice" mit Visualisierung

- Vereinfachen und Standardisieren
- Teilefluss und Informationsfluss parallel betrachten,
- Analyserichtung wechseln: mit dem Teilestrom, rückwärts d. h. ab Versand stromaufwärts

ZIEL: Es muss durchgängig das **richtige** Teil, in der **richtigen** Menge, zum **richtigen** Zeitpunkt, am **richtigen** Ort, in der **richtigen** Qualität sein, um den **richtigen** Preis zu erzielen.

3.4 Kraftfeldanalyse

Eine Kraftfeldanalyse erzeugt ein Bild widerstreitender Kräfte. Wir erkennen Kräfte, die positiver Veränderung entgegenwirken. Aufgrund dieses Bildes lassen sich Problemlösungen erarbeiten, die die förderlichen, treibenden Kräfte verstärken und die hemmenden Kräfte eliminieren oder abschwächen (vgl. Tab. 3.3).

- Zeichnen Sie auf eine Pinnwand ein großes T
- Notieren Sie darauf die aktuelle Situation, die in der Folge verbessert werden soll, sowie das Ziel der Verbesserung, die angestrebte Situation

- Erstellen Sie eine Kräftebilanz:

  Mit einem Brainstorming suchen Sie nun die **treibenden Kräfte** (linke Spalte):

  „Welche Kräfte, Umstände, Abläufe … unterstützen bei der Verwirklichung unseres Zieles, bei der Verbesserung der Situation?"

  Danach suchen Sie die **hemmenden Kräfte** (rechte Spalte):

  „Welche Kräfte, Umstände, Abläufe … behindern die Verbesserung der Situation"
- Diskutieren Sie gemeinsam das entstandene Bild:

  Identifizieren Sie die Stärke der wiederstreitenden Kräfte.

  Prüfen Sie, ob es in Ihrer Macht steht, die hemmenden Kräfte zu reduzieren.

  (Wenn Sie hier feststellen, dass Sie keinerlei Möglichkeiten haben, auf überstarke hemmende Kräfte einzuwirken, müssen Sie nach einer anderen Lösung suchen.)
- Gewichten Sie durch eine Punktbewertung:
  - **Links:** „Welche treibenden Kräfte sind die konstruktivsten und können verstärkt genutzt werden?"
  - **Rechts:** „Welche hemmenden Kräfte sind die wichtigsten und sollten vordringlich in Angriff genommen werden?"

  Setzen Sie Prioritäten bei der Reihenfolge Ihrer Maßnahmen (Was lässt sich mit der größten Aussicht auf Erfolg bzw. dem geringsten Aufwand anpacken/umsetzen?).

  Legen Sie in einer Maßnahmenliste fest, wer sich mit wem und bis wann um die einzelnen Themen kümmert.

Tab. 3.3 Widerstreitende Kräfte

Treibende Kräfte	Hemmende Kräfte
Kundennachfrage	Gewohnheit, Routine
Marktsituation	Für den Chef unbedeutend
Qualitätsanspruch	Keine Zeit! Keine Ressourcen!
Zielvereinbarung	Zu hohe Materialkosten
Stakeholder einbinden	Inkompetenz
Betroffene zu Beteiligten machen	Unklare Zuständigkeiten
	Längere Lieferzeit
	Widerstand der Mitarbeitenden

Hinter den „Kräften“ können sich nicht nur Abläufe oder Vorgaben verbergen, sondern auch ganz konkrete Personen. Daher kann es wichtig sein, ebenso zu überlegen, welche Bereiche, Abteilungen, Teams oder Einzelpersonen könnten Widerstand leisten, Einwände erheben oder das Projekt blockieren. Auf der anderen Seite lohnt es sich, nach Verbündeten zu suchen und diese Stakeholder als Katalysatoren und Multiplikatoren einzusetzen. Unter Umständen muss auch erst Überzeugungsarbeit geleistet werden, um solche Mitstreiter zu gewinnen (siehe 2N-Methode).

3.5 Visualisierte Beobachtung: Instrumente der strategischen Prozessregelung (SPC)

Um zielgerichtet Fehler aufzuspüren und abzustellen, kann es wichtig sein, sich zunächst einen Überblick zu verschaffen:

- um welchen Fehler es sich handelt,
- wie häufig der Fehler vorkommt,
- welche Kosten mit dem Auftreten des Fehlers verbunden sind.

Es gibt relativ einfache Hilfsmittel, um diese Form von Analyse durchzuführen. Dazu gehören

- Strichlisten und daraus abgeleitete Häufigkeitsverteilungen,
- Histogramme,
- Pareto-Analysen,
- Regelkarten.

Diese visuellen Mittel lassen sich zur Problemanalyse hervorragend nutzen (siehe Abb. 3.15).

Wenn die Fehlerhäufigkeit ermittelt wurde, geht es nun darum, die geeigneten Maßnahmen zu ergreifen. Dazu muss man wissen, welche Störung besonders gravierend bezogen auf Zeit und Kosten ist, welche schnell zu beseitigen oder welche zunächst vernachlässigbar ist, wenn ein Fehler z. B. nur einmal pro Monat auftritt und noch dazu geringe Kosten verursacht. An dieser Stelle greift das Pareto-Prinzip: mit 20 % Aufwand 80 % Wirkung zu erreichen.

Dazu gehören

- Strichlisten und daraus abgeleitete Häufigkeitsverteilungen, Histogramme, Pareotoanalysen
- Regelkarten

Diese visuellen Mittel lassen sich zur Problemanalyse hervorragend nutzen.

Sie liegen durch die Qualitätssicherung bereits vor; oder aber sie werden durch die Initiative der FIT-Teams erstellt.

Nr.	Fehlerart	1. Woche	2. Woche	3. Woche	4. Woche	
1.	Plastikfehler	卌 III	卌	卌 卌	卌 III	31
2.	Lackfehler	IIII	IIII	卌 卌 III	卌 II	28
3.	Rost	II	III	卌	卌	15
4.	Montagefehler	III	IIII	II	III	12
5.	Fehlende Teile	III	II	IIII	II	11
		20	18	34	25	97

Abb. 3.15 SPC-Strichliste. © Nowoczin 2022. All Rights Reserved

3.6 Six Sigma

Qualität war schon immer eines der wesentlichsten Kriterien guter Produkte und Dienstleistungen, insbesondere unter dem Brand „Made in Germany“. Um einen hohen Qualitätsstandard zu erreichen und zu halten, gibt es neben eigenen Abteilungen in den Unternehmen auch seit Jahren viele Systeme und Methoden, die unterstützend einwirken. Zudem haben sich Zusatzausbildungen oder neue Tätigkeitsfelder ergeben, die Mitarbeitende mit dem richtige Qualitäts-Know-how ausstatten. Im Rahmen einer solchen Qualitätsoffensive durfte ich bei einem Unternehmen an der Konzeption und Ausbildung der sogenannten „Qualitätsfachkraft“ und der noch weiterführenden Stufe als „Qualitätsassistent“ mitarbeiten. Zur Verbesserung der Qualität dienen fast alle in diesem Buch beschriebenen Methoden. Aber besonders mit Beginn der Lean-Management-Welle in den 1990er-Jahren bekam die Qualität einen hohen Stellenwert in den Prozessen. Es ging nun darum:

- Ausschuss und Nacharbeit von Teilen zu reduzieren, zu eliminieren,
- das Verhältnis von Produktiv- zu Gemeinkosten zu verbessern,
- Prozesse und einzelne Arbeitsschritte zu standardisieren,
- Prüfprozesse effizienter zu gestalten und gleichzeitig zu reduzieren,
- Reklamationen zu vermeiden,
- Garantieleistungen ausweiten zu können,
  also: alle Arten von Fehlern zu vermeiden.

Eines der bekanntesten und bewährtesten Mittel zur Qualitätsverbesserung ist die „Six-Sigma-Methode". Dabei wird unterschieden zwischen der zeitweisen oder periodischen Anwendung einzelner methodischer Schritte und der Einführung von Six Sigma als dem einzigen im Unternehmen gültigen Qualitätssystem. Entscheidet man sich für den grundlegenden Ansatz, bedeutet dies die Auseinandersetzung mit der Philosophie und Denkweise von Six Sigma sowie die Vermittlung der Grundlagen der Anwendung durch entsprechende Schulungen des Fachpersonals. Zur Unterstützung vor Ort im Prozess können zudem Spezialisten als Berater eingesetzt werden, die besonders tief in die Materie eingedrungen sind und möglicherweise auch die entsprechende (externe) Ausbildung mit unterschiedlichen – asiatischen Kampfsportarten vergleichbaren – Graden des Könnens absolviert haben. Aufgrund des zeitlichen und kostenmäßigen Aufwands gilt es dann, der Methode unternehmensweit in alle relevanten Prozessen zu folgen und somit eine besondere Struktur der Qualitätssicherung zu implementieren. Häufig wird diese Konsequenz gescheut und es bleibt bei mehr oder weniger oberflächlichen Ansätzen.

Six Sigma stammt ursprünglich aus Japan, wurde aber entscheidend von Motorola (1987) in den USA entwickelt und gelangte durch den General-Electric -Manager Jack Welsh ab 1996 zu weiterer Verbreitung. Heute wird es in vielen Großunternehmen, oft in Verbindung mit Lean-Methoden, eingesetzt. Es geht nach wie vor um die Optimierung von Prozessen hinsichtlich definierter Qualitätsziele. Der Kernprozess wird auch mit DMAIC, das bedeutet Define, Measure, Analyze, Improve, Control, beschrieben. Meine Übersicht sieht wie folgt aus:

Sechs Stufen führen zur Six-Sigma Qualität:

1) Das Produkt, die Dienstleistung bestimmen
2) Aus Sicht des Kunden (auch des internen Kunden) die wichtigen Qualitätsparameter festlegen
3) Bedarfs- und Aufwandsbestimmung für die Herstellung des Produkts, der Dienstleistung, um die geforderte Leistung zum Nutzen des Kunden zu erbringen (Leistungsparameter)
4) Analyse und Beschreibung des derzeitigen Prozesses/Arbeitsablaufs bezogen auf das Produkt, die Dienstleistung
5) Erkennen von Fehlern (Fehlermöglichkeiten) und deren Wahrscheinlichkeit, Häufigkeit, Auswirkungen. Erkennen der Ursachen und Ausschalten der Fehlerquellen
6) Regelmäßiges Überprüfen und Bewerten des verbesserten Ablaufs, Standardisieren des neuen Prozesses. Sichern der Nachhaltigkeit der erreichten Qualität

Zur Six-Sigma-Toolbox gehören dann weitere untergeordnete Methoden, die in den einzelnen Phasen des Qualitätsprozesses zum Einsatz kommen können.

- Managementwerkzeuge: Entscheidungsbaum, Matrixdiagramm, Netzplantechnik, 8D-Report
- Qualitätskontrollwerkzeuge: Prüfformulare, Pareto, Ishikawa, Regelkarten, SPC
- Kundenwerkzeuge: Reklamationsauswertung, Kundenbefragung, Marktanalyse
- Lean-Werkzeuge: Flussdiagramm, Red-Tag-Analyse, SMED, Poka-Yoke, Wertstrom
- Projektwerkzeuge: Strukturplan, Lasten-/Pflichtenheft, Netzplantechnik, Kanban
- Designwerkzeuge: Machbarkeitsstudie, FMEA, QFD

Eine Differenzierung ergibt sich je nachdem, ob es sich um einen bestehenden oder neu aufzusetzenden Prozess handelt.

Auch bei Six Sigma können Sie Schnittmengen mit anderen Ansätzen erkennen. Hier überwiegt der komplett strukturierte und somit systematisierte Einfluss auf bestehende und zu optimierende Prozesse. Dieser Vorteil kann aber unter Abwägung von Aufwand und Zeit und insbesondere der zur Vermeidung eines Strohfeuers erforderlichen Kulturveränderung auch zu einem Nachteil werden.

3.7 Zeitmanagement

Zeitmanagement ist ein weites Feld, das sehr häufig als wesentliche Kompetenz für das Tagesgeschäft angesehen wird. Mit den entsprechenden Inhalten dazu lässt sich ein ganzes Seminar füllen. Daher an dieser Stelle nur ein Extrakt unter dem Aspekt der schnellen und flexiblen Umsetzbarkeit.

Die Digitalisierung hat uns neben mancher Innovation und Erleichterung (wie z. B. Texte über ein Spracherkennungstool in den PC einzugeben) auch erhöhten Zeitdruck beschert. Als Dokumente noch mit der (Haus-)Post befördert wurden, gab es zwischendurch auch mal die Muße, getane Arbeit zu reflektieren, die Gedanken zu ordnen und die nächste Aufgabe sorgfältig vorzubereiten. Im prä-mobilen Zeitalter war man eben nur im Büro zu den üblichen Zeiten telefonisch erreichbar. Es gab auch nicht die Angst vor negativen Folgen, wenn man nicht alle 3 min die eingehenden E-Mails kontrollierte oder bis spät in den Abend die teilweise selbst auferlegte Rufbereitschaft praktizierte. Und dennoch – aus heutiger Sicht erstaunlich – wurden auch damals Aufgaben erledigt, Projekte durchgeführt und Produkte gefertigt. Der Zukunftsforscher Matthias Horx sprach schon Ende der 1990er-Jahre mitten im Mobilfunkboom von der Notwendigkeit der Entschleunigung und

Kontemplation. Die erste Empfehlung zum Zeitmanagement ist daher, einmal in die Bestandsaufnahme zu gehen, wieviel zeitlicher Stress selbstverursacht, also hausgemacht ist. Dazu ein paar Prüfungsfragen:

- Muss ich immer erreichbar sein? Wie ist es denn geregelt bei Urlaub oder Krankheit? Bricht dann alles zusammen?
- Habe ich eine Mischung zwischen aktiven Phasen (Handlung) und stilleren Phasen (Reflexion, Planung und Vorbereitung)?
- Habe ich Zeiten der „open door" als Ansprechpartner und Zeiten der „closed box" nur für mich?
- Welche planerischen, strukturierenden Hilfsmittel kenne ich und setze sie auch ein?
- Ist wirklich alles dringend, was mich erreicht, oder kann ich das differenzieren und aus meiner Sicht priorisieren? Wie gehe ich mit den beliebten Steigerungsformen um: sehr dringend, besonders dringend, äußerst dringend, musste gestern schon fertig sein?
- Wann muss ich wirklich handeln? Wie schütze ich mich vor Aktionismus? Erinnern wir uns an Mark Twain: „Operative Hektik ersetzt oft geistige Windstille".
- Arbeiten Sie also strukturiert nach Aufgabenliste oder spontan auf Zuruf?
- Was muss ich unbedingt selbst machen? Oder was gehört gar nicht zu meinen Aufgaben? Was kann ich delegieren? Kann ich gut „nein" sagen?

Nachdenklich geworden? Dann jetzt ein paar Tipps, die helfen können, der Zeitfalle zu entkommen.

- Identifizieren Sie Ihre persönlichen „Zeitfresser". Das können Dinge sein, die Ihnen andere aufs Auge drücken. Fragen Sie sich, ob das wirklich auch noch sein muss, ob die Priorität stimmt, ob Sie überhaupt zuständig sind.
- Achtung bei „Schlüsselwörtern": Kannst Du nicht *mal eben* … es gibt wenig Dinge, die man wirklich *mal eben* erledigen kann.
- Sagen Sie höflich aber bestimmt „Nein", wenn Ihr Zeitkontingent ausgeschöpft ist.
- Definieren Sie für sich und für andere Ihre Zeiten der Erreichbarkeit: per Telefon, mobil, per E-Mail, persönlich. Sie sind dann z. B. ab 18.00 Uhr nicht mehr „online" (außer vielleicht im Auslandsgeschäft mit Zeitverschiebung).
- Mit offener Bürotür signalisieren Sie Gesprächsbereitschaft, mit geschlossener Ihre persönlichen Arbeitsphasen, in denen Sie nicht gestört werden wollen. Mit entsprechenden Signalen am Arbeitsplatz können Sie auch Ihre Kolleg*innen einbinden, mit denen Sie das Büro teilen.

- Es kann sinnvoll und zeitsparend sein, ein Telefongespräch zu führen statt schier endlose Reihen von E-Mails hin und her zu schicken. Im Gespräch sind die Dinge schneller klar, Missverständnisse werden vermieden oder auch das Warten auf die Antwort-E-Mail, weil auf der anderen Seite die Dringlichkeit anders bewertet wird. Ihre Nachricht in der Fülle von anderen untergegangen oder gar im Spamordner gelandet ist.
- Fallen Sie nicht auf das Reiz-Reaktions-Schema eingehender E-Mails (oder sonstiger Nachrichten) herein. Wir sind da schon fast wie der „Pawlow'sche Hund" konditioniert, da ja auch der Rechner das Eingehen von Nachrichten akustisch und/oder visuell anzeigt. Sie können diese Funktionen ausschalten!
- Planen Sie fixe Zeiten für das Durchsehen Ihrer E-Mails ein, z. B. morgens, mittags und eine halbe Stunde h vor Feierabend. Wenn sie auf jede Nachricht sofort reagieren, werden Sie immer wieder aus der laufenden Arbeit herausgerissen.
- Beteiligen Sie sich nicht an der „CC-Ritis". Nur um bloß keinen/keine zu übersehen und u. U. negatives Feedback zu erhalten, werden bei E-Mails Personen in „cc" gesetzt, die mit dem Thema eigentlich gar nichts oder höchstens peripher zu tun haben. Aber überall ploppen diese redundanten Nachrichten auf und fressen Zeit. Besondere „Spaßvögel" klicken bei der Reaktion auch gern auf „allen antworten" und verlängern den Unfug um eine weitere Runde.
- Praktizieren Sie „Terminhygiene" in Ihrem Kalender. Von morgens bis abends durchgetaktet bleibt keine Zeit für Vor- und Nachbereitung. Halten Sie also möglichst täglich Zeiträume terminfrei.
- Versuchen Sie es einmal mit „kaskadiertem Aufgabenmanagement":
  - 1. Ebene: Wenn Sie mit Zielvereinbarungen arbeiten, haben Sie u. U. terminierte Jahresziele. Legen Sie ggf. einen Meilensteinplan für jedes Ziel an.
  - 2. Ebene: Überlegen Sie am Ultimo, welche Aufgaben für den kommenden Monat anstehen. Erstellen Sie eine Liste.
  - 3. Ebene: Überlegen Sie am Freitag, welche Aufgaben in der kommenden Woche auf Sie warten. Erstellen Sie eine Liste.
  - 4. Ebene: Überlegen Sie am Vortag kurz vor Feierabend, was am nächsten Tag dran ist. Erstellen Sie eine Liste.

  Jede erledigte Aufgabe wird abgehakt oder durchgestrichen. Jede noch offene Aufgabe wird auf Relevanz geprüft und ggf. für den nächsten Tag, die nächste Woche wieder eingetragen – oder wandert für später in die Wiedervorlage.
- Nutzen Sie die vielfachen Möglichkeiten Ihrer Software. Outlook beispielsweise verwaltet nicht nur Ihren Terminkalender, Sie können darüber auch Zeiten blocken, mit Farben Prioritäten festlegen, Aufgaben managen, also z. B. terminieren und delegieren.

Ich arbeite bis heute gern mit diesem Prinzip. Statt einer Liste können Sie z. B. auch das Aufgabenmanagement in MS-Outlook (oder anderer Software) nutzen. Damit können auch Aufgaben innerhalb eines Teams vereinbart, zugewiesen und begleitet werden. Zudem haben Sie ein effektives Termin- und Aufgabencontrolling zur Verfügung.

Zwei klassische Tools der Priorisierung sollen auch noch erwähnt werden:

3.7.1 Die ABC-Analyse

Dabei werden Aufgaben und Entscheidungen in ihrer Gewichtung betrachtet und klassifiziert. Die Klassen A, B und C bezeichnen die Bedeutsamkeit der Aufgabe für das Unternehmen, eine Abteilung, ein Team, für den Handelnden. Die Vorgehensweise folgt zudem der Pareto-Analyse, die besagt, dass mit 20 % Aufwand 80 % Ertrag erzielt werden sollen. Ein klassisches Beispiel ist die Ermittlung von Premiumkunden anhand der Umsatzzahlen in Verbindung mit Stückzahl und Stückpreis. Die verwendeten Kennzahlen müssen sich aber deutlich unterscheiden, um einen aussagefähigen Kontrast zu bilden.

Vorteile:

- übersichtliche Bewertung nach wesentlich bzw. unwesentlich,
- einfach und übersichtlich zu erstellen,
- in vielen Bereichen einsetzbar,
- als Matrix oder Tabelle gut zu visualisieren.

Nachteile:

- nicht immer ausreichende Trennschärfe vorhanden,
- Bezug nur auf die aktuelle Situation, keine Prognose möglich,
- nur Basis, aber keine intendierten Folgeschritte oder Handlungshinweise,
- rein quantitative Bewertung, keine qualitativen Aussagen.

3.7.2 Das Eisenhower-Prinzip

Es geht zurück auf den amerikanischen Präsidenten Dwight D. Eisenhower. Wesentlich ist dabei die Unterscheidung einer Aufgabe bezüglich ihrer Dringlichkeit einerseits und der Wichtigkeit andererseits. Muss etwas also sofort oder zu einem

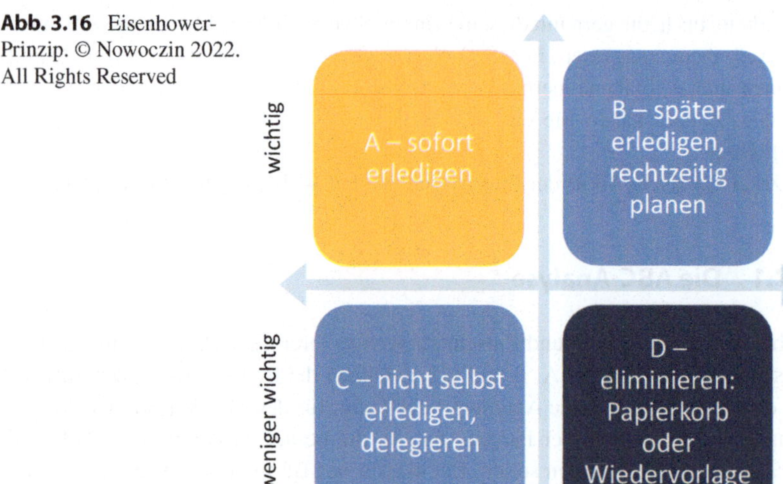

Abb. 3.16 Eisenhower-Prinzip. © Nowoczin 2022. All Rights Reserved

bestimmten Termin erledigt werden? Wie bedeutsam ist es für das Erreichen eines Ziels oder für andere Personen?

Es wird eine Matrix mit 4 Quadranten (siehe Abb. 3.16) verwendet:

- A: wichtig & dringend - d.h. sofort erledigen
- B: wichtig & weniger dringend - d.h. zu einem späteren Zeitpunkt erledigen, rechtzeitig planen
- C: weniger wichtig & dringend - d.h. nicht selbst erledigen, delegieren (Entlastung für A)
- D: weniger wichtig & weniger dringend - d.h. Papierkorb oder Wiedervorlage oder ggf. hse = hat sich erledigt.

Fragen:
- Muss es getan werden? - NEIN - ignorieren, absagen, abhaken
- Muss ich es tun? - NEIN - delegieren, Zuständigkeit prüfen, richtig adressieren
- Muss es so getan werden? - NEIN - optimieren

3.8 SCRUM

Eigentlich geht dieser Ansatz auf das Projektmanagement im IT-Bereich Mitte der 1990er-Jahre zurück. Die Urheber sind die Softwareentwickler Ken Schwaber und Jeff Sutherland. Man hatte festgestellt, dass nur ein geringer Prozentsatz aller IT-Projekte das angestrebte Ziel erreichte. Also ging es darum, die Entwicklung von Software effizienter und fehlerfreier zu gestalten, also um ein spezielles Management für IT-Projekte.

Skeptiker meinen, auch nur dafür sei die Methode wirklich geeignet. Nichtsdestotrotz entwickelte sich nach den ersten, nicht IT-bezogenen Versuchen ein regelrechter Hype. Wollte man als Unternehmen „up to date" sein, musste man mit Scrum arbeiten. Vielfach wurde dieses Werkzeug als neue Unternehmenskultur verkauft, den Mitarbeitenden als Innovation aufs Auge gedrückt und ohne weiteres Eruieren, für welche Prozesse, Aufgaben oder Tätigkeiten es geeignet ist, eingeführt. In einem mir von einer Betroffenen geschilderten Fall sogar auch noch unter Aufhebung bisheriger Abteilungs- und Teamstrukturen ohne klare Entscheidungswege und/oder transparente Zuständigkeiten. In der Folge kam es so zu Unsicherheit und Desorientierung bei den Mitarbeitenden, während sich die Führungsetage wunderte, warum nicht sofort und nachhaltig die erhofften Erfolge eintraten. Wobei die kritische Nachfrage, was man denn eigentlich mit „Scrum" erreichen wolle, zu recht vagen Aussagen führte. Nein – ich will mich hier nicht als Scrum-Gegner outen. Mir geht es an dieser Stelle und mit diesem Beispiel darum, vor Schnellschüssen bei der Methodenverwendung und -einführung zu warnen. Als Heimwerker greifen Sie doch auch nicht einfach in die Werkzeugkiste und fangen mit dem, was ihnen gerade in die Finger kommt, die Arbeit an. Nein. Sie haben ein Projekt, eine Aufgabe, ein Ziel und überlegen nun, welches Werkzeug dafür passt und Ihnen am besten hilft, erfolgreich zu sein. Aufgabe und Werkzeug müssen also zueinander passen. Ich komme etwas später beim Stichwort „Agilität" noch einmal auf diesen Aspekt zurück.

Scrum bezeichnet eigentlich einen besonderen Spielzug beim Rugby. Das im wörtlichen Sinne „dichte Gedränge" ist ein wesentlicher Bestandteil von agilen Projektmanagementmethoden in der IT. Es fehlt bei dieser Vorgehensweise der klassische Projektleiter. Das Grundprinzip ist Selbstorganisation. Somit stellt diese Methode auch eine hohe Anforderung an die Qualifikation und Kompetenz der Beteiligten. Das Projektteam muss effizient zusammenarbeiten, flexibel auf Veränderungen reagieren und Anpassungen vornehmen können. Zudem folgt die Teamarbeit klaren Strukturen, Regeln und Rollen.

1) **Die Rollen**
   - Der **Product-Owner**: Er ist der Auftraggeber des Projekts, der Produktverantwortliche, der Controller und Bewerter des Vorhabens. Er gibt das Ziel vor, bringt Kunden- und Unternehmensinteressen zusammen, definiert die Eigenschaften des Produkts, setzt die Termine und legt das Budget fest. Das Profil des Projekts und die Anforderungen an das Projekt liegen in seiner Hand.
   - Das **Team:** In der Regel besteht es aus 2–9 Entwicklern, die die Anforderungen des Product-Owners realisieren sollen. Es arbeitet interdisziplinär und selbstständig an den vorgegebenen, abgestimmten Aufgaben. Dabei ist es wichtig, alle Aspekte des Projekts durch die personelle Besetzung abzubilden.
   - Der **Scrum-Master**: Er fungiert als Moderator des Arbeitsprozesses, managt die Meetings, überwacht die Einhaltung der Regeln, hilft bei Kommunikationsproblemen und hält dem Team „den Rücken frei". Er ist Supporter und Promoter.
2) **Die Arbeitsweise**
   - Das Ziel bzw. das erwartete Ergebnis ist vorab definiert und beschrieben. Die Beteiligten aber haben den Spielraum der Umsetzung. Dabei arbeiten sie **empirisch** (also aufgrund ihrer Erfahrungen und ihres Fachwissens), **inkrementell** (in kleinen überschaubaren Arbeitsschritten) und **iterativ** (mit sich wiederholenden Elementen).
3) **Der Ablauf**
   - Der zeitliche Ablauf wird geprägt von **Sprints** mit einem Umfang von zwei bis vier Wochen. Diese Abschnitte werden auch Timebox genannt. Jeder Sprint setzt sich aus vier Elementen zusammen:
     a) **Sprint-Planning**: Planung der Projektetappe mit von den Anforderungen an das Projekt abgeleiteten Aufgaben (**Tasks**). Wichtig ist die genaue Definition, Abstimmung und zeitliche Festlegung dieser Teilaufgaben. Diese werden u. a. Im **Sprint-Backlog** dokumentiert. Daraus erhält dann jedes Teammitglied seine spezielle Aufgabe, deren Erfüllungsgrad im Sprint-Review bewertet wird (s.u.).
     b) **Daily-Scrum**: Da es sich um einen stetigen Prozess handelt, indem rasch auf Veränderungen und Anpassungen reagiert werden soll, gibt es tägliche Meetings zu Tagesbeginn von maximal 15 min Dauer. Dies geschieht oft stehend bei einer Tasse Kaffee und gleicht den Arbeitsstand der Teilaufgaben wie bei einem Briefing ab. Dabei ist die Konzentration auf die wichtigsten Punkte erforderlich, also was seit dem letzten Meeting erledigt wurde, was aktuell geplant ist, wo es welche Probleme gibt.
     c) Sprint-Review: Er steht am Ende einer Sprint-Periode. Dabei wird dem Product-Owner das bisher erreichte Zwischenergebnis (**Increment**) vor-

gestellt. Gegebenenfalls kommen auch die späteren Anwender dazu. Ziel ist es, einerseits das Teamergebnis zu bewerten und zu würdigen, andererseits erforderliche Korrekturen oder Ergänzungen abstimmen zu können. Eventuell muss dann auch der zu Beginn des Projekts erstellte Anforderungskatalog (**Product-Backlog**) entsprechend angepasst werden. Darüber befindet der Product-Owner.

d) Sprint-Retrospektive: Hier geht es nicht in erster Linie um das Produkt, sondern in einer Art von Metalog um die Betrachtung der Zusammenarbeit. Dabei ist es wichtig, gute Entwicklungen beizubehalten sowie Hindernisse oder Blockaden sofort zu erkennen, anzusprechen und zu beseitigen, sodass der Prozessfortschritt nicht beeinträchtigt wird.

Dieses Vorgehen unterstützt agiles Projektmanagement. Es werden wenig Hilfsmittel benötigt. Stringent angewendet, bekommen Projekte entscheidend mehr Struktur und Ergebnisorientierung. Aber genau da kann auch ein Problem liegen. Scrum benötigt das entsprechende Mindset und die Kompetenzen bei den Teammitgliedern sowie die Bereitschaft des Managements, auf klassische Hierarchien in Projekten zugunsten der Gestaltungsfähigkeit des Teams zu verzichten.

An der einen oder anderen Stelle werden Sie vielleicht bemerkt haben, dass die Elemente des klassischen Projektmanagements nun andere Namen bekommen haben. Der Projektstrukturplan, die Arbeitspakete, Lasten- und Pflichtenheft, der Meilensteinplan sind latent vorhanden. Deshalb sind diese Hilfsmittel nicht tot. Besonders hervorzuheben ist aber die klare Struktur einer scrumorientierten Projektarbeit. Jedoch gilt es abzuwägen, ob diese Methode generell für ein Unternehmen passt, für welche Prozesse und Projekte sie passt und wie weit man sich auf ein agiles Arbeiten einlassen möchte. Agilität ist immer wieder dann gescheitert, wenn man es als Wundermittel für verkorkste oder marode Organisationen eingesetzt hat und das Verständnis dafür fehlte, dass sich mit der Einführung agiler Arbeitsweisen Kultur, Organisation und Denkweisen im Unternehmen grundlegend verändern (müssen) (siehe Abb. 3.17).

3.9 SWOT-Analyse

Um Projekte oder auch größere Aufgaben – insbesondere wenn diese Teil einer Strategie sind – besser vorzubereiten und ggf. eine fundierte Aussagen für bzw. gegen die Durchführung zu finden, empfiehlt sich die SWOT-Analyse. In zwei Dimensionen (intern bzw. extern) werden vier Felder betrachtet, woraus sich dann

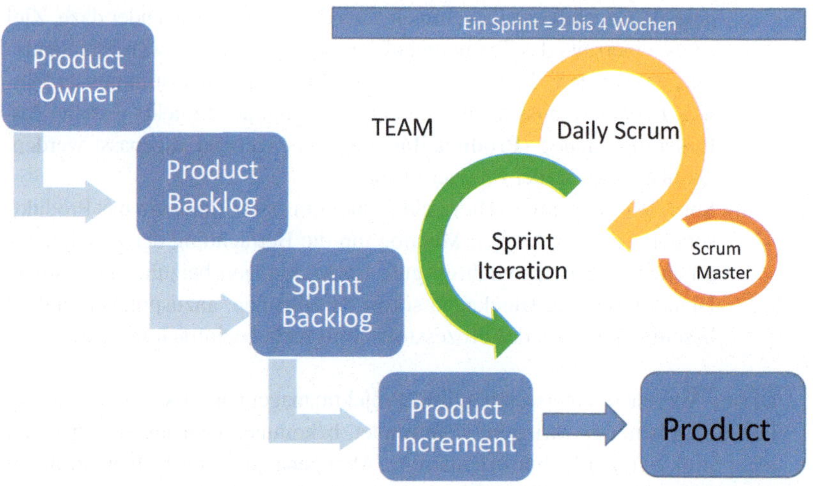

Abb. 3.17 Scrum-Ablauf. © Nowoczin 2022. All Rights Reserved

vier mögliche Strategien ergeben können. Die interne Betrachtung bezieht sich auf die Stärken (**S**trengths) und Schwächen (**W**eaknesses) des Unternehmens, der Organisation, der Abteilung, des Teams, des Projekts, der Aufgabe – bis hin zu einzelnen Personen. Bei der externen Betrachtung wird auf Chancen (**O**pportunities) und Risiken (**T**hreats) geschaut.

Beispiel für die Entwicklung eines neuen Produkts:

- **S**) Gute finanzielle Lage des Unternehmens, hoch motivierte Mitarbeitende, kurze Entwicklungszeiten, hoher Digitalisierungsgrad der Prozesse
- **W**) Zu viele (Entscheidungs-) Hierarchieebenen, Mängel im Informationsfluss, viele verschiedene Standorte, Angst vor Fehlern unter Zeitdruck
- **O**) Aufbruchsstimmung am Markt, positive Kundenbefragung, Markteinführung auf Messe möglich, neues Produkt ist energetisch besser und nachhaltiger
- **T**) Die Wettbewerber könnten schneller sein, Prototyp fällt bei den Kunden durch, Entwicklungskosten übersteigen das Budget

Die gesammelten Daten und Fakten führen nun zu einer von vier möglichen Strategien.

1) S&O-Strategie -> Kreativität und vorhandene Mittel nutzen, um Erster am Markt zu sein

2) W&O-Strategie -> Beseitigung der internen Mängel zur Optimierung der Prozesse, um für zukünftige Produktentwicklungen besser gerüstet zu sein
3) S&T-Strategie -> Kunden kreativ in die Entwicklung einbeziehen, dadurch Fehlerrisiko vermindern
4) W&T-Strategie -> Interdependenzen analysieren und bearbeiten, Kohärenz beachten, bessere Ausgangsposition verschaffen, Eventualitäten antizipieren

Der Nutzen von SWOT besteht in der sachlichen – und ehrlichen – Analyse der Ausgangsposition, in der strukturierten Beschreibung verschiedener interner und externer Einflussfaktoren sowie der Reflexion der abzuleitenden Vorgehensweise bzw. Strategie. In der Praxis ist zudem eine weiterführende, ergänzende Kombination mit anderen Methoden möglich, so z. B. der Entscheidungs- und Risikoanalyse (siehe Abschn. 3.1) So wird das reine „Bauchgefühl" mit Fakten unterfüttert, das Ergebnis fundierter ausfallen.

Mögliche Fehler entstehen durch mangelhafte Sammlung von Daten, das Übergehen oder Ausklammern von betroffenen Bereichen oder Personen, die nichtvorhandene Bereitschaft zu Veränderung oder Anpassung sowie das unzureichende Umsetzen von Maßnahmen oder der gesamten Strategie (siehe Abb. 3.18).

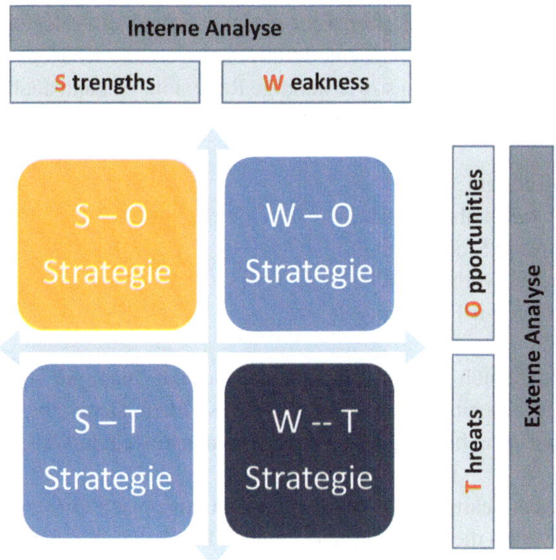

Abb. 3.18 SWOT-Analyse.

3.10 Work Hacks

Gerade im Bereich der Start-ups gibt es viele neue Impulse vom Aufbau eines Unternehmens bis hin zu den kleinen hilfreichen Werkzeugen im Arbeitsablauf: die Hacks. Auch die New-Work-Bewegung, die Frithjof Bergmann bereits in den 1980er-Jahren anstieß und die als Fortsetzung oder Bestandteil von Agilität zurzeit sehr aktuell ist, setzt auf die Prozesshelfer. Ein Hack – oder noch genauer ein Work Hack – ist „eine minimal invasive Regeländerung zur Prozessverbesserung" (vgl. Schültken (2017), https://workhacks.de). Dabei steht die Arbeit innerhalb von Teams besonders im Fokus und soll in ihrer Kommunikationsqualität, der Organisation und Struktur sowie in der Effizienz durch einfache, schnell anwendbare Werkzeuge nachhaltig optimiert werden. Häufig setzen Unternehmen – auch im Zuge von mehr Agilität – auf selbstorganisierte Teams. Dies bedeutet mehr Aufgaben, mehr Entscheidungs- und Gestaltungsmöglichkeiten. Um die Mitarbeitenden dabei nicht allein zu lassen, wurden Work Hacks entwickelt. Einige stelle ich Ihnen nachfolgend in Anlehnung an Lydia Schültken (2017) vor, verweise insbesondere auch auf ihr Fachbuch mit ausführlicher Erläuterung und vielen Praxistipps (siehe Literaturverzeichnis am Ende des Kapitels). Es gibt Work Hacks zu den Bereichen Emotionale Beziehung, Zusammenarbeit (physisch und digital), Effizienz und Zusammenarbeit. Wichtig sind wiederum die gemeinsam festgelegten Spielregeln, wie z. B. Freiwilligkeit, gemeinsame Entscheidungen und Konsens in der Umsetzung, Zeit zum Ausprobieren sowie ständige Reflexion. Es kann auch sinnvoll sein, den Einstieg in Work Hacks mit einer Rückschau zu beginnen mit den Fragen:

- Was war bisher gut?
- Was sollten wir beibehalten?
- Was sind unsere Stolpersteine?
- Was wollen wir verbessern?
- Woran merken wir Fortschritte?

Außerdem könnte sich ein Pate oder Mentor, der das Team auf seinem Weg eine Zeitlang begleitet, positiv auf die Umsetzung auswirken. Denn gute Vorsätze halten in der Regel nur zwei bis drei Wochen. Nun zu den einzelnen Werkzeugen:

1) (für ein neues Team zum Einstieg) **Bio-Sharing:** Nach kurzer Vorbereitungszeit beantworten die Teammitglieder folgende Fragen: Was hat dich geprägt? – Was waren deine bisherigen Highlights? Woran bist du gescheitert? Was musst du über mich wissen, um richtig gut mit mir zu arbeiten? – je Statement 5 min, ohne Unterbrechung durch andere Teammitglieder

2) **Krötentag:** Alle zwei Wochen für 2 h die Dinge erledigen, die man vor sich herschiebt. Genau in dieser reservierten Zeit erledigen.
3) **Fokuszeit:** Eine Stunde am Tag (z. B. von 11 bis 12 Uhr) nur Zeit für uns im Team ohne Telefon, E-Mail, Besucher. Jeder arbeitet in der Teams-Session mit oder ohne Kamera parallel.
4) **Timeboxing:** Wiederkehrende Agenda als Struktur, feste Zeitkontingente für einzelne Punkte bzw. persönliche Statements (3 min oder 5 min). Vielredner ausbremsen, Introvertierte einladen. Keine Loops (Wiederholungen).
5) **State of Mind:** Wo stehe ich gerade mit meinem Projekt, meiner Aufgabe? Bin ich zufrieden, motiviert, verärgert, frustriert? Was will ich als Nächstes anpacken?
6) **Why Talk:** Warum bin ich hier? Warum mache ich diese Aufgabe? Was soll dabei herauskommen? Was ist mein Nutzen? Was ist der Nutzen für andere?
7) **Beschwerdefrei:** Teammitglieder tragen für 1, 2, 4 Wochen ein Bändchen am Arm und signalisieren: Ich verzichte auf Beschwerden und Gemecker. Von mir erhältst du konstruktive Aussagen, Vorschläge und Hinweise.

Wie startet man mit Work Hacks? Bitte nicht „verordnen". Es motiviert nicht, wenn mir jemand sagt, was ich zu tun habe. Eine Auswahl von Hacks anzubieten wie auf einem Buffet und die Gruppe entscheiden zu lassen, ob und was man ausprobiert, ist da wesentlich zielführender. Entscheiden Sie mit Ja- und Nein-Zetteln in anonymer Abstimmung. Sind 20 % oder mehr dagegen, ist der Vorschlag gestorben. Geben Sie sich und dem Team genug Zeit zum Ausprobieren. Beachten Sie den **Welpenschutz**. Während der Experimentierphase keine Kritik (kritische Punkte aufschreiben, bei der Evaluation einbringen). Die Auswahl der Hacks kann z. B. durch eine Punktabfrage erfolgen, Dabei könnte ein „red dot" für Einspruch stehen, der dann aber auch zu begründen ist. Frederic Laloux (2015) empfiehlt zur Entscheidung ohne Hierarchie die 5-Finger-Methode: 5 = voll okay, 4 = okay, 3 = egal, 2 = kritisch, 1 = veto – dann bitte einen Gegenvorschlag einbringen.

Auch hier gilt: Versuch macht klug! – Sie haben aber eine Chance für Zeitersparnis und eine bessere Qualität der Zusammenarbeit.

Literatur

De Bono, E. (1990): Six Thinking Hats. London (Penguin)

Kepner, C. H., Tregoe, B.B. (1985): Entscheidungen vorbereiten und richtig treffen. Landsberg a. L. (Verlag Moderne Industrie)

Lindner, A., Richter, I. (2019): Wertstromdesign. München (Hanser)

Jung, B., Schweißer, S. et al. (2020): 8D – systematisch Probleme lösen. München (Hanser)

Linan, S., Meran, R. et al. (2014): Six Sigma Toolset. Wiesbaden (Springer Gabler)
Melzer, A. (2019): Six Sigma- kompakt und praxisnah. Wiesbaden (Springer Gabler)
Rother, M., Shook, J. (2004): Sehen lernen – mit Wertstromdesign die Wertschöpfung erhöhen und Verschwendung beseitigen. Aachen (Lean Management Institut)
Seiwert, L. (2012): Zeitmanagement. Offenbach (Gabal)
Seiwert, L. (2014). Zeitnah. Offenbach (Gabal)
Knoblauch, J, Wöltje, H. (2019): Zeitmanagement. Freiburg (Haufe)
Röhrig, P. (Hrsg.). (2020): Solution Tools. Offenbach (Gabal)
Hoffmann, J. (2021): Scrum. Offenbach (Gabal)
Röpstorrf, S., Wiechmann, R. (2015): Scrum in der Praxis. Heidelberg (dpunkt)
Roard, N., Tappeser, V. (2021): Grundlagen der nachhaltigen Entwicklung: SWOT-Analyse und Lösungsstrategien. Wiesbaden (Springer Gabler).
Schültken, L. et al.(2017): Workhacks. Freiburg-München-Stuttgart (Haufe)

Die kommunikativen Methoden 4

4.1 Moderationstechniken

Der Berufsalltag fordert fast von jedem Mitarbeitenden, in der Lage zu sein, im Rahmen von Arbeitsteams auch einmal ein Meeting moderieren zu können. Dazu sind in den vergangenen Jahren viele ausführliche Anleitungen erschienen. Daher beschränke ich mich auf einige wesentliche Hinweise und Tipps aus der Praxis.

Praxisbeispiel

Dazu als Einstieg wieder eine kleine Geschichte aus meiner Berufspraxis. So wurde ich gebeten, eine Runde von interdisziplinären Teilnehmenden zu einem Produktthema zu moderieren. Pinnwände, Moderationskarten, Stifte und Flipchart standen bereit, als die Beteiligten im Raum Platz genommen hatten. Meine erste Frage nach der Begrüßung „Welches Thema wollen Sie heute bearbeiten?" führte gleich zu Entrüstung. „Das steht doch in der Einladung" – „Das weiß doch jeder" – „Halten Sie sich nicht mit der Vorrede auf". Als Moderator hat man eine gewisse Macht qua Amtes. So bat ich die Runde, dass jeder doch einmal auf eine Karte schreiben mögen, welches Thema heute dran sei. Die Karten wurden eingesammelt und angeheftet. Und siehe da: es gab durchaus unter-

Ergänzende Information Die elektronische Version dieses Kapitels enthält Zusatzmaterial, auf das über folgenden Link zugegriffen werden kann [https://doi.org/10.1007/978-3-662-65790-4_4]. Die Videos lassen sich durch Anklicken des DOI-Links in der Legende einer entsprechenden Abbildung abspielen, oder indem Sie diesen Link mit der SN More Media App scannen.

J. Nowoczin, *„Wie statt Was" – Mit Methodenkompetenz Aufgaben effizient und erfolgreich managen*, https://doi.org/10.1007/978-3-662-65790-4_4

schiedliche Aussagen zum eigentlich „so klaren Thema". Meine nächste Frage war: „Was wollen Sie beim heutigen Meeting erreichen?" Nun ging es um das Ziel. Das gleiche Prozedere. Und die Karten zeigten wiederum Abweichungen, ja teilweise sich widersprechende Zielsetzungen. Einkauf, Controlling, Fertigung, Konstruktion, Vertrieb und Materialwirtschaft waren durchaus noch nicht so weit, in die gleiche Richtung zu rudern. Fazit: Erst wenn für alle Thema und Ziel klar sind und sie sich dazu committet haben, kann eine erfolgreiche Moderation beginnen. ◀

Schritte der Moderation

1. **Einsteigen:** Es geht darum, eine positive Atmosphäre zu schaffen und den Teilnehmern Orientierung zu ermöglichen. Das bedeutet: Stimmung prüfen (Störfälle haben Vorrang), „Spielregeln" festlegen oder daran erinnern, Ablauf der Besprechung vorstellen. Das Was und das Wie!
2. **Sammeln:** Nach der Eröffnung werden die Themen gesammelt. Was ist noch von der letzten Sitzung offen? Was ist erledigt? Neue Themen werden gesammelt, die Tagesordnung abgestimmt. Sind die Themen allen klar?
3. **Auswählen**: Die Gruppe legt die Reihenfolge der Bearbeitung der einzelnen Themen fest. Welches Thema ist besonders wichtig, dringlich, erfolgversprechend, schnell umsetzbar?
4. **Bearbeiten**: Das gewählte Thema wird besprochen. Ideen, Lösungsvorschläge, Fragen werden festgehalten. Nutzen Sie die verschiedenen Methoden (Kartenabfrage, Flipchart). Was nicht zum Thema gehört, aber wichtig ist, kommt in den Themenspeicher. Das Planen schließt sich an.
5. **Planen**: Wurden Maßnahmen überlegt, so werden diese nun in einem Maßnahmenplan (Aktivitätenliste = was, wer, bis wann?) festgehalten. Dafür gibt es Vordrucke. Diese Liste kann auch als Protokoll genutzt werden. Keine Sitzung ohne Maßnahmenplan beenden.
6. **Abschließen**: Kurzer Metalog -> Wie ist es gelaufen? Sind alle zufrieden? Wann und mit welchen Themen geht es weiter? Kritik aufgreifen und positiv die Sitzung beenden.

Besprechungsvorbereitung

Inhaltliche Vorbereitung (Thema/Zielsetzung)

- Worum geht es?
- Weiß ich genug zum Thema und zur Zielsetzung oder muss ich noch etwas in Erfahrung bringen?

- Muss ich Visualisierungen herstellen (lassen) – wovon?
  Methodische Vorbereitung (Ablauf)
- Wie werde ich die Gruppe zum Ziel führen?
- Wie gestalte ich … den Einstieg? … die Themensammlung/-abstimmung? … die Prioritätensetzung? … das Bearbeiten von Thema 1/Thema 2/ …? … das Planen von Maßnahmen? … den Abschluss?
- Maßnahmenplan Vordruck

Organisatorische Vorbereitung (Zeit/Raum/Medien)

- Was muss zu Zeit und Raum geklärt werden?
- Wann soll die Besprechung stattfinden?
- Wie lange soll sie (maximal) dauern?
- Wo soll sie stattfinden?
- Welche Medien brauche ich dazu?
- Was muss ich vorbereiten (lassen)?
- Wie muss die Einladung aussehen?

Persönliche Vorbereitung (Teilnehmer/Heimvorteil)

- Wer wird mit dabei sein?
- Worauf muss ich (besonders) achten?
- Kann ich mir den Besprechungsraum vorher schon ansehen?
- Bin ich im bekannten Terrain (Abteilung, Gebäude, Raum) oder ist es ein „Auswärtsspiel"?
- Welche „Spielregeln" will ich vereinbaren?

Die Abfolge der Bearbeitungsschritte

1. Einsteigen 2. Sammeln 3. Auswählen 4. Bearbeiten TOP1 5. Planen 4. Bearbeiten TOP2 5. Planen 6. Abschließen

Quelle: Josef W. Seifert „Besprechungsmoderation". Gabal-Verlag ◄

Wichtig ist, dass die in einer Besprechung erarbeiteten Maßnahmen in einem Maßnahmenplan festgehalten werden. So weiß jeder, was zu tun ist. Auch Abwesende können das Besprechungsergebnis nachvollziehen. Der Bearbeitungsfortschritt kann übersichtlich dokumentiert werden. Dabei ist es von großer Bedeutung, die Verantwortlichen klar namentlich zu benennen. Allgemeine Formulierungen sind zu unverbindlich (alle, der Meister, die IT) und laufen ins Leere. Das gilt auch für die Terminfestlegung. Eine Wochennummer (KW 25) kann schon zu vage sein, denn was ist gemeint: der Wochenanfang, die Wochenmitte oder erst der Freitag? Vermeiden Sie „Kaugummibegriffe“ wie bald, schnellstmöglich, in der nächsten Zeit usw. Am besten ist ein konkretes Datum: 31.05. – und bitte auch das Jahr noch nennen. Mancherorts wird zudem mit Visualisierungen gearbeitet, wie z. B. dem Viertelkreis: ein Kreis wird in Viertel unterteilt und jeweils ein Viertel ausgemalt, wenn 1) die Aufgabe begonnen wurde, 2) die Aufgabe zu 50 % erledigt ist, 3) die Aufgabe zu 75 % erledigt ist und 4) die Aufgabe vollständig erledigt ist und alle dafür erforderlichen Arbeiten, Regelungen oder Veränderungen umgesetzt wurden.

Wie wichtig das genaue Festlegen von Themen in der Moderation ist, hatte ich schon gezeigt. Verzichten Sie nicht aus Zeitgründen auf diese wichtige Klärung zu Beginn. Sonst wundern Sie sich über den Verlauf bzw. das Ergebnis Ihrer Moderation.

Praxisbeispiel

Wenn Ihre Teilnehmenden den Sinn von exakter Definition des Themas bzw. Ziels nicht einsehen, empfehle ich folgende Gedankenübung:

Starten Sie mit der Aufforderung an die Teilnehmenden: „Denken Sie bitte alle einmal spontan an einen Baum“. Fragen Sie nach 15 sek. ab, welchen Baum der einzelne Teilnehmende vor Augen hat. Sie werden die Bandbreite der Flora erleben, aber auch Doppelungen. Sie haben sich natürlich an der Übung beteiligt und auch an einen Baum gedacht. Nun schildern Sie der Gruppe, was mit dem Baum zu tun ist: „Wir holen uns ein weiches Tuch sowie ein Eimerchen, füllen es mit lauwarmen Wasser, ein Spritzer Spülmittel kann auch nicht schaden, und gehen zu unserem Baum. Nun tauchen wir unser Tuch ein, wringen es aus und wischen vorsichtig, mit Gefühl, jedes Blatt an unserem Baum ab, um es von Staub zu befreien“. – Sie werden großes Unverständnis finden. – Die Apfelbaumdenker haben eher Saft, Mus oder Kuchen im Sinn, die Tannendenker den nächsten Weihnachtsbaum. Alle werden es für wahnsinnig halten, die Tausende von Blättern oder Nadeln putzen zu wollen. Nun lösen Sie auf: Ihr Baum ist der Gummibaum auf dem Höckerchen im Wohnzimmer. Dazu passt Ihr Vorgehen. „Das wussten wir nicht“ – werden Ihre Teilnehmenden einwenden. Genau das ist der „springende Punkt“: Solange wir nicht wissen, worüber wir reden, gehen Vorstellungen und Handlungen in unterschiedliche, womöglich falsche Richtungen. Klären Sie also, um welchen Baum es geht! Das gleiche gilt für die Teile des Baums: Reden Sie über Blätter, Äste, Rinde oder Wurzeln? Oder sprechen sie seine

Früchte an? Oder geht es um die Funktion des Baums im Ökosystem? Machen Sie Thema und Ziel für alle transparent und nachvollziehbar.

Zu dieser Übung steht ein Download zu Verfügung (siehe Abschn. 5.5 Links zu ergänzenden Informationen). ◀

Ähnlich verhält es sich bei Zielen: Haben Sie wahrscheinlich auch schon gehört: Wir wollen besser werden? Super! – Und was heißt das konkret? – Was soll verbessert werden? In welchem Zeitraum? Mit welchem Ergebnis? Wer ist beteiligt? Kann es gelingen? Machen alle mit? Häufig verwechseln wir Wünsche mit Zielen. Ein Wunsch ist ein ersehnter Gefühlszustand. Ziele beschreiben hingegen gedanklich vorweggenommene Ergebnisse in Abhängigkeit von Zeit und Rahmenbedingungen.

Die SMART-Formel zur Zielformulierung ist allgemein bekannt. Ich füge noch ein aus meiner Sicht wichtiges Element hinzu. Hier kommt die SMARTA-Formel (siehe Abb. 4.1).

Zu SMARTA steht ein Download zu Verfügung (siehe Abschn. 5.5 Links zu ergänzenden Informationen).

Denn die Zielerreichung kann nur gelingen, wenn alle bei der Zielfindung eingebunden waren und die Ziele akzeptiert haben. Ansonsten besteht die Gefahr von Missverständnissen und/oder latentem Widerstand.

Zu diesem Thema steht eine Videopräsentation zur Verfügung (siehe Abb. 4.2).

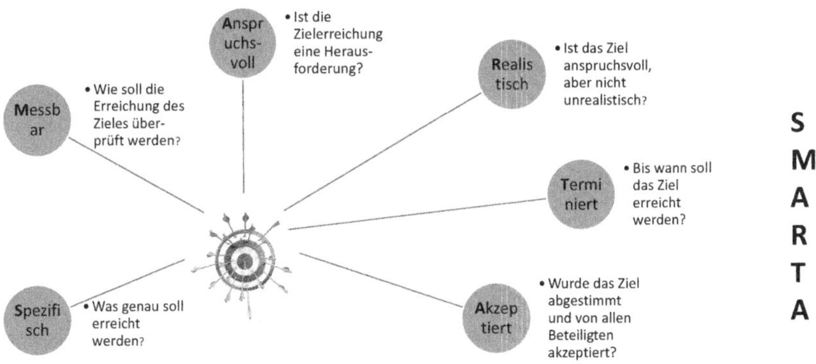

Abb. 4.1 Zielformulierung – Die SMARTA-Formel.

„Wie statt Was" - Tutorial
Session 10: Themen und Ziele

Abb. 4.2 Themen und Ziele ((▶ https://doi.org/10.1007/000-92g))

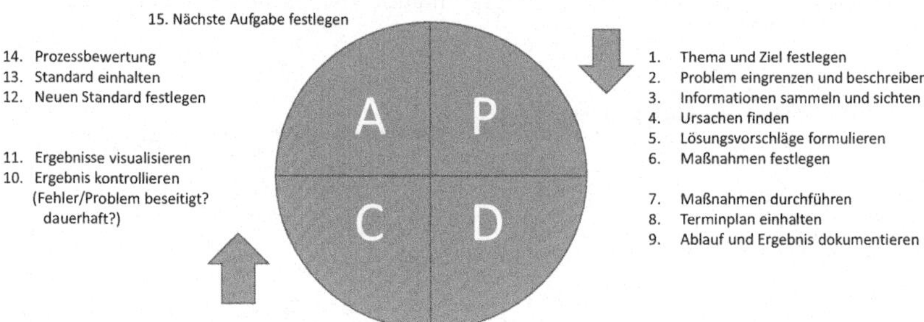

Abb. 4.3 Projekt- und Aufgabenablaufplan.

Der Planungskreis P(Plan) – D(Do) – C(Check) – A(Act) kann ebenfalls zur Strukturierung einer Moderation bzw. eines Arbeitsprozesses eingesetzt werden. Jeder Aspekt macht ungefähr ein Viertel des Gesamtablaufs aus (siehe Abb. 4.3).

Wenn man die Steuerung des Gesprächs nicht nur dem eigenen Empfinden überlassen will, empfiehlt es sich, „Spielregeln" für das Gespräch, das Meeting, den Workshop zu vereinbaren. Dabei kann der Moderator durchaus Vorschläge machen, aber die Festlegung sollte möglichst durch die gesamte Gruppe erfolgen. Trifft sich die Gruppe in gleicher oder ähnlicher Besetzung, muss dieser Abstimmungsprozess auch nicht wiederholt werden. Es genügt der Hinweis auf die weitere Gültigkeit. Mancherorts wird auch einfach ein Plakat mit den „Spielregeln" im Besprechungsraum aufgehängt, sozusagen als permanente Orientierungshilfe. Widerstände lassen sich mit dem Hinweis auf Spielregeln beim Sport aufgreifen:

1. Beim Thema bleiben
2. Ausreden lassen
3. Sachkritik, keine Personenkritik
4. Beschreiben statt bewerten
5. Ich-Botschaften verwenden
6. Fehler sind eine Chance zur Verbesserung
7. Störfallbehandlung vor Sachbehandlung
8. Ärger ansprechen, nicht runterschlucken
9. Ablehnung und Bewertung mit Begründung
10. Es geht nicht um Rechthaben, sondern um Problemlösung
11. Smartphones aus- bzw. stummschalten
12. Ergebnisse (schriftlich) festhalten

Zu den Regeln steht ein Download zu Verfügung (siehe Abschn. 5.5 Links zu ergänzenden Informationen).

Hilfsmittel in der Moderation

Jahrzehnte ist es her, dass Pinnwände und Flipchart erst zögerlich, dann flächendeckend Einzug in die Unternehmen hielten. Erst argwöhnisch beäugt, wurden sie im Laufe der Zeit zu wichtigen Hilfsmitteln beim Bearbeiten von Themen oder Festhalten von Informationen.

Flipchart geeignet für das Festhalten von Informationen, wie z. B. die Abfrage auf Zuruf, d. h., die Teilnehmenden nennen Stichpunkte, die der Moderator notiert. Am Flipchart können die Beiträge nicht sortiert werden. Bei vielen Stichpunkten reicht oft ein Blatt nicht aus, dann folgt ein mitunter lästiges Umblättern oder das erste Blatt wird abgetrennt und separat aufgehängt. Entweder an der Wand oder an seitlichen Armen, die fast jedes Flipchart heute hat. Falls das Flipchartpapier nicht vorperforiert ist, hilft eine Stecknadel zum sauberen Abtrennen des Blattes. Flipchart gibt es mit festen Füßen, auf rollbaren Drehgestellen und in transportabler Form.

Pinnwand eine etwa 120 x 180 große Fläche aus Styropor mit statischen oder rollbaren Beinen. Bei transportablen Versionen kann die Wand mittig geklappt werden. Zum Schutz der Oberfläche und der Möglichkeit des Beschreibens wird die Wand mit einem entsprechend großen Papierbogen bespannt. Sie kann direkt beschrieben werden (wie ein großes Flipchart) oder man heftet Moderationskarten (mit Nadeln befestigt) bzw. Post-Its (selbsthaftend) an. Diese gibt es in verschiedenen Farben, die z. B. bestimmten Themen oder Abfragekategorien zugeordnet werden können. Vorgehensweise: 1) Stichwortsammlung per Zuruf, Sammeln von Karten oder Post-Its. 2) Der Moderator stellt zunächst das Thema vor, zu dem sich die Teilnehmenden äußern sollen, und zwar am besten in Form einer Prozessfrage (z. B. Wie können wir den Umsatz in der Region West steigern?) 3) Die Teilnehmenden haben Stifte (Eddings) und Karten/Post-Its vor sich liegen und schreiben Ihre Ideen auf: je Idee eine Karte, groß, leserlich, mehr als nur ein Stichwort, nicht mehr als drei Zeilen. 4) Der Moderator sammelt nach Ablauf der vorgegebenen Zeit die Karten ein und liest diese nacheinander vor. Um nicht alle Karten des gleichen Teilnehmenden hintereinander zu haben, empfiehlt sich ein Mischen der Karten. Der Moderator heftet die Karten an. Die Gruppe unterstützt bei der Zuordnung von ähnlichen Karten (Clustern). Jede Karte zählt, auch doppelte oder sinngemäß ähnliche werden aufgehängt. Es kann ja durchaus interessant sein, wie oft eine bestimmte Idee genannt wird. Außerdem wäre es wenig wertschätzend gegenüber den Verfassern, doppelte Karten auszusortieren. Es können nun die zusammengehörigen Karten mit einer Überschrift versehen werden. Auch eine Gewichtung durch Klebepunkte kann sich anschließen, um z. B. eine Priorisierung in der Reihenfolge der Bearbeitung vorzunehmen. Alternativ können auch die Teilnehmer die Karten selbst vorlesen und anheften. Die Sortierung folgt dann erst im Anschluss, was u. U. aber mühsamer ist.

Beide Hilfsmittel können z. B. beim Brainstorming (sieh Abschn. 4.1) eingesetzt werden, aber auch für Bewertungs- oder Stimmungsbildabfragen. Zudem eignen sich z. B. Pinnwände für die Open-Space-Moderation bzw. die Litfaßsäule (siehe Abschn. 4.2.)

Abfragen 1) Stimmungsbild zu Beginn der Moderation: Wie fühlen Sie sich heute? Wie sehr ärgert, beschäftigt Sie dieses Thema? Wie hoch sind Ihre Erwartungen an das Meeting? 2) Stimmungsbildabfrage am Ende der Moderation: Wie zufrieden sind Sie mit dem Verlauf/dem Ergebnis des Meetings? 3) Bewertungen: Wie hoch ist der Druck/die Bereitschaft, dieses Thema zu bearbeiten? Welches Thema ist für Sie am wichtigsten?

Gearbeitet werden kann mit dem Ankreuzen einer bestimmten Rubrik. Eleganter ist der Einsatz von Klebepunkten – auch in verschiedenen Farben erhältlich, so dass den Farben auch Bedeutungen zugeordnet werden können, wie z. B. welches Thema ist kritisch? (roter Punkt), was läuft gut? (grüner Punkt). In einem gut sortierten Moderationskoffer findet man zusätzlich Aufkleber mit Fragezeichen, Ausrufezeichen, Herzen, Blitzen – um Themen entsprechend zu kommentieren. Es gibt verschiedene Varianten der Skalierung, die der Moderator bereits vorbereitet hat oder spontan anzeichnet: a) das lachende, neutrale, traurige Gesicht, b) ++/+/+ – 0/-/-- c) 0–10 (siehe Abb. 4.4).

Präsentations technik	Vorteile	Nachteile
Flipchart	• sukzessiver Aufbau der Informationen möglich • vorbereitet oder spontan möglich • flexibel und erweiterbar • Gruppe kann mitarbeiten • wenig Vorbereitungsaufwand	• Transport • eingeschränkte Wiederverwendbarkeit • aufwändig zu dokumentieren • hoher Papierverbrauch
Pinnwand	• sukzessiver Aufbau der Informationen möglich • Abbildung komplexer Zusammenhänge möglich • Elemente vorbereitet oder spontan • flexibel und erweiterbar • Gruppe kann Bild selbst erarbeiten	• Transport • hoher Papierverbrauch • eingeschränkte Wiederverwendbarkeit • aufwändig zu dokumentieren
Whiteboard	• spontan einsetzbar • auch als Magnetfläche verwendbar • Bild leicht änderbar	• fixer Platz im Raum • nicht transportabel • meist unsauberes Bild • eingeschränkte Wiederverwendbarkeit • aufwändig zu dokumentieren
Notebook und Beamer	• Vorbereitung im Vorfeld • auch als Handout verwendbar • Wiederverwendbarkeit • beliebiger Farbeinsatz möglich • geeignet für große Gruppen • animierbar (bewegte Bilder) • Fotos und Videos möglich • Fernsteuerung einsetzbar	• durch Vorbereitung im Vorfeld wenig flexibel • Gefahr der zu kleinen Schrift • Helligkeit stört bei Präsentation • Gefahr der Übersättigung • technisches Versagen möglich • hoher Vorbereitungsaufwand • Gefahr der Automatisierung • Showeffekte können Inhalt überlagern • fördert Konsumhaltung des Publikums

Abb. 4.4 Übersicht der Präsentations- und Moderationsmedien © Nowoczin 2022. All Rights Reserved

„Wie statt Was" - Tutorial
Session 2: Kommunikationsmodelle
• 4 Seiten einer Nachricht
• Transaktionsanalyse
• Konstruktivismus
• Sokratische Differenz

Abb. 4.5 Kommunikationsmodelle © Nowoczin 2022. All Rights Reserved ((▶ https://doi.org/10.1007/000-92d))

Zum Thema Kommunikationsmodelle steht eine Videopräsentation zur Verfügung (siehe Abb. 4.5).

Hinweis bei Lampenfieber el

Wer in der Moderation oder Präsentation nicht so geübt ist, hat vielleicht mit einer gewissen Nervosität zu kämpfen vor dem Start. Da ein kleiner Tipp aus der Praxis:

- Tief einatmen – dabei gedanklich bis 4 zählen dann
- Ausatmen – dabei bis 8 zählen 4 x wiederholen**Weitere Hinweise**

Langsam und laut genug sprechen, Hektik vermeiden, nicht zum Flipchart oder zur Pinnwand sprechen, d. h. während des Schreibens Sprechpause, Blickkontakt zu den Teilnehmenden halten, die Vorgehensweise erklären (z. B. pro Idee eine Karte/Post-It, nicht nur ein Stichwort, nicht mehr als drei Zeilen, Edding benutzen, leserlich schreiben, Anzahl der Klebepunkte vorgeben (Faustregel: Anzahl Themen: 3), max. X Klebepunkte zu einem Thema (sonst Verfälschung, wenn jemand alle Punkte auf ein Thema packt), bei Bedarf anonym Punkte kleben lassen (Flipchart/Pinnwand umdrehen). ◀

In der Zeit von Remote Work und Homeoffice haben sich vergleichbare Instrumente für Online-Meetings entwickelt: Whiteboards, Padlets, Abfragen wie z. B. Mentimeter, Pinnwandportale wie z. B. Mural. Dadurch wurde auch die Videokonferenz interaktiver und interessanter. Wichtig: sich vor dem ersten „live“ Einsatz mit dem Programm vertraut machen, verschiedene Möglichkeiten ausprobieren. Auch den Teilnehmenden eine ausreichende Einführung geben, sofern noch keine Kenntnisse vorhanden sind.

Konstruktivismus
In den 1970er-Jahren war man noch, insbesondere angeregt durch die Münsteraner Schule der Kybernetiker, der Ansicht, Informationen (Zeichen) könnten in der Kommunikation eins zu eins zwischen Sender und Empfänger übertragen werden. Kommunikationsmodelle wie die Transaktionsanalyse, die vier Seiten des F. Schulz von Thun betrachteten dann das Kommunikationsziel beim Sender beziehungsweise die Kommunikationsdeutung des Empfängers. Der Ansatz des Konstruktivismus nach Watzlawick, Beavin und Jackson behauptet neben dem Axiom „man könne nicht nicht kommunizieren“, dass das Verständnis von Information auf die Konstruktion von Wirklichkeit beim Empfänger zurückgeht. Aus diesem Konstrukt entstehen dann ein Selbstbild, ein Bild von anderen sowie das Weltbild des Kommunikanten. Missverständnisse erklären sich daher einerseits durch unterschiedliche Wirklichkeiten bei den Gesprächspartnern (siehe Baumübung, Seite …) und andererseits durch ein Filtern der ankommenden Information auf deren Bedeutung vom Empfänger im Hinblick auf eine Kongruenz der Werte, Erwartungen, Interessen und Bedürfnisse (W-E-I-B) des Empfängers. Hinzu kommt eine notwendig große Schnittmenge beim Zeichenvorrat (also der Sprache) der Beteiligten. Kommunikation ist erfolgreicher, wenn der Sender also das W-E-I-B des Empfängers kennt und weiß, wie dessen Wirklichkeit bezogen auf die kommunizierten Inhalte aussieht (siehe Abb. 4.6).

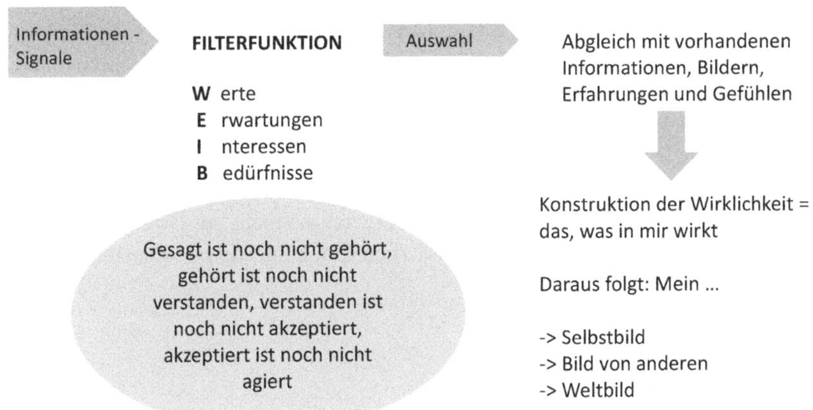

Abb. 4.6 Konstruktivismus.

4.2 Kreativitätstechniken

Zu den neuen Kompetenzen gehören Neugier, Anpassungsfähigkeit, Bereitschaft zu Innovation und auch Kreativität, um ausgetretene Pfade verlassen zu können. Nun kann man sich ins „stille Kämmerlein" zurückziehen und über den eigenen Gedanken brüten, in der Hoffnung, dass am Ende aus „dem Ei des Kolumbus" eine phänomenale Idee schlüpft. Kreativität ist in der Zeit von New Work aber auch immer mehr Teamarbeit. Einige Methoden erleichtern und strukturieren den kreativen Prozess.

Kreativitätstechniken sind Werkzeuge zur Förderung von Kreativität und zielgerichtetem Entwickeln von Visionen, neuen Ideen oder Problemlösungen. Hier nun einige der wichtigsten kurz präsentiert – ohne Anspruch auf Vollständigkeit.

4.2.1 Brainstorming

Bei dieser Methode geht es darum, ausgehend von einer sogenannten Prozessfrage möglichst viele Antworten (Ideen und Vorschläge) in kurzer Zeit zu sammeln. Dabei sind zunächst alle Beiträge willkommen. Erst zu einem späteren Zeitpunkt kann dann gewichtet und priorisiert werden. Die Sammlung erfolgt auf Zuruf -> die Stichpunkte werden notiert. Oder man verwendet Moderationskarten bzw. Post-Its, die dann an eine Pinnwand geheftet werden. Mehr dazu auch in Abschn. 4.1).

Die Methode kann im geschlossenen Kreis praktiziert werden, als Element der Gruppenarbeit mit einer anschließenden Präsentation im Plenum oder auch als „Open-Space-Moderation" mit mehreren im Raum verteilten „Denk-Stellen".

Stehen weder Flipchart noch Pinnwände zur Verfügung, kann auch mit einem Blatt Papier (A4 oder bei großen Gruppen A3) gearbeitet werden. Jeder Teilnehmende schreibt eine Idee auf, reicht das Blatt im Uhrzeigersinn weiter, schreibt eine weitere Idee auf, reicht das Blatt weiter … bis sein eigenes wieder vor ihm liegt. Auf diese Weise multiplizieren sich die Beiträge. Bei kleineren Gruppen kann auch noch eine zweite oder dritte Runde angeschlossen werden. Bei der *Methode 6.3.5* gibt es 6 Teilnehmende, die jeweils 3 Ideen aufschreiben, und das 5 Mal. Der Nachteil dieser Ansätze besteht darin, die Ergebnisse nicht gut für alle nachvollziehbar visualisieren zu können. Grundsätzlich spricht die visuelle Darstellung unsere Sinne besser und nachhaltiger an.

4.2.2 Mind-Map

Die Mind-Map – eine Art „Landkarte der Gedanken" – hilft ausgehend von einem Kernthema, Zusammenhänge und Verbindungen durchzustellen, also die verschie-

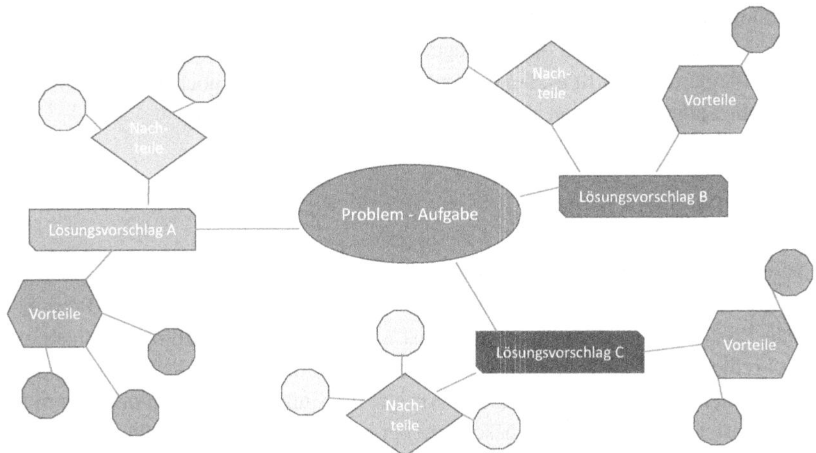

Abb. 4.7 Mind-Map © Nowoczin 2022. All Rights Reserved

denen Aspekte des Themas und die Sichtweisen der Teilnehmenden visuell darzustellen. Der Übersichtlichkeit halber wird mit Stichwörtern, allenfalls Kurzsätzen operiert (siehe Abb. 4.7).

4.2.3 Gruppendiskussion/Gruppenarbeit

Ein seit Jahrzenten bewährtes Vorgehen ist das Bearbeiten von Themen oder Fragestellungen im Plenum und/oder in kleinen Arbeitsgruppen. Eine Gruppendiskussion benötigt in jedem Fall eine Gesprächsleitung, jemanden, der den Gesprächsprozess moderiert. Es muss diszipliniert unter Einhaltung von vereinbarten „Spielregeln" (siehe Abschn. 4.1) gesprochen und ein Verfahren zur Dokumentation der wichtigsten Stichpunkte, Teil- oder Endergebnisse überlegt werden. Gegebenenfalls sollte am Ende ein Maßnahmenplan stehen und eine Vereinbarung, ob und in welcher Form das Thema weitergeführt werden soll. Für Teilaufgaben kann die Gruppenarbeit genutzt werden. Es gibt zwei Varianten: a) Alle Kleingruppen arbeiten am selben Thema und tragen ihre Ergebnisse später im Plenum zusammen. b) Die Kleingruppen erhalten unterschiedliche Teilaufgaben und fügen die Ergebnisse später wie in einem Puzzle zusammen. Bei beiden Methoden erhalten Sie wiederum viele Beiträge in kurzer Zeit. Weitere Vorteile bestehen darin, dass sich Teilnehmende in der Kleingruppe weniger „verstecken" können als im Plenum bzw. auch Zurückhaltende sich eher trauen, einen Beitrag zu leisten. Bei Methode a) erhalten Sie ein breites Spektrum von Aussagen, aber auch ein gewisses Maß an

Redundanz. Bei Methode b) sind Sie schneller, weil parallel unterwegs. Sie verpassen aber die ganze Breite der Beiträge, die jeweils auf nur eine Kleingruppe begrenzt bleiben. Hier hilft es, bei der Präsentation im Plenum noch zu Ergänzungen durch die anderen Gruppen aufzufordern.

4.2.4 Design Thinking

Dieser Ansatz kommt aus dem Projektmanagement und basiert auf dem Wechsel der Perspektive. Primär geht es dabei um die Sicht des Kunden auf ein Produkt, einen Prozess, eine Dienstleistung. Es ist also wichtig, die Zielgruppe genau zu beschreiben, den Markt zu analysieren und das Ziel des Denkprozesses zu definieren. In internen Prozessen hilft dieser Ansatz, im Sinne einer Paradoxie, einseitige Denkmuster aufzubrechen, insbesondere bei interdisziplinären Projekten. So kann es z. B. interessant sein, die Konstruktion eines Maschinenteils einmal aus der Sicht der Fertigung zu betrachten oder die Konstruktion aus der Sicht des Vertriebs. Es ist auch erlaubt, disruptiv zu denken: was müssten wir bzw. ein Mitbewerber tun, um unser Unternehmen, unser Produkt, unsere Dienstleistung zu zerstören. Was liegt hinter dem offensichtlichen Bedarf des Kunden. In ihrer Ideensammlung 77x Design Thinking schildert Ingrid Gerstbach (2021) das Bespiel vom Rasenmäher. Man braucht das Gerät vordergründig, um das Gras zu schneiden und kurz zu halten. Eigentlich aber geht es darum, dass die Rasenfläche gepflegt aussieht. Also wäre dem Kunden auch geholfen, wenn er einen Rasen säen könnte, der nicht weiter wächst und das Mähen überflüssig macht.

4.2.5 Alphabetmethode

Jeder Teilnehmende schreibt auf ein Blatt Papier die Buchstaben von A bis Z. Besser noch: Sie schreiben die Buchstaben auf eine Pinnwand. Nun gilt es, zu jedem Anfangsbuchstaben eine Idee zu kreieren. Entweder jeder für sich oder in Form einer lebhaften Diskussion einer oder mehrerer Gruppen an der Pinnwand.

4.2.6 Rollen- oder Perspektivtechniken

Beim Design Thinking ging es schon in diese Richtung. Der Vater von Mickey Mouse und Donald Duck, Walt Disney, wählte noch einen etwas weiterführenden Ansatz. Bei ihm gibt es die Diskussions- und Argumentationsrollen des Realisten, des Träumers und des Kritikers. Der Realist ordnet und bewertet Daten, Zahlen, Fakten und orientiert sich an dem, was machbar ist, unter Einhaltung der

Rahmenbedingungen von Kosten und Ressourcen. Der Träumer denkt in Visionen, out of the box, folgt seiner Fantasie und „spinnt“ mal, was denn sein könnte. Der Kritiker prüft die Ideen und Vorschläge und stellt Rückfragen. In einer Diskussionsrunde können die Rollen auch mehrfach vergeben werden.

Vergleichbar ist der methodische Ansatz von Edward De Bono. Im Management ist häufig die Frage relevant, wer denn für eine bestimmte Frage den Hut auf hat. Bildlich gesprochen verteilt De Bono sechs verschiedene Hüte mit differenten Sichtweisen. Die Köpfe unter diesen Hüten betrachten nun das Thema, die Frage, die Aufgabe aus dieser speziellen Perspektive. Im Einzelnen sind dies:

1. Analytisches Denken - d.h. Orientierung an Zahlen, Daten Fakten
2. Ordnendes Denken - d.h. Orientierung an Abläufen und Prozessen
3. Kreatives Denken - d.h. Orientierung an Innovationen und Ideen
4. Optimistisches Denken -d.h. Orientierung an Chancen und Potenzialen
5. Emotionales Denken - d.h.Orientierung an Gefühlen und Beziehungen
6. Kritisches Denken - d.h. Orientierung an Risiken

Alle Denkweisen werden zunächst separat (von verschiedenen Personen oder Teams) bearbeitet. Dann erfolgt der Abgleich in der Zusammenführung der Denkergebnisse. Daraus wiederum entsteht eine Strategie für die weitere Vorgehensweise sowie ggf. eine konkrete Maßnahmenliste für die nächsten Schritte (siehe Abb. 4.8).

4.2.7 Die Retromethode

Die Denk- und Sichtweise bei diesem methodischen Ansatz ist rückwärts gerichtet. Es geht darum, ob ein bestimmtes Thema, eine spezielle Problemstellung schon einmal vorgekommen ist. Was ist wo dazu dokumentiert? Was lief dabei gut? Wel-

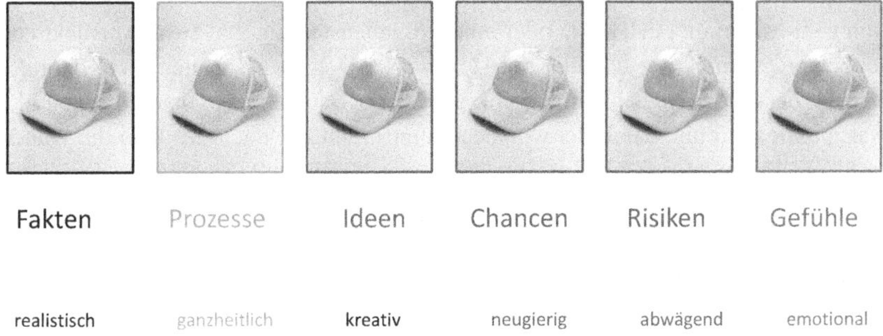

Abb. 4.8 Rollen- und Perspektivwechsel. © Nowoczin 2022. All Rights Reserved

che Fehler, Probleme tauchten auf? Wie sind diese behoben worden? Was waren die Konsequenzen? Was lässt sich auf die aktuelle Situation übertragen?

4.2.8 Die Osborn-Methode

Benannt nach Alex Osborn, dem Urvater des Brainstormings, ist dies eine besondere Fragetechnik, die hilft, eine Fülle von Informationen zu erhalten und auszuwerten.

- **Adaptieren?** Wofür kann ich es noch verwenden? Welche Bedingungen können geändert werden?
- **Anpassen?** Weist das Problem auf andere Ideen hin? Kann etwas übernommen werden?
- **Verändern?** Was lässt sich ändern? Welche Eigenschaften lassen sich umgestalten?
- **Vergrößern?** Lässt sich etwas hinzufügen? Lässt sich etwas verstärken?
- **Verkleinern?** Lässt sich etwas wegnehmen? Lässt sich etwas abschwächen?
- **Ersetzen?** Was lässt sich ersetzen? Kann man etwas austauschen?
- **Umordnen?** Kann die Reihenfolge geändert werden? Kann an der Struktur etwas verändert werden?
- **Umkehren?** Kann der Ablauf umgekehrt werden? Wie sieht das Gegenteil aus?
- **Kombinieren?** Können Ideen verbunden werden? Kann die Idee in Teile zerlegt werden?

Eine noch detailliertere Liste von Fragen wird Osborn-Checkliste genannt.

4.2.9 Paradoxie und Provokation

Nun geht es darum, ein Thema oder eine Aufgabenstellung mal etwas verrückt zu betrachten. Verrückt ist nämlich die Denkweise. Denn wir schauen nicht darauf, was die beste Idee oder Lösung wäre, sondern betrachten das genaue Gegenteil. Was müssten wir tun, damit der worst case eintritt und die Sache voll vor die Wand läuft? Wie könnten wir das Problem noch verschlimmern? (Siehe auch paradoxe Intervention Abschn. 4.1). Meist erfolgt diese Ideensammlung mit viel Begeisterung bei den Teilnehmenden, weil man mal „anders" an die Sache herangeht. Auf eine ähnliche Art und Weise verrückt ist das Nachdenken über den Weg der Provokation. Sie formulieren die Frage „Was wäre, wenn …" und setzen verschiedene Szenarien ein. Was wäre wenn, …

- … es kein begrenztes Budget gäbe?
- … der Fertigstellungstermin 4 Wochen später läge?
- … das Unternehmen frei von Hierarchien wäre?
- … der Kunde mit am Tisch säße?
- … wir drei Wünsche frei hätten?

In der einschlägigen Fachliteratur finden sich weitere Beispiele für Kreativtechniken.

4.3 Kollegiale Beratung – Potenziale im Unternehmen nutzen

Schauen wir einmal auf die aktuellen Herausforderungen und Fragestellungen:

- Wie gehen wir mit den Ängsten und Sorgen der Mitarbeitenden um?
- Wie sieht bei uns die „neue Normalität" in der Coronazeit aus?
- Welche zwischenzeitlichen Veränderungen wollen wir beibehalten (z. B. Homeoffice), welche zurücknehmen?
- Welche Prozesse können ganz entfallen oder sollten neu gestaltet werden?
- Welche neue „Onlinekultur" hat sich etabliert?
- Welche Auswirkungen sehen wir im Blick auf unsere Märkte im In- aber vor allem auch im Ausland?
- Was haben wir bisher aus der Krise gelernt?

Und jetzt können wir uns noch die Frage stellen, welche Strategien, Methoden und Werkzeuge uns bei der Beantwortung dieser Fragen hilfreich wären. Ein mögliches Konzept möchte ich Ihnen nun kurz vorstellen und ans Herz legen. Seit mehr als 20 Jahren initiiere und begleite ich die „Kollegiale Beratung" in Unternehmen.

Die Kollegiale Beratung ist das ideale Tool, um Ihre Fach- und Führungskräfte für die Erfordernisse der modernen Arbeitswelt zu trainieren. Durch dieses Konzept können Sie mit bereits vorhandenen Mitteln die Effizienz und Agilität in Ihren alltäglichen Prozessen steigern und so einen wertvollen Beitrag zur Unternehmens- und Personalentwicklung Ihres Business leisten.

Die Kollegiale Beratung zeigt Ihnen,

- wie Sie Ihre internen Erfahrungs- und Wissensressourcen optimal nutzen,
- den Wissenstransfer zwischen Abteilungen verbessern und
- eine kontinuierliche Weitequalifizierung der Fach- und Führungskräfte fördern.

Kollegiale Beratung stärkt somit das Management bei seinen Aufgaben, motiviert die Mitarbeitenden durch Partizipation an Wissen und Prozessgestaltung und bietet eine Plattform für Reflexion, Weiterentwicklung und Innovation (Abb. 4.10).

Sie möchten wissen, was Kollegiale Beratung genau ist und wie Sie funktioniert?

Hier ein kurzer Überblick:

- **Ursprung**
  Die Methodik stammt aus der Gesprächstherapie und fand seit Anfang der 2000er-Jahre in angepasster Form Eingang in Unternehmen.
- **Zielgruppen**
  In erster Linie Führungskräfte, aber inzwischen auch eingesetzt bei Projektleitern, Fachkräften (z. B. IT) oder im Vertrieb
- **Rahmenbedingungen und Varianten**
  classic: 8–10 Teilnehmer treffen sich quartalsweise für einen Tag und beraten sich gegenseitig zu Anliegen und Problemstellungen, die Teilnehmer in die Runde einbringen. Die Gruppe sollte interdisziplinär, aber hierarchie-homogen besetzt sein. Es gilt die Vereinbarung der Vertraulichkeit.

  digital: alternativ zur Präsenzberatung funktioniert es auch per Videokonferenz. Dabei besteht zudem der Vorteil, dass keine Reisezeiten bzw. – kosten anfallen.

  interplaced: die Teilnehmenden kommen nicht aus einem, sondern mehreren Unternehmen, allerdings anderer Branchen.

  special: offene Beratungssequenz mit einem Experten zu einem bestimmten Thema
- **Rollen:** Ratsuchender (bringt das Anliegen ein), Berater (stellt Fragen und moderiert den Beratungsprozess), Gruppe (unterstützt, fragt nach und entwickelt Lösungsansätze bzw. – vorschläge) (siehe Abb. 4.9)
- **Ablauf:** Die folgenden Abbildungen zeigen den idealtypischen Ablauf einer Kollegialen Beratungssequenz in Anlehnung an das 5-Phasen-Modell (vgl. Schulze/Lohkamp) (siehe Abb. 4.10 und 4.11)

(1) Kernthemen finden sich auf der Sachebene des Anliegens (z.B. Umfeld, Organisation)

(2) Lernthemen beziehen sich auf die Person der Ratsuchenden (z.B. Verhalten)

Mit „Lernthemen“ wird stärker auf die Persönlichkeit der Ratsuchenden abgehoben. Defizite, Lücken und Baustellen in ihrem Umfeld oder ihrer Person werden aufgezeigt, an denen sie, unabhängig von anderen Sachaspekten

Moderator
Ratsuchender
Berater
Gruppe

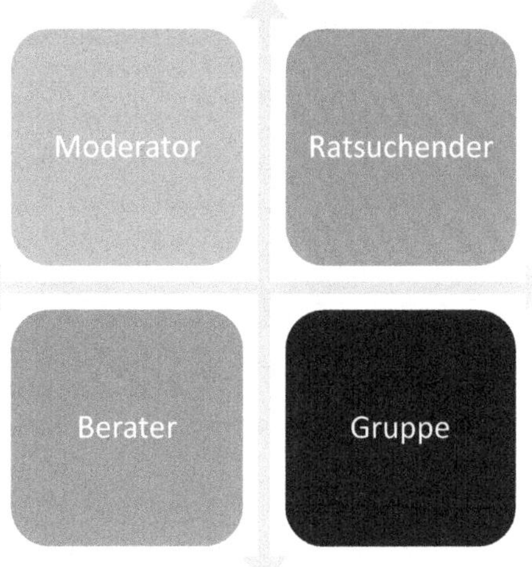

Abb. 4.9 Rollen der Kollegialen Beratung. © Nowoczin 2022. All Rights Reserved

Vorgehen
Exploration
• Beschreibung des Anliegens
• Fragen
• Ziel der Beratung
Feedback
• KLEINGRUPPENARBEIT
• Lernthemen und Kernthemen
Reaktion
• Rückmeldung
• Überprüfung des Beratungsziels
• Auftrag

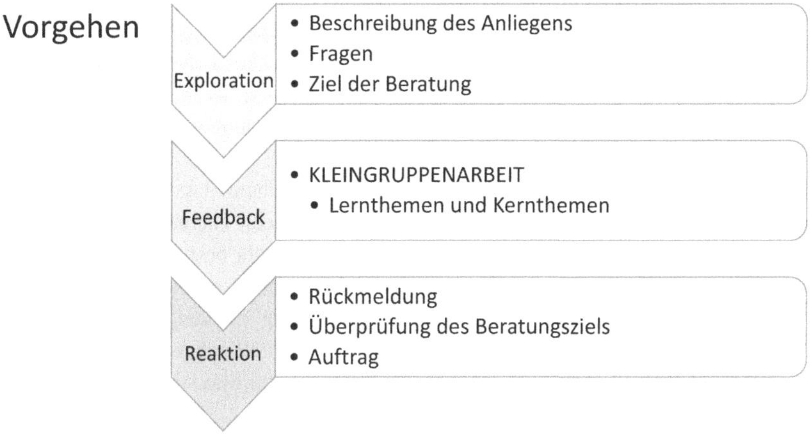

Abb. 4.10 Kollegiale Beratung – Ablauf I. © Nowoczin 2022. All Rights Reserved

des Anliegens, arbeiten sollten. In meiner Praxis als Begleiter von Beratungsgruppen kam es immer wieder vor, dass das Beratungsziel vom Kern- in den Lernbereich wechselte, weil durch das Gruppenfeedback dem Ratsuchenden deutlich wurde, dass er nicht im Stau steht, sondern selbst der Stau ist. Daraus ergab sich dann die Aufgabe, nicht primär die Mitarbeitenden zu „ändern", sondern die eigene Einstellung oder Verhaltensweise.

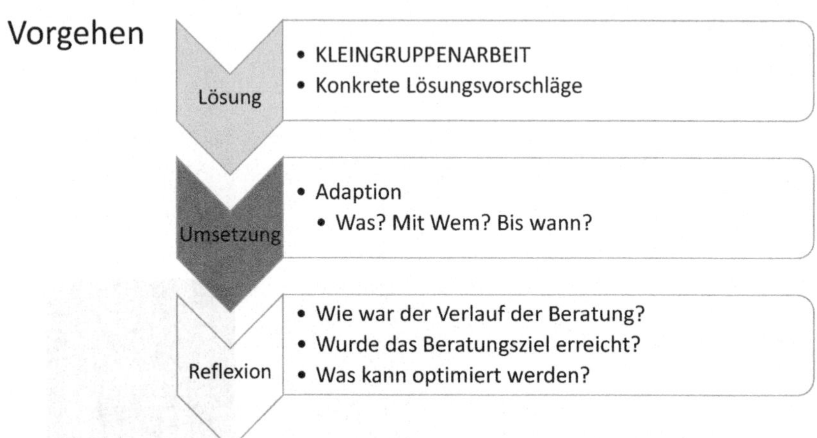

Abb. 4.11 Kollegiale Beratung – Ablauf II. © Nowoczin 2022. All Rights Reserved

(3) *Gefahr verfrühter Lösungsansätze*
Während der Explorations- und Feedbackphase besteht die Gefahr, zu früh in Lösungsansätzen oder -vorschlägen zu denken. Dies kann aber eine in die Tiefe gehende Analyse der Fallschilderung behindern. Deshalb müssen Berater und Gruppe sehr sensibel für eine solche Abweichung sein.

(4) *Ausweichmanöver*
Während der Reaktionsphase gilt es darauf zu achten, dass der Ratsuchende zwar das Recht hat, aus der Fülle der vorgeschlagenen Themen seine weiteren Schwerpunkte abzuleiten, dass jedoch auch die Gefahr besteht, dass „unangenehme" Punkte, insbesondere wenn sie den Bereich „Lernthemen" betreffen, gern ausgeblendet und für die Weiterbearbeitung gemieden werden. Hier kommt Berater und Gruppe die Aufgabe zu, respektvoll, aber auch konsequent nachzuhaken. Wichtig ist am Ende der Phase ein für alle stimmiges weiteres Beratungsziel.

Für die Klärung des Anliegens in der Explorationsphase verwenden wir einen umfangreichen Fragenkatalog (siehe Abschn. 4.4).

Zur Visualisierung arbeiten wir mit Flipchart, Pinnwand und Post-Its. Der Ratsuchende kann die von der Gruppe präsentierten Ergebnisse mitnehmen oder die Wände abfotografieren.

Lange Zeit war man der Meinung, dass Kollegiale Beratung nur in Präsenz funktionieren kann. Die Coronazeit mit dem Umstieg auf Onlineaktivitäten hat uns gezeigt, dass es sehr wohl geht, und sogar auch noch einige Vorteile mit sich bringt. Wie läuft es digital ab?

- Per Videokonferenz (verschiedene Anbieter)
- Einbindung von Teilnehmern an verschiedensten Standorten (auch international)
- Keine Anreise, keine Hotelkosten
- Auch kleinere zeitliche Einheiten

! Flexibilität für Zeit und Raum !

- Der Moderator übernimmt dabei die Funktion als Host. Er führt anhand der methodischen Arbeitssequenzen durch den Ablauf. Er steuert den Einsatz der Tools und die Visualisierung der Arbeitsergebnisse.

! Die Struktur bleibt erhalten!

- Es ist wichtig, dass man sich sehen kann. Kamera an!
- Es wird vereinbart, ob alle Mikros offen bleiben (Gefahr von Nebengeräuschen) oder sich die Teilnehmenden für einen Redebeitrag freischalten. Bei größeren Gruppen kann es auch sinnvoll sein, sich über das „Handheben" (im Menü „Teilnehmer") zu Wort zu melden, das der Moderator dann der Reihe nach erteilt. Für Fragen zum Vorgehen kann alternativ der Chat genutzt werden.
- Bei kleinen Gruppen bleiben die Teilnehmer unmuted, ggf. mit Wortmeldung (Handhebe-funktion).
- Die „Spielregeln" (Vertraulichkeit, ausreden lassen usw.) gelten weiter.

! Offener Dialog !

- Für die Gruppenarbeitsphasen werden Breakoutsessions genutzt.
- Visualisieren kann man über die Whiteboardfunktion (z. B. die Gruppenarbeitsergebnisse) und das Teilen des Bildschirms.

! Interaktives Arbeiten !

Nutzen
- Führungskräfte lösen ihre Problemstellungen selbst
- Führungskräfte erweitern ihre Beratungskompetenz
- Führungskräfte geben sich Feedback
- Führungskräfte haben ein Forum zum Erfahrungsaustausch

- Führungskräfte stehen in einem effizienten, nachhaltigen und kostengünstigen Trainingsprozess
- Implementierung eines agilen Mindsets
- Teilnehmer lösen Probleme selbst
- Teilnehmer steigern ihre kommunikative und methodische Kompetenz
- Teilnehmer werden gestärkt und motiviert
- Teilnehmer setzen Lösungen um
- Teilnehmer werden nachhaltiger gefördert als bei herkömmlichen Trainings
- Teilnehmer und Unternehmen profitieren vom Erfahrungsaustausch und optimieren ihre Prozesse

Bei 4 Meetings pro Jahr und einer Bearbeitung von 2–3 Anliegen pro Meeting ergibt sich ein Potenzial von 8–12 Problemlösungen pro Gruppe. Wenn in einem Unternehmen also z. B. 15 Gruppen aktiv sind, sprechen wir von einem jährlichen Bearbeitungs- und Lösungsvolumen von über 150 Themen. Hinzu kommt, dass einige in einer bestimmten Gruppe bearbeitete Probleme möglicherweise für das gesamte Unternehmen interessant sind. In solchen Fällen gilt es, die Ergebnisse und Lösungsansätze zu teilen. Dazu bietet sich ein elektronisches Forum an oder auch ein Treffen mit den Sprechern aller Gruppen zum Erfahrungs- und Ergebnisaustausch. Das Sharing ist aber eine fakultative Option der Gruppen. Grundsätzlich gilt die vereinbarte Vertraulichkeit zu Themen und Diskussionsbeiträgen. Von dieser Basis wird auch nach meiner Erfahrung nicht abgewichen (siehe Abb. 4.13).

Zur weiteren Erläuterung steht eine Videopräsentation zur Verfügung (siehe Abb. 4.12).

Zur Kollegialen Beratung steht ein Download zu Verfügung (siehe Abschn. 5.5 Links zu ergänzenden Informationen).

Die Sessions können stundenweise, halb- oder ganztägig durchgeführt werden. Bei Präsenztreffen empfiehlt sich ein ungestörter Ort, wie z. B. ein Hotel außerhalb des Unternehmens. Wir haben dabei sehr gute Erfahrungen gemacht mit einem beziehungsfördernden Einstieg (z. B. gemeinsames Frühstück). Der exemplarische Ablauf eines Ganztagesmeetings sieht wie folgt aus:

• 9.00 Uhr	ggf. Start vorab mit gemeinsamem Frühstück; Begrüßung, Tagesablauf
• 9.20 Uhr	Plenumsrunde: Wie ist es jedem Teilnehmer ergangen?
	- bei der Arbeit?
	- mit den Anliegen vom letzten Termin?
• 9.40 Uhr	Sammeln von Anliegen für den Tag
	- z. B. Minispaziergang + Anliegen auf Karten schreiben
• 10.00 Uhr	Kollegiale Beratung: 1.Anliegen
• 10.30 Uhr	Kaffeepause

(Fortsetzung)

• 10.45 Uhr	Fortsetzung 1.Anliegen
• 12.30 Uhr	Mittagspause
• 13.30 Uhr	Kollegiale Beratung: 2.Anliegen
• 15.00 Uhr	Kaffeepause
• 15.15 Uhr	Kollegiale Beratung: 3.Anliegen
• 16.45 Uhr	Feedbackrunde + Auswertung des Tages
• 17.00 Uhr	Ende

„Wie statt Was" - Tutorial

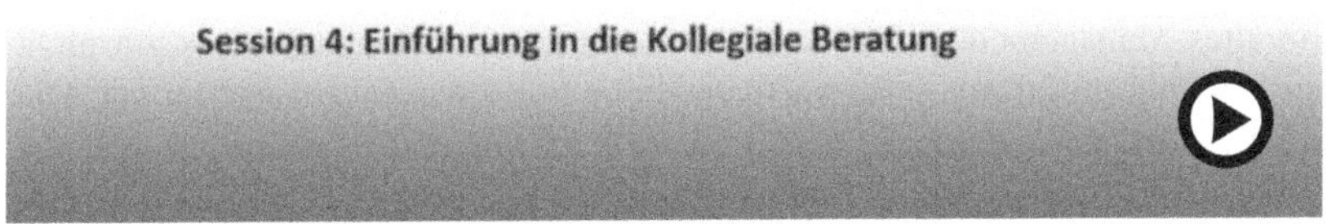

Abb. 4.12 Einführung in die Kollegiale Beratung ((▶ https://doi.org/10.1007/000-92e))

Der Nutzen ist: mehr …

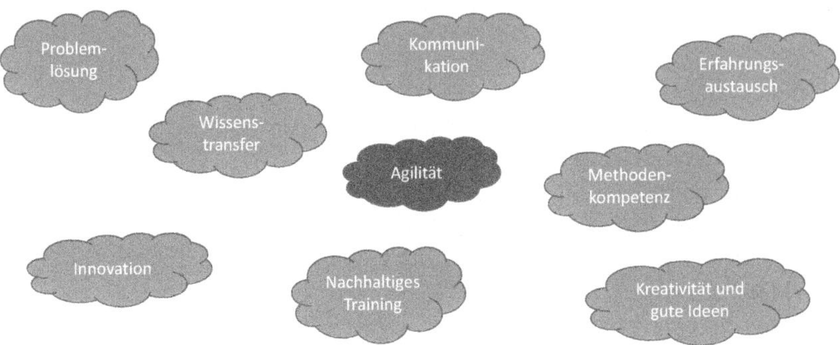

Abb. 4.13 Nutzen der Kollegialen Beratung.

Gemäß unseren verschiedenen Evaluierungen liegt der Wirkungs- und Umsetzungsgrad bei bis zu 70 %. Die Gruppe „controllt“ selbst den Erfolg der Lösungsvorschläge, spätestens bei den nachfolgenden Treffen.

Seit über 20 Jahren wird die Kollegiale Beratung erfolgreich in Unternehmen eingesetzt.

- Mehrfache Evaluierung des Programms: von 88 % Skepsis zu über 90 % Zustimmung, von 10 % Transfereffekt beim klassischen Seminar zu 62 % Umsetzung im Alltagsgeschäft, Bewertung des Programms nach Schulnoten: 1,7
- New Deals Award für innovative Personalentwicklung 2010
- Weiterentwicklung im Rahmen von New Work als „Working out Loud“.
- Ausweitung auf neue Zielgruppen (nicht nur Führung), wie z. B. Projektleiter, Vertriebler, IT'ler

4.4 Fragetechnik

Ein altes Managementsprichwort lautet: „Wer fragt, der führt!“. Das gilt nicht nur für Führungskräfte, sondern für jegliche Form der Gesprächsführung. Die richtigen Fragen an der passenden Stelle in die Kommunikation einzubringen, ist somit ein Kennzeichen erfolgreicher Rhetorik und fester Bestandteil von Kommunikations- und Verkaufstrainings. Nachfolgend sind die wichtigsten Frageformen aufgelistet:

Geschlossene Frage

- Wird mit „Ja“ oder „Nein“ beantwortet
- Zielt auf eine Entscheidung
- Bringt eine kurze Antwort
- Beispiel: *„Hatten Sie einen schönen Urlaub?“*

Offene Frage

- Kann nicht mit „Ja“ oder „Nein“ beantwortet werden
- Zielt auf Informationen
- Bringt ausführlichere Antwort
- Beispiel: *„Was haben Sie im Urlaub gemacht?“*

Informationsfrage

- Verwendet Fragewörter: wer, was, wo, wann, warum
- Zielt auf Informationen
- Beispiel: *„Wo waren Sie im Urlaub?“*

Alternativfrage

- Verwendet die Formulierung „entweder – oder“
- Zielt auf eine Entscheidung zwischen zwei Möglichkeiten
- Rhetorisch wichtig für Verhandlungen: Wenn der Fragesteller zwei für ihn akzeptable Alternativen formuliert, ist die Antwort in jedem Fall ein Erfolg.
- Beispiel: *„Wollen Sie das neue Auto mit Benzin- oder Dieselmotor?“*

Gegenfrage

- Wehrt unangenehme Fragen ab, geht nicht darauf ein
- Zielt auf das Zurückgewinnen der Gesprächs*führung*
- Hält das Gespräch offen
- Kann manipulativ eingesetzt werden
- Beispiel: *Kunde: „Was kostet die neue Maschine?“ – Verkäufer: „Welche Höhe hat denn Ihr Budget?“*

Kontrollfrage

- Stellt fest, ob das Gegenüber noch dem Gespräch folgt
  - ob Kenntnisstand, Argumentation, Gesprächsstand übereinstimmen
  - ob es noch (Verständnis-)Fragen gibt
  - ob eine Entscheidung getroffen werden kann
- Ist Teil des „Aktiven Zuhörens“
- „Wenn ich Sie richtig verstanden habe, meinen Sie …“
- Beispiel: *„Sind noch Fragen offen?“ – „Können wir diesen Punkt abschließen?“*

Suggestivfrage

Eigentlich gehört sie in die Aufzählung mit hinein. Andererseits hat sie einen relativ hohen manipulativen Charakter, so dass sie manchmal mehr schadet als nützt. Man will das Gegenüber für eine Zustimmung gewinnen, selbst entgegen einer anderen Meinung. Im Unterschied zu rhetorischen Fragen wird dazu die erwartete Antwort schon quasi in die Frage hineingelegt. Stimmlage und Tonfall unterstreichen die Absicht, Zustimmung zu erhalten und Widerspruch auszuschließen. Suggestivfragen verfolgen also eine klare Absicht. „Sie sind doch sicherlich auch der Meinung, dass …“ – „Sie wollen doch bestimmt nicht, dass …“ – Sie können diese Form der Manipulation aber auch zielorientiert in ein Gespräch einbringen, so wie Tim Taxis (2016) es beschreibt: „Darf ich gleich zum Punkt kommen?“ fragt der Verkäufer den Kunden. Na, klar. Welcher Kunde möchte nicht auf lange Vorreden verzichten und sich lieber auf das Wesentliche konzentrieren. Damit haben Sie ein Instrument, das Gespräch zu zentrieren und ggf. auch abzukürzen.

Es gibt – je nach Literatur – noch eine Reihe von differenzierteren Bezeichnungen wie z. B. die Einwandfrage (Was spricht dagegen?) oder auch die Kontrastfrage (Wenn es so bei Normallast läuft, wie wäre es bei höherer/geringerer Auslastung?)

Nutzen Sie die gesamte Klaviatur der Fragen, um in Ihren Gesprächen in Führung zu gehen.

Mit dieser Auswahl kann ein Gespräch gezielt vorbereitet, gut strukturiert und zielgerichtet geführt werden. Manchmal ist es jedoch auch hilfreich, schon eine konkrete Formulierung als Beispiel zu haben. Daher nun eine Übersicht der schönsten, elegantesten, zielführendsten oder auch außergewöhnlichsten Fragen aus meinen Seminaren, insbesondere zur Einführung der Kollegialen Beratung:

Zum Problem

- Was war für Sie der Anlass, Beratung zu suchen?
- Worin besteht für Sie zurzeit die Schwierigkeit/das Problem?
- Wer merkt es am meisten? Wen betrifft es am meisten?
- Wer hat das größte Interesse darin, die Schwierigkeit/das Problem zu lösen? (Rangfolge)
- Wie erklären Sie sich das Problem? Gibt es noch andere Erklärungen?
- Wer schließt sich welcher Erklärung an?
- Wenn das Problem noch schlimmer werden würde, wer würde dies am meisten merken?
- Wen würde es am meisten belasten?
- Was müssen Sie und/oder andere tun, um das Problem zu verschlimmern?

Zur Lösung

- Was haben Sie und andere bisher getan, um das Problem zu lösen?
- Was davon war am meisten hilfreich?
- Wer kann am meisten dazu beitragen, das Problem zu lösen?
- Wie können Sie diese Person bei der Lösung unterstützen?
- Wer kann dies noch? (Rangreihe)
- Haben Sie früher schon ähnliche Probleme gehabt?
- Was war da hilfreich?
- Wie lange wird es dauern, bis das Problem gelöst ist?
- Wer hat die größte Bereitschaft, das Problem zu lösen? (Prozentangaben oder Skala benutzen)
- Wie kann ich Ihnen dabei helfen, das Problem zu lösen?
- Was sollte ich auf keinen Fall tun?
- Wie können Sie mir helfen, dass ich Ihnen helfen kann?
- Welche Auswirkungen auf x, y, z hätte es, wenn das Problem gelöst wäre?

Fragen nach Ausnahmen

- Was ist anders, wenn das Problem nicht auftritt?
- Wann war das letzte Mal, als das Problem nicht auftrat?
- Was war da anders?
- Was haben Sie und andere getan, damit es anders sein konnte?
- Angenommen, Sie wollten dies wiederholen und ausweiten, was müssten Sie dann tun?
- Was müssten andere tun?
- Was müssten Sie tun, damit andere dies tun?
- Woran werden Sie/andere erkennen, dass die Ausnahme zur Regel wird/geworden ist?

Wunderfrage

- Angenommen, es passiert über Nacht ein Wunder und Sie wachen auf und das Problem ist gelöst, woran werden Sie es merken, dass das Wunder passiert ist?
- Woran werden andere dies merken, ohne dass Sie es Ihnen zu sagen brauchen?
- Was werde(n) ich (und signifikante andere) Sie tun sehen, am Tag, nachdem das Wunder passiert ist?
- Welche weiteren Anzeichen werden mir/Ihnen/anderen zeigen, dass das Wunder passiert ist?
- Welches wären die ersten Anzeichen, dass Sie sich in Richtung dieses Wunders bewegen (Auflistung/Reihenfolge), ... dass Sie auf dem richtigen Weg sind?
- Was müssen Sie/andere tun, um das Wunder wieder ungeschehen zu machen?

Skalierungsfragen

- Aussicht auf Problemlösung: Auf einer Skala von 1 bis 10, wobei 10 heißen soll, Sie haben alle Zuversicht und 1 bedeutet, Sie haben keine Zuversicht, dass das Problem gelöst werden kann, wo ordnen Sie sich heute ein? Was wäre anders, wenn sie von (genannter Wert z. B. 5) 5 nach 6 kommen würden? Was müssten Sie tun, um von 5 nach 6 zu kommen?
- Motivation zur Problemlösung: Bezogen auf die gleiche Skale, wo würden Sie sich einordnen, was Ihren Willen zur Veränderung angeht? Wo würden Sie andere einordnen? Wo würden Sie andere Beteiligte einordnen?
- Überprüfung des Fortschritts: Lassen Sie uns annehmen, 1 ist der Wert, bei dem wir unsere Arbeit begonnen haben, wo ordnen Sie sich heute ein? Was wird anders sein, wenn Sie sich um einen Punkt nach oben bewegen? Woran werden Sie und andere dies merken?
- Was müssen Sie tun, um sich einen Punkt zu verbessern? Was würde Ihr Vorgesetzter/Mitarbeiter/Kollege sagen, was Sie tun können/müssen, um sich um einen Punkt zu verbessern?

- Überprüfung von Beziehungen: Wie sehr möchten Sie die Beziehung in Ihrem Arbeitsteam verbessern? Wie sehr würde Ihr Kollege bei Ihnen vermuten, dass Sie die Beziehung im Team verbessern wollen? Wie erklären Sie sich, dass er dies mehr/weniger will? Was weiß er über dieses Team, was ihn engagiert erscheinen lässt?

Zu Beginn oder zu Beendigung einer Beratung
- Vorausgesetzt, dieses Gespräch hätte sich am Ende als nützlich erwiesen, was nähmen Sie dann mit?
- Woran werden Sie dies merken?
- Was ist anders, wenn dieses Gespräch erfolgreich/nützlich war?
- Worüber hätten wir dann gesprochen?
- Woran werden Sie erkennen, dass Sie meine Hilfe nicht mehr brauchen?
- Woran werde ich dies merken (in unseren Gesprächen)?
- Was werden die ersten Anzeichen sein, dass Sie mehr und mehr Zuversicht in ihre eigenen Lösungen setzen?
- Woran werden andere merken, dass Sie meine Hilfe/meinen Rat/die Gespräche mit mir, nicht mehr brauchen?

Zum Fragenkatalog steht ein Download zu Verfügung (siehe Abschn. 5.5 Links zu ergänzenden Informationen).

4.5 Aktives Zuhören

Das Aktive Zuhören ist eine Technik, um dem/der Gesprächspartner/in das Gefühl zu geben, verstanden und akzeptiert zu werden. Kern ist es:

- die Aussage des Gegenübers mit eigenen Worten zu wiederholen
  „Sie meinen also …"
- zu kontrollieren, ob das eigene Verständnis richtig ist
  „Wenn ich Sie richtig verstehe, wollen Sie …"
- dem anderen den eigenen Eindruck darzustellen
  „Ich habe den Eindruck, dass …" – „Ich finde, dass …" – „Mein Gefühl ist, dass …"
- dem Gegenüber eine Chance zur Korrektur zu geben

Das Aktive Zuhören verwendet deshalb „Ich-Botschaften". Im Gegensatz dazu legen „Du-Botschaften" den anderen fest, machen Korrekturen schwierig und können die Kommunikation erschweren.

„Du bist unsachlich!"
„Du bist unpünktlich"
„Du bist aggressiv"

4.6 Konfliktbewältigung

An dieser Stelle könnte auch noch ein Beitrag über Kommunikationsmodelle und deren Anwendung stehen. Das würde aber zu weit führen. Daher verweise ich bezüglich der gängigen Ansätze wie

- 4 Seiten einer Nachricht (Friedemann Schulz von Thun)
- Transaktionsanalyse (Eric Berne)
- Konstruktivismus (Watzlawick/Beavin/Jackson)

  auf die entsprechende Fachliteratur. Methodisch greife ich das Thema bei Hinweisen zur Moderation noch einmal auf und zeige am Beispiel des Konstruktivismus, wie man Missverständnisse bei der Bearbeitung eines Themas in Arbeitsgruppen vermeiden kann. Fester Bestandteil von Kommunikation ist aber das Risiko eines Konflikts. Dieser entsteht häufig aus einem Missverständnis, aus Vorurteilen, Stereotypen oder unterschiedlichen Erwartungen und Bedürfnissen der Gesprächspartner. Oder es geht darum, wer Recht hat. Man unterscheidet zwischen Sozialkonflikten (verschiedene Gruppen der Gesellschaft), Rollenkonflikten (Eltern-Kind), Wertekonflikten (Pünktlichkeit, Treue), Verständniskonflikten (unterschiedliche Sichtweisen) usw. Wird der Konflikt im Gespräch schnell erkannt, kann auch zügig gegengesteuert werden. Ansonsten besteht die Gefahr der Eskalation. Friedrich Glasl hat dazu verschiedene Stufen beschrieben. Die Abb. 4.14 zeichnet sie nach. Am Anfang steht die Verärgerung über eine Aussage, ein Verhalten, eine Handlung. Häufig schließen sich Suche nach dem Schuldigen und Vorwürfe an. Der Streit zieht Kreise. Betroffene und Nichtbetroffene teilen ihre Meinung mit. Es wird übereinander statt miteinander geredet. Die Gerüchteküche wird angeheizt. Es bilden sich Gruppen von Followern auf beiden Seiten. Feindbilder entstehen und werden gepflegt. Offene Drohungen, Demontage, Konspiration nehmen zu. Ziel ist immer mehr, den Gegner zu beschädigen. Sieg oder Niederlage.

Für die Konfliktbewältigung im Gespräch hier nun eine einfache Methode in vier Schritten.

1) **Die Situation erkennen**
   - Klären Sie: Was ist los? Gibt es einen Konflikt? Was für ein Konflikt? Was ist das Problem?
   - Wie nehme ich den Gesprächsteilnehmer wahr?
   - Als Einstieg können auch folgende Formulierungen dienen: Möchten Sie darüber sprechen? Ich würde gern Ihre Sichtweise hören. Wie kann ich Ihnen helfen?

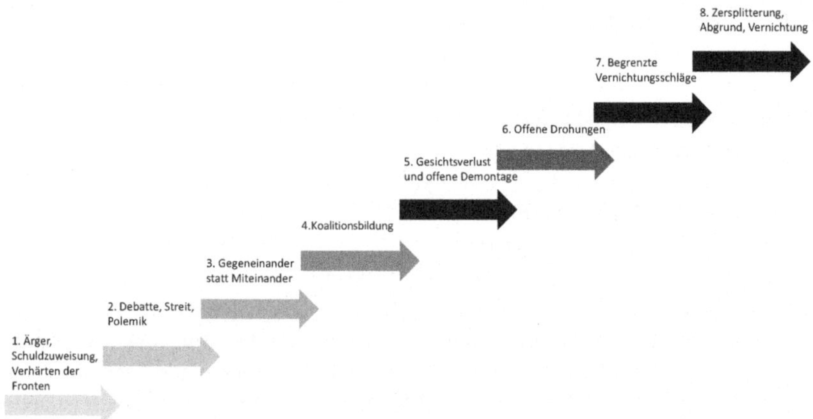

Abb. 4.14 Eskalationsstufen des Konflikts (nach F. Glasl) © Nowoczin 2022. All Rights Reserved

2) **Akzeptanz und Verständnis**
   - Signalisieren Sie Ihrem Gesprächspartner:
     - Ich habe dein Problem verstanden.
     - Ich kann deine Gefühle nachvollziehen.
     - Ich habe ähnliche Erfahrungen gemacht.
   - *Achtung*: Es geht hier nicht um Eingestehen von Fehlern oder Schuld!
   - Nutzen Sie das Aktive Zuhören. Verwenden Sie „Ich-Botschaften".
   - Sind Sie selbst betroffen, können Sie auch Ihre Wahrnehmung beschreiben, die Wirkung, die das Verhalten auf Sie hat und welche Folgen damit verbunden sind/sein können.

     „Auf mich wirkte Ihre Reaktion auf die Frage des Kollegen etwas schroff. Er könnte sich nicht ernstgenommen fühlen."
3) **Informationen sammeln**
   - Was genau ist passiert? Wer ist beteiligt? Seit wann? Welche Ursache? Was ärgert am meisten?
   - Stellen Sie offene Fragen. Lassen Sie sich berichten. Prüfen Sie, ob Sie alles richtig verstanden haben. **Achtung**: Noch keine spontanen Lösungsvorschläge unterbreiten. Ihre Fragen und das Schildern der Sachlage helfen dem Gegenüber, „runter"zukommen.

4) **(Gemeinsam) eine Lösung finden**
   a) Das Gegenüber unterstützen, selbst eine Lösung zu finden (Prio1).
   „Wie kann ich Ihnen helfen?“ – „Wie könnte für Sie eine Lösung aussehen?“ – „Welche Bedingungen müssten für eine Lösung erfüllt sein?“
   b) Lösungsvorschläge einbringen
   „Wie wäre es, wenn …?“ – „Was halten Sie von folgender Idee …“?
   Werden Vorschläge abgelehnt, fragen Sie nach der Begründung und unter welchen Bedingungen es doch gehen könnte.
   - Ich-Botschaft: Den eigenen Eindruck, das eigene Verständnis wiedergeben, das Gegenüber hat eine Chance zu korrigieren.
   - Du-Botschaft: Das Gegenüber wird festgelegt, bewertet, beurteilt, fühlt sich herausgefordert.
   - Beispiel*: „Ich habe den Eindruck dass wir im Moment nicht über die Sache sprechen!“. – „Du bist unsachlich“.*

Zu diesem Thema steht ein Download zu Verfügung (siehe Abschn. 5.5 Links zu ergänzenden Informationen).

Ein besonderes Modell zur Beschreibung von Konflikten findet sich in der Transaktionsanalyse: das Dramadreieck. Wichtig ist es aber, nicht nur die Entstehung des Konflikts zu verstehen, sondern über das Gewinnerdreieck zu einer Konfliktlösung zu kommen.

Zu diesem Thema steht eine Videopräsentation zur Verfügung (siehe Abb. 4.15).

Abb. 4.15 Das Dramadreieck © Nowoczin 2022. All Rights Reserved ((▶ https://doi.org/10.1007/000-92f))

4.7 In den Mokassins des Anderen gehen und von Antilopen lernen

„Wenn es ein Geheimnis des Erfolges gibt, dann ist es das, den Standpunkt des anderen zu verstehen und die Welt mit seinen Augen zu sehen." Henry Ford

In diesem Kapitel möchte ich zeigen, warum Rechthaberei Zeitverschwendung ist und wie das Blockieren von Ideen überwunden werden kann.

4.7.1 Vom Rechthaben

Dazu ein Flipchart mit einer kleinen Geschichte (siehe Abb. 4.16). Sie sehen eine Straße. Oben rechts blickt eine Person auf die Straße und behauptet „Das ist eine Linkskurve!" Weiter unten steht eine Person, betrachtet die Straße und sagt: „Das ist eine Rechtskurve!". Hinter dem Straßenbaum steht eine weitere Person und stellt fest „Ich sehe überhaupt keine Kurve!" Wer von den Dreien hat denn nun Recht? Wissen Sie's? Wahrscheinlich kommen Sie zu der Erkenntnis, dass eigentlich alle irgendwie Recht haben. Und so ist es auch! Jeder hat **aus seiner Sicht** zu 100 % Recht. Das können die drei jetzt endlos ausdiskutieren. Eine solche Diskussion ist Zeitverschwendung und kostet unnötig Energie und vergiftet am Ende noch die Beziehung untereinander. Kennen Sie das von Ihren Meetings? Lassen Sie also die Frage, wer Recht hat, sondern begeben Sie sich auf die Straße der Lösung. Beharren Sie nicht auf Ihrem Standpunkt. Gehen Sie aufeinander zu. Lassen Sie sich auf die Sichtweise der anderen ein. Versuchen Sie einmal, das Thema/Problem von deren Warte aus zu betrachten und zu bewerten. Oder um im Eingangsbild zu bleiben: Laufen Sie mal in den Mokassins der Anderen. Die Chance auf eine erfolgreiche Klärung ist ungleich größer als bei der Rechthaberei. Es ist auch bisweilen ein guter Impuls, das Bild von den Dreien an der Kurve einfach mal kurz aufzumalen und wirken zu lassen. Oft hilft ein Bild mehr als hundert Worte.

Zu diesem Thema steht eine Videopräsentation zur Verfügung (siehe Abb. 4.17).

4.7.2 Blockaden überwinden

Versetzen wir uns mal in die Urgeschichte der Menschheit zurück. Da lief der Steinzeitler mit der Keule über der Schulter durch den Wald auf der Suche nach Beute für die Sippe in seiner Höhle. Plötzlich Bär voraus! Welche Handlungsoptionen hat unser Jäger nun? Analyse? Sich erinnern, was er so über Bären weiß? Eine Strategie entwickeln? Sicher nicht! Es gilt, keine Zeit zu verlieren, sonst hat der Bär sein

Abb. 4.16 Wer hat Recht? © Nowoczin 2022. All Rights Reserved

„Wie statt Was" - Tutorial
Session 1: Warum Rechthaben Zeitverschwendung ist

Abb. 4.17 Rechthaben © Nowoczin 2022. All Rights Reserved
((▶ https://doi.org/10.1007/000-92c))

Abendessen. Die Entscheidung ist: Kampf oder Flucht! Diese Verhaltensweise ist in unserem Stammhirn verankert geblieben, auch wenn uns heute Bären eher als Weingummi in der Tüte begegnen. Flucht oder Kampf lässt unseren Körper aber über das

Ausschütten von Adrenalin das Denken unterbrechen und Energie für „auf ihn mit Gebrüll" oder „Beine in die Hand nehmen" bereitstellen. Dieser Automatismus greift immer dann, wenn uns etwas Angst macht, neu oder ungewohnt ist, gefährlich erscheint usw. Also wird der Chef oder Kollege, der unseren Vorschlag als unbequem, ungewohnt oder bedrohlich empfindet, entweder flüchten: „Dafür habe ich jetzt keine Zeit" –„„Darauf kommen wir später zurück" – „Schreiben Sie das mal auf" oder kämpfen: „Das geht so nicht" – „Das gehört nicht zu Ihren Aufgaben" – Dafür bin ich nicht zuständig". Wie kommen Sie aber dennoch zum Zug? Dazu benötigen wir die Strategie des „Doppel-N" und einen Besuch bei den Antilopen im Zoo. In einem wissenschaftlichen Experiment wurde ein Ballon in ein Antilopengehege geworfen. Entsprechend ihrer Art ergriffen die Tiere erst einmal die Flucht. Der Ballon war etwas Neues, Ungewöhnliches, Bedrohliches. Nach einer Zeit des Abwartens und Beobachtens kam eine Antilope mit Sondierungsauftrag näher, prüfte den Ballon von allen Seiten und stupste ihn mit dem Huf an. Außer dass der Ballon ein wenig zur Seite rollte, passierte nichts. Somit traute sich auch der Rest der Herde näher heran. Etwas später begann so eine Art von „Antilopenfußball". Der Ballon wurde hin und her gekickt, was den Tieren offensichtlich Spaß bereitete. Was führte letztlich zu Akzeptanz und Integration des vermeintlich Neuen und Bedrohlichen? Erstens **N – wie Neugier!** Zweitens **N – wie Nutzen.**

Da wollten die Antilopen doch wissen, was das da für ein Ding ist und was man damit machen kann. (siehe Abb. 4.18) Wie hilft uns diese nette Geschichte im (beruflichen) Alltag? Wenn Sie mit Ihrem Vorschlag, Ihrer Idee nicht in die Blockade laufen wollen, überlegen Sie sich, was Ihr Gegenüber neugierig machen könnte. „Herr Meier, wie wäre es, wenn wir unser Prozessergebnis um 5 % verbessern könnten?" Auf die Frage „wie soll das gehen?" können Sie nun Ihre Argumente, Zahlen und Fakten nennen. Außerdem haben Sie darüber nachgedacht, was für Ihr Gegenüber der Nutzen sein könnte (wie z. B. schnellerer Ablauf, weniger Aufwand, Kostenersparnis, Imagegewinn usw.). Damit ergibt sich die Chance, nun zu einem offenen und konstruktiven Dialog zu kommen. Überwinden Sie also das allseits beliebte „Begründungsdenken" (->„Das geht nicht, weil …") durch ein „Bedingungsdenken" (-> „Unter welchen Bedingungen, Voraussetzungen könnte es funktionieren? Was müssen wir dafür tun? Wollen wir es nicht einfach mal ausprobieren?").

Ich habe zwei einfache Denkansätze für mehr kommunikativen Erfolg und weniger Zeitverschwendung durch unproduktive Diskussionen aufgezeigt. Es ist nun an Ihnen, es einfach mal auszuprobieren. Sie kannten es schon? Zugegebenermaßer habe ich diese Strategien nicht erfunden, aber es lohnt sich, immer wieder einmal daran zu erinnern. Denn oft schlummern auf „unserer Festplatte" gute Ideen und Methoden, von denen wir schon früher einmal gehört, sie dann aber doch zunächst wieder vergessen haben.

Zu diesem Thema steht eine Videopräsentation zur Verfügung (siehe Abb. 4.19).

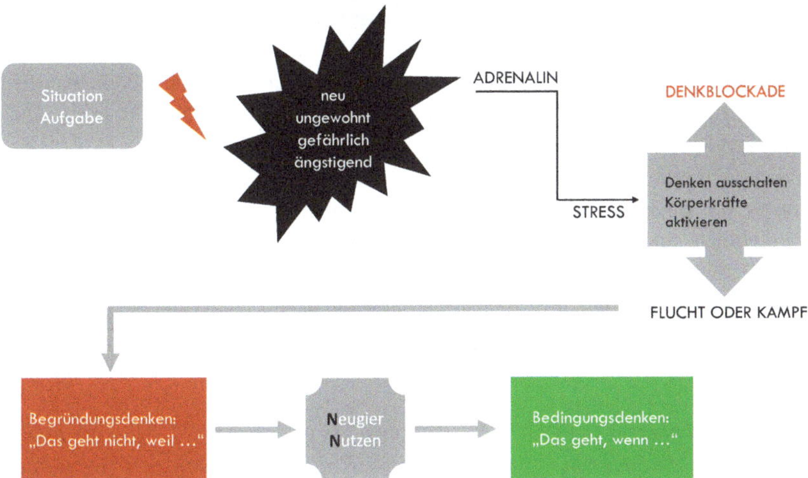

Abb. 4.18 Das Reptiliengehirn – Blockade von Veränderungen.

„Wie statt Was" -Tutorial

Session 3: Vom Reptiliengehirn – Blockaden überwinden

Abb. 4.19 Blockaden bei Veränderungen. ((▶ https://doi.org/10.1007/000-92h))

4.7.3 Vom Umgang mit „Killerphrasen"

Im Zuge von Blockaden, insbesondere beim verbalen Fluchtverhalten, werden gern „Killerphrasen" verwendet, um das Gespräch „zu töten". Nach dem psychologischen Reiz-Reaktion-Schema lassen wir uns auch leicht auf dieses „Spiel" ein und geraten schnell in eine eskalierende Konfrontation. Das muss nicht sein. Nutzen Sie das Spektrum der Fragen, um selbst wieder die Regie des Gesprächs zu übernehmen. Speziell offene Fragen erfüllen dabei eine doppelte Funktion: Das Nachdenken über eine Antwort „beruhigt" das Gespräch und gibt zudem die Chance, über das Sammeln von Informationen die Sachorientierung des Gesprächs zu erhöhen und auf eine Ebene zu bringen, die ein offenes Ergebnis ermöglicht und aus der Sackgasse der „Killerphrase" herausführt. Nutzen Sie die nachfolgende Liste zu Übungszwecken. Beispiel:

„Das funktioniert so nicht!" -> „Warum geht es so nicht?" – „Was spricht dagegen, es zu probieren?" – „Unter welchen Bedingungen könnte es funktionieren?" – „Was müssten wir ändern, damit es machbar wird?"

- Wir haben da so unsere Erfahrungen.
- Das ist neumodisches Zeug.
- Das geht vielleicht in Amerika, Japan … aber doch nicht hier.
- Das haben wir noch nie so gemacht.
- Wo kämen wir hin, wenn wir dauernd etwas ändern?
- Da fehlt Ihnen noch die nötige Erfahrung.
- Versuchen Sie das mal mit unseren Mitarbeitenden.
- So wie es ist, war es doch bisher gut.
- Das kostet viel zu viel Zeit, Aufwand, Ressourcen.
- Hier liegen die Dinge völlig anders.
- Man muss ja nicht gleich alles nachmachen.
- So einfach wie Sie sich das vorstellen, lässt sich das nicht umsetzen.
- Das müssen andere entscheiden.
- Dass dieser Vorschlag von Ihnen kommt, wundert mich gar nicht/schon ein wenig.
- Das passt nicht zu unserer Unternehmenskultur.
- Wir haben genug anderes zu tun.
- Darum können wir uns nicht auch noch kümmern.
- Wer soll das denn machen?
- Haben Sie mit Ihren Aufgaben nicht genug zu tun?
- Das ist nun einmal so/das war schon immer so.
- Davon habe ich noch nichts gehört.
- Die Fakten sprechen dagegen.

- Studien haben gezeigt, dass …
- Theoretisch klingt das ja ganz gut, aber in der Praxis …
- Das können Sie doch gar nicht beurteilen.

4.7.4 Paradoxe Intervention

Schon mal gehört? Klingt irgendwie psychologisch. Stimmt! Sie lässt sich aber auch praxisbezogen anwenden, um schwierige Gesprächs- oder Teamsituationen wieder zu öffnen. Dabei besteht der wesentliche Effekt in der Überraschung des oder der Gesprächsteilnehmenden. Verhalten und agieren Sie so, wie es nicht erwartet wird! Ja, Sie können und dürfen genau das Gegenteil tun.

Ich will es an einem Beispiel aus dem Team Coaching erläutern. Die Stimmung in der Gruppe war schlecht: Grüppchenbildung, gegenseitige Vorwürfe, wenig Engagement, im Untergrund schwelende Konflikte und Unzufriedenheit mit der Teamleistung und den Arbeitsergebnissen. Normalerweise ginge ein Moderator nun auf die Gruppe zu und würde nach den Befindlichkeiten fragen, was also so schiefläuft, was die Kritikpunkte sind, warum die Ergebnisse nicht stimmen. Dieser Ansatz ist nicht grundsätzlich falsch, verliert aber bei wiederholter Anwendung – vor allem, wenn sich dann nichts ändert – an Wirksamkeit. Die Gruppe kam in den Seminarraum und erwartete mit Blick auf die aufgestellten Pinnwände und bereitgelegten Moderationskarten (inzwischen werden eher Post-Its verwendet) wieder (Originalton Teilnehmer) „so eine Auskotzrunde". In den Gesichtern konnte man lesen: „Das bringt doch sowieso nichts!" Es sollte aber ganz anders laufen. Auf der ersten Pinnwand standen die Namen aller Teammitglieder, jeweils eine Spalte. Im ersten Durchgang wurde gebeten, für jedes andere Teammitglied Karten zu schreiben auf die Frage: „Was schätze ich an …?" Verblüffte Gesichter. Statt spontan vom Leder zu ziehen, wurde nachgedacht. Die auf der Rückseite mit dem jeweiligen Namen versehenen Karten wurden vom Moderator in die entsprechende Spalte gepinnt. Spalte für Spalte wurde vom Moderator vorgelesen: „Das Team schätzt an (…) (…)". Die Karten sollten nicht kommentiert, sondern erst einmal nur zur Kenntnis genommen werden. Im zweiten Durchgang lautete die Frage: „Was wünsche ich mir von …?" Gleiches Vorgehen: Schreiben, Anpinnen, Vorlesen. Die Erkenntnisse: Jeder trägt zum Teamerfolg bei. Kritik wird als Wunsch formuliert. Die Negativspirale ist unterbrochen. Das Team kann über Verbesserungen sprechen.

Oder stellen Sie mal einer Gruppe, die zusammengekommen ist, um über Verbesserungen zu reden, und wo das Gespräch zäh läuft, die Frage: „Was müssen wir tun, damit es noch schlimmer wird … wir das Ziel/Ergebnis nicht erreichen … das Projekt scheitert?" Über dieses „Worst-Case-Szenario" kommen Sie dann auf Ideen, wie man es verhindern kann. Ähnlich wäre ein Ansatz, der die Kreativität fördert. „Was würden wir jetzt tun, wenn es keine Vorschriften/Vorgaben/Rahmenbedingungen/Vorgesetzte/Zeitdruck/Geldmangel … gäbe?" Unser Gehirn liebt Neues, wird also besonders wach und aktiv, wenn eine Aufgabe von der bisherigen Routine abweicht.

Die Weisheit der Dakota-Indianer

„Wenn du erkennst, dass du ein totes Pferd reitest, steig' ab!"

Der Mensch als Gewohnheitstier hält gerne, solange es irgend geht, an dem Vertrauten, Bekannten und Bewährten fest. Zum einen dauert es oft sehr lange, bis wir überhaupt merken, dass das Pferd tot ist. Und selbst dann versuchen wir oft andere Strategien, nach denen wir in dieser Situation handeln:

1. Wir besorgen eine stärkere Peitsche.
2. Wir wechseln die Reiter.
3. Wir sagen: „So haben wir das Pferd doch immer geritten."
4. Wir gründen einen Arbeitskreis, um das Pferd zu analysieren.
5. Wir besuchen andere Orte, um zu sehen, wie man dort tote Pferde reitet.
6. Wir erhöhen die Qualitätsstandards für den Beritt toter Pferde.
7. Wir bilden eine Task Force, um das tote Pferd wiederzubeleben.
8. Wir schieben eine Trainingseinheit ein, um besser reiten zu lernen.
9. Wir stellen Vergleiche unterschiedlicher toter Pferde an.
10. Wir ändern die Kriterien, die besagen, ob ein Pferd tot ist.
11. Wir kaufen Leute von außerhalb ein, um das tote Pferd zu reiten.
12. Wir schirren mehrere tote Pferde zusammen an, damit sie schneller werden.
13. Wir machen zusätzliche Mittel locker, um die Leistung des Pferdes zu erhöhen.
14. Wir erklären, dass unser Pferd „besser, schneller und billiger" tot ist.
15. Wir bilden einen Qualitätszirkel, um eine Verwendung für tote Pferde zu finden.
16. Wir richten eine unabhängige Kostenstelle für tote Pferde ein.
17. Wir lassen das Pferd schnellstens zertifizieren.
18. Wir frieren das Pferd ein und warten auf eine neue Technik, die es uns ermöglicht, tote Pferde zu reiten.
19. Wir stellen das tote Pferd bei jemand anderem in den Stall und behaupten, es sei seines.
20. Wir ändern die Anforderung von „reiten" in „bewegen" und erteilen einen neuen Entwicklungsauftrag.

Deshalb ist es so schwer, „alte Angewohnheiten" abzulegen. Dahinter steckt ein aufwendiger neuronaler Umlernprozess, um zu neuen, nachhaltigen Verhaltensweisen zu gelangen. Ich habe das in einem Beitrag zur Adaptabilität näher beschrieben (Nowoczin, J. (2022) „Herausforderungen meistern – mit Neugier und Kreativität Nutzen schaffen". In: Adaptabilität, Offenbach (Jünger Medien)). Hier ein Auszug:

- **„Die Bewertung der Herausforderung**. Ist wirklich eine Anpassung nötig oder kann ich das vielleicht doch mit den bisherigen Werkzeugen, Methoden und Verhaltensweisen bewältigen?

- **Die Definition eines neuen Ziels.** Was ist das neue Ziel? Was ist die neue Vorgehens- oder Verhaltensweise?
- **Die Entscheidung für ein neues Ziel.** Eine klare Absicht, sich auf den Weg machen zu wollen, liegt vor.
- **Schritt für Schritt durch neues Terrain.** Das richtige Tempo finden: Zu schnell kann zum Sturz führen, zu langsam lässt den Prozess stocken oder scheitern.
- **Wissen, dass es mühsam sein wird.** Es wird definitiv Rückschläge geben auf dem Weg. Vielleicht müssen wir nachjustieren, die Landkarte tauschen, die Ausrüstung ergänzen.
- **Dran bleiben.** Der „innere Schweinehund" wird uns bei jedem Stolperstein, jedem Problemchen einflüstern: „Siehste! Es geht nicht. Habe ich dir doch gleich gesagt. Lieber wieder den alten Pfad gehen. Da kennst du dich aus".
- **Ziel erreichen und freuen.** Ein inneres Fest feiern, weil das Ziel erreicht wurde, sich auf die Schulter klopfen, sich belohnen.
- **Wiederholen, wiederholen, wiederholen.** Ziel einmal erreicht, Spannung lässt nach. Und der „innere Schweinhund" wittert seine Chance: „Okay. Das hat geklappt. Aber das war bestimmt nur eine Ausnahme. Auf die Dauer ist das zu mühsam, zu aufwendig, zu teuer. Lass es lieber. Früher war doch besser." Nicht drauf hören. Stattdessen: Gleich noch einmal den Weg gehen. Und noch einmal …

Lesen und Merken
Ein Methodenbuch verführt dazu, alles, was einem so einfällt, zu Papier zu bringen. Das geht aber natürlich nicht. Daher zu den Themen Lesetechnik und Gedächtnistraining nur ein paar kurze Hinweise. Ansonsten sei auf die ausführlichere Fachliteratur verwiesen.

Lesen: Auch im Zeitalter fortschreitender Digitalisierung spielt diese Kulturtechnik noch eine große Rolle. Wie kann man also Texte schneller erfassen? Für Printmedien gilt nach wie vor die gute alte Markierungstechnik, wie z. B.

- Hervorhebungen im Text (Unterstreichung/Textmarker z. B. auch mit verschiedenen Farben unterschiedlicher Bedeutung) für Schlüsselwörter/Kernaussagen
- Markierungen am Rand für wichtige Passagen
- Einkreisen von Textfeldern oder Verbinden von Textfeldern für das Aufzeigen von Zusammenhängen und/oder logischen Folgen
- Das schriftliche Festhalten des Inhalts eines Abschnitts, Kapitels in einem Satz. Alle Sätze des Textes ergeben dann einen schnellen Überblick.
- Das Nutzen von Symbolen und Hinweiszeichen
  - ? am Rand = unklar, Klärungsbedarf
  - ! am Rand = wichtig
  - -> am Rand = dem weiter nachgehen, Literatur
  - * am Rand = Beispiel
  - # am Rand = Zusammenfassung

Diese Struktur lässt sich auch bei elektronischen Texten verwenden. Die Zeichen müssen auch nicht allgemeingültig, sondern können durchaus Ihre eigene Kreation sein.

Merken: Viele werden sich an die Gedächtniskünstler in TV-Shows erinnern. Diese folgen – natürlich in hoher Professionalität und Perfektion – bestimmten Techniken des Gedächtnistrainings. In memoriam Vera Birkenbihl sei an ihren Ansatz erinnert, dass die beste

Gedächtnisleistung erzielt wird, wenn wir beim Lernen oder Merken Fakten mit Bildern (also linke und rechte Hirnhälfte) miteinander verknüpfen. Das ist auch das Prinzip bei zwei Techniken, die ich nun kurz vorstellen möchte.

1) *Mnemotechnik*. Nehmen wir ein einfaches Beispiel. Sie wollen sich die Reihenfolge von Dingen, Aufgaben usw. merken. Lesen Sie nun die folgenden 10 Wörter nur einmal, klappen Sie das Buch zu und schreiben Sie nach einer Minute die Begriffe in der richtigen Reihenfolge auf.

   Kerze – Schwan – Pyramide – Koffer – Hand – Elefant – Fahnenstange – Sanduhr – Golfschläger – Geldschein

   Vergleichen Sie. Alles richtig? Wenn ja, gehen Sie zur nächsten Technik. Wenn nein, lesen Sie weiter.

   Nun werden die Wörter mit Zahlen verknüpft. Stellen Sie sich das bildlich vor.

   - Eine 1 brennt wie eine Kerze.
   - Der Schwan schwimmt wie eine 2 auf dem Teich.
   - Die Pyramide besteht aus 3 Ecken.
   - Der Koffer hat an 4 Ecken Metallbeschläge.
   - Die Hand hat 5 Finger.
   - Der Elefant hat seinen Rüssel zu eine 6 zusammengerollt.
   - An der 7 flattert eine Fahne.
   - Die Sanduhr sieht aus wie eine 8.
   - An der Wand steht ein Golfschläger, Eisen und Griff bilden eine 9.
   - Sie holten aus Ihrer Geldbörse einen 10-Euro-Schein.

   Wiederholen Sie die Übung und denken sie nun an Ihre Bilder: die 1 ist die Kerze, die 2 ist der Schwan, die 3 die Pyramide usw. Die Wahrscheinlichkeit ist groß, dass Sie nun alle Begriffe in der richtigen Reihenfolge erinnern. Was bringt das für den Alltag? Sie können jetzt neue Begriffe verknüpfen. Nehmen wir eine Aufgabenliste für den Tag. Die erste Aufgabe wird mit der Kerze verbunden, die zweite Aufgabe mit dem Schwan usw. Je absurder Ihre Bilder sind, desto besser merkt es sich Ihr Gehirn. Wenn Sie dann später an Kerze, Schwan usw. denken, bekommen Sie ihre Aufgaben gleich mitgeliefert.

2) *Locitechnik:* Das Prinzip ist ähnlich, nur verknüpfen wir nun die Reihenfolge mit Orten oder einem bestimmten Weg. Beispiel: Sie kennen Ihren Weg zum Supermarkt oder zum Arbeitsplatz. Nun gehen Sie gedanklich diesen Weg und platzieren bildlich die Dinge, die Sie einkaufen oder die Sie im Büro erledigen wollen, an bestimmten Stellen Ihres Weges. Sie wollen Nudeln, Ketchup und Salat einkaufen.

   Gedanklich fällt Ihnen, als Sie die Haustür aufmachen, ein Berg von Nudeln entgegen. Der Überweg an der Ampel ist mit Ketchup bedeckt. Sie müssen aufpassen, nicht auszurutschen. Den Eingang zu ihrem Supermarkt versperrt ein riesiger Salatkopf. Gehen Sie jetzt real diesen Weg, liefert das Gehirn die Bilder und sie wissen, was Sie einkaufen wollen. Redner und Referenten nutzen z. B. diese Technik, um zu suggerieren, dass sie frei vortragen. Dabei haben sie zuvor ihre Stichwörter an bestimmten Stellen hinterlegt und gehen nun der Reihe nach entlang.

4.8 Das 30-Sekunden-Statement

Erinnern wir uns an den politischen Wahlkampf, mit vielen unkonkreten Aussagen, Worthülsen und Floskeln. Oder nehmen wir mal das Meeting oder die Fachkonferenz. Nach wie viel eng bedruckten Folien schalten Sie ab? Oder wie lange währt Ihre Geduld, wenn der Präsentator das, was da steht, auch noch Satz für Satz vorliest? Kocht es in Ihnen auch schon mal hoch, wenn im Vordergrund des Vortrags die Selbstdarstellung steht, Sie doch aber eigentlich nur an den Fakten interessiert sind? Unternehmen verschwenden viel Zeit (und damit auch Geld) mit langweiligen und langwierigen Vorträgen. Aber wie kann man das ändern? Appelle, sich kurz zu fassen oder auf den Punkt zu kommen, verhallen oft ungehört oder werden gar als Beleidigung oder Missachtung aufgefasst. Schauen wir doch mal in die Werbung. Sie können gern mal die Zeit eines Werbespots stoppen: in der Regel sind es maximal 30 s. Für langatmige Produkterläuterung ist dort kein Platz, weil die Sendezeit viel zu teuer ist. Die Ökonomie zwingt also zu kompakten Aussagen. Zudem sagt die Werbepsychologie, dass ohnehin nur wenige Informationen in kurzer Zeit wahrgenommen und gespeichert werden können. Der Rest verpufft als unnütze Redundanz. Es ergibt also gleich doppelt Sinn, die eigene Botschaft im Sinne des „Elevator Pitch“ zu komprimieren. Haben Sie alles schon gehört? Klar, ist ja auch nicht neu. Aber halten Sie sich auch dran? Sind Ihre Vorträge, Präsentationen oder Meetingbeiträge zuhörerfreundlich und auf den Punkt ausgerichtet? Oft meinen wir es ja gut mit noch einem Bulletpoint und noch einer Erläuterung. Flugs haben wir 20 oder 30 Folien zusammen und suggerieren uns selbst, dass es darunter nicht geht, die anderen das Thema/das Problem ansonsten nicht verstehen würden.

Das 30-Sekunden-Statement vorbereiten

- Wer sind meine Zuhörer?
- Was wissen sie schon (muss ich also nicht erwähnen)? Was ist neu?
- Was interessiert sie? Welche Information, welchen Nutzen erwarten sie?
- Was ist der Focus, der Brennpunkt meines Statements?
- Mein Ablauf: Aufmerksamkeit wecken Thema nennen Fakt 1, Fakt 2, Fakt 3 … Konsequenz Handlungsaufforderung/Fazit
- Ein Satz, ein Stichwort, eine Aufforderung – etwas mit „Hafteffekt“ zum Abschluss
- Sie haben sich im Vorfeld überlegt, welche Fragen wohl kommen könnten. Ihre Antworten sind deshalb genauso auf den Punkt.;

3-Stufen-Technik: 30-Sekunden-Statement * 1 min Erläuterung * 3 min Details

Zu diesem Thema steht ein Download zu Verfügung (siehe Abschn. 5.5 Links zu ergänzenden Informationen).

Um nicht vom berühmten „Hölzchen aufs Stöckchen" zu kommen, bedarf es zweifacher Disziplin. Zum einen nehmen Sie sich die Zeit, Ihr 30-Sekunden-Statement gut vorzubereiten. Dazu gehört, ein klares Ziel zu formulieren (Purpose), das Sie erreichen wollen. Antizipieren Sie Ihre Zuhörer und deren Erwartungen (Expectation). Konzentrieren Sie sich auf eine Botschaft, einen Gedanken, einen entscheidenden Satz (Content). Erzielen Sie Aufmerksamkeit durch Ihren (ungewöhnlichen) Start, mit einem Aufhänger, einer Kurzstory, einer Begebenheit (Attention). Verwenden Sie Bilder für die Vorstellungsebene (Imagination), bauen Sie auf Emotionen für die Gefühlsebene (Emotion). Wie bei vielen Gesprächen entscheiden der erste Eindruck und die abschließende Botschaft. Vielleicht kennen Sie die AIDA-Formel aus der Werbung, sie passt auch hier: Attention-Interest-Desire-Action! – Eine Checkliste für Ihr 30-Sekunden-Statement finden Sie in der Textbox. Testen Sie einmal, wie lang Ihr Statement geworden ist. Sind Sie im Limit geblieben? Zum anderen halten Sie sich auch beim Vortrag an diese Disziplin. Schweifen Sie nicht ab. Lesen Sie Ihre Folien nicht vor, sondern erläutern Sie mit Ihrem Statement nur noch das, was man ohnehin schon sieht. Dazu gehört auch, dass Ihre Folien diszipliniert gestaltet sind. Enge Textzeilen, eine Fülle von Zahlenkolonnen sind absolut unsinnig. Pitchen Sie, statt zu schwafeln. Schalten Sie den Spot an, statt mit Streulicht zu operieren. Nicht von ungefähr hat das fokussierte Licht eines Laserstrahls mehr gebündelte Energie als eine Glühbirne. Ich empfinde es immer wieder als zielführend bei der Vorbereitung, wenn ich mich auf die Kernaussage konzentriere. Die Zuhörer haben den Nutzen, wenn sie schnell im Bilde sind. Es bringt Ihnen unter Umständen schließlich den Ruf ein, die Dinge mit einer guten Auffassungsgabe schnell zu durchschauen und auf den Punkt bringen zu können.

4.9 Feedback und kritische Gespräche

Im Alltagsgeschäft ist Kommunikation über Handeln und Verhalten unabdingbar und der konstruktive Umgang damit eine Kernkompetenz. Schon informell wird üblicherweise viel geredet, was man so von dem oder der denkt, die Leistung bewertet, die Umgangsformen eingeordnet, wo er oder sie auf der Sympathieskala des einzelnen oder der Gruppe angesiedelt ist. Insbesondere Führungskräfte müssen verschiedenen Formen der Mitarbeitendenansprache beherrschen. Das reicht vom „Smalltalk" über Nachfragen, Weitergabe von Informationen, Erläutern von Arbeitsaufgaben, Diskussion von Ergebnissen, Lob und Kritik bis zu den meist unbeliebten Mitarbeitergesprächen, oft jährlich und in Verbindung mit Zielvereinbarungen und/oder Leistungszulagen. Der Anspruch an Leadership stellt sich sehr differenziert dar. Da agiert mancher auch heute noch nach dem Motto: „Nicht geschimpft, ist genug gelobt!" Andere entwickeln komplexe Anreizsysteme zur Motivation, und haben Sprenger nicht gelesen oder nicht verstanden, der mit dem „Mythos Motivation" schon vor Jahren aufgeräumt hat. (Sprenger, R. (1999) „Mythos Motivation", Wiesbaden). Nachfolgend einige Hinweise (ohne Anspruch auf Vollständigkeit), wie Gespräche/Feedback gelingen können.

Grundsätzlich gilt für schwierige Gespräche:

- **Gründliche Vorbereitung:** Thema definieren, Beispiele/Belege bereit halten, rechtzeitige Information über Termin und Dauer, geeigneten Ort/Raum auswählen
- **Trennung von Person und Verhalten:** die Person ist okay, auch wenn ich ein bestimmtes Verhalten kritisiere. Keine Pauschalkritik, die u. U. das Gespräch verschärft. *Also nicht: „Sie sind ein unpünktlicher Mensch!" Sondern: „Gestern kamen Sie zum Abteilungsmeeting 20 min zu spät. Woran lag das?"*
- **Keine Verallgemeinerungen:** vermeiden Sie Begriffe wie „immer", „dauernd", „nie". Mit dem Satz: *„Nie sind Sie pünktlich. Dauernd kommen Sie zu spät. Immer müssen andere auf Sie warten!"* werden Sie dem Gespräch Wahrheitsgehalt und offene Atmosphäre nehmen.
- **Beschreiben Sie das Verhalten, bevor Sie es bewerten:** schildern Sie *Ihre* Wahrnehmung (wenn Sie sich auf Aussagen Dritter beziehen, sagen Sie das auch). Bitte keine Deutungen, Interpretationen oder Vermutungen. Sie dürfen auch Ihre emotionale Betroffenheit schildern oder wie etwas auf Sie gewirkt hat. Ebenso zulässig ist der Hinweis auf Folgen des Verhaltens (für Kolleg*innen, Kunden usw.). *„Auf mich wirkten Sie in den vergangenen Tagen unkonzentriert. Daher bin ich unsicher, ob Ihnen nicht Fehler unterlaufen könnten."*
- **Nutzen Sie Beispiele, Bilder, Vergleiche, um Sachverhalte zu erläutern** *„Wie würden Sie sich fühlen, wenn der von Ihnen bestellte Handwerker den Termin nicht einhält?"*
- **Formulieren Sie eine vermeintliche Schwäche Verhalten in positive Stärke um** *„In diesem Fall hätte der Kunde umgehend eine Antwort gebraucht. Na-*

türlich ist es wichtig, Informationen sorgfältig zu prüfen, bevor man sie weitergibt."

- **Zeigen Sie Alternativen zur kritisierten Verhaltensweise auf** *„Wie hätten Sie die Situation/Aufgabe/Problemstellung besser bewältigen können?"*

Verhalten ist nicht immer genau „schwarz" oder „weiß", sondern oft situativ bedingt. Mal muss sofort agiert werden, mal ist eine sorgfältige Analyse sinnvoll, ein Schnellschuss eher schädlich. Die Gesprächsatmosphäre sollte sachlich, offen, vertrauensvoll sein. Vorsicht mit der „berüchtigten" Sandwichmethode: positiver Einstieg – Kritik – positiver Abschluss. Wenn Sie diesen Ablauf nicht rhetorisch gut beherrschen, wirkt es eher stereotyp und gekünstelt.

Die möglichen Fehler bei der Vermittlung von Kritik

1. Das Feedback zu hart formulieren. Der Mitarbeiter sieht die Veränderungsnotwendigkeit nicht ein.
2. Das Feedback verwässern, durch das Bestreben, es besonders verträglich zu formulieren. Die zentrale Botschaft kommt beim Mitarbeiter oft nicht an.
3. Nicht zwischen Person und Verhalten trennen.
4. Negative Emotionen mit ins Gespräch nehmen.
5. Etwas einreden, von etwas überzeugen wollen.
6. Mit Vermutungen und Deutungen oder ohne konkrete Bespiele arbeiten.
7. Sich auf Informationen/Meinungen Dritter beziehen.

Die folgenden sieben Regeln helfen ihnen, Ihre Kritik konstruktiv und sensibel zu vermitteln:

1. **Regel: Stellen Sie die Stärken vor den Verbesserungsfehlern dar!**
   - Fangen Sie mit den Stärken des Mitarbeiters an.
   - Sprechen Sie die aufgelisteten Kriterien nicht der Reihenfolge durch, sondern starten Sie mit der Frage nach der Selbsteinschätzung des Mitarbeiters.
   - Beziehen Sie sich dann auf die vom Mitarbeiter genannten Stärken und betonen Sie dabei, wo Sie selbst auch positive Beobachtungen gemacht haben.
   - Fragen Sie den Mitarbeiter anschließend nach Verbesserungsmöglichkeiten.
2. **Regel: Geben Sie positivem Feedback ausreichenden Raum!**
   - Auch positives Feedback ausführlich vorbereiten.
   - Beispiele und Belege für bisher positives Verhalten bereithalten, um die gewünschten Verhaltensweisen des Mitarbeiters gezielt zu verstärken.

3. **Regel: Begründen Sie Ihr Feedback mit konkreten Beispielen**
   - Klarheit in Ihrem Feedback erreichen Sie durch präzise Formulierungen und durch Begründung Ihrer Eindrücke und Einschätzungen anhand von konkreten Beispielen.
   - Beginnen Sie die Darstellung eines Kritikpunktes immer mit der qualitativen Schilderung Ihrer Kritik und untermauern Sie diese mit Fakten und Beispielen.
   - Fassen Sie Ihre Kritik erst nach der Bewertung zusammen.
   - Machen Sie sich während des ganzen Beurteilungszeitraumes immer wieder Notizen, auf die Sie im Beurteilungsgespräch zurückgreifen können.
   - Wichtig ist: Ein Beurteilungsgespräch kann das regelmäßige Feedback nicht ersetzen.
4. **Regel: Schildern Sie Ihre Eindrücke und Wirkungen anstelle von Wahrheiten!**
   - Keine Vorwürfe machen, sondern Kritik an Beispielen belegen.
     - *Beispiel für einen Vorwurf:*
       „Sie sind nicht motiviert."
     - *Beispiel für konkrete Beobachtungen:*
       „In der letzten Zeit melden Sie sich kaum noch für herausfordernde Zusatzaufgaben ..."
   - Die Schilderung von Eindrücken, untermauert von konkreten und haltbaren Beobachtungen, wirkt weniger konfrontativ.
   - Verändern Sie negative Formulierungen in positive Aussagen:
     - Das wird ganz bestimmt nicht funktionieren zu; Ich probiere es aus und hoffe auf ein gutes Ergebnis.
     - Kritikgespräch zu Feedbackgespräch oder Optimierungsgespräch
     - Gibt es noch Einwände? zu; Können wir das so festhalten? Gilt das jetzt als vereinbart?
     - Muss zu - kann, möchte
     - Aber zu Alternativ könnten Sie noch folgendes versuchen
     - Ich habe keine Zeit für Ihr Anliegen zu Am kommenden Montag können Sie mich darauf wieder ansprechen.
   - Die „amerikanische Formel": Erst alles aufzählen, was gut gelaufen ist. Dann darauf eingehen, was (beim nächsten Mal) noch verbessert werden könnte.
5. **Regel: Stellen Sie die Vorteile alternativer Vorgehensweisen dar!**
   - Stellen Sie dar, welche Vorzüge und Vorteile eine andere Vorgehensweise hätte, anstatt aufzuzählen, was der Mitarbeiter alles falsch macht.

- *Darstellung einer negativen Beobachtung:*
  - *„Herr XY, Ihre Präsentation wirkt auf die Zuhörer sehr langweilig, da Sie zu viele Informationen beachten, …“*
- *Darstellung alternativer Vorgehensweise:*
  - *„Herr XY, mit Ihrem Präsentationsstil war ich noch nicht ganz zufrieden. Ich denke hier könnten Sie noch einiges verbessern. Zum Beispiel glaube ich, …“*

6. **Regel: Stellen Sie die positive Kehrseite einer Schwäche dar!**
   - Die meisten Schwächen, die sich in verschiedenen Situationen im Arbeitsalltag zeigen, stellen an anderer Stelle wiederum Stärken dar.
   - Diese Schwächen sollten gemeinsam mit dem Mitarbeiter ausgearbeitet werden.
7. **Regel: Nutzen Sie eine bewährte Feedbackstruktur:**
   - Thema benennen (möglichst einzeln, bei mehreren Themen Reihenfolge einhalten)
   - Konkretisierung der Kritik (möglichst mit Beispielen, keine Allgemeinplätze)
   - Veränderungsvorschlag (mit dem Gegenüber besprechen, abstimmen)
   - Vereinbarung treffen (ggf. mit Zeitpunkt für ein Review)

Beispiele Formulierung für konstruktives Feedback

- *Formulierung zur Ansprache kritischer Feedbacks*
  - Machen Sie Feedback an konkreten Verhaltensbeschreibungen und Beispielen fest!

    „Ich möchte Ihnen dies anhand eines Beispiels erläutern“

    „Mir ist aufgefallen, dass Sie …“
  - Schildern Sie Eindrücke und Wirkungen anstelle von Wahrheiten!

    „Auf mich/die Kollegen/den Kunden hat Ihr Verhalten so gewirkt …“

    „Ich habe den Eindruck gewonnen, Sie …“
  - Stellen Sie die Vorteile alternativer Vorgehensweisen dar!

    „Sie würden sicher davon profitieren, wenn Sie stärker …“

    „Es wäre leichter für Sie, wenn Sie …“
  - Stellen Sie die positive Kehrseite einer festgestellten Schwäche dar!

    „Ich schätze an Ihrem Vorgehen, dass … allerdings kann es auch dazu führen,

    dass …“
  - Führen Sie zu eigenen Einsichten und Vorschlägen

    „Wie würden Sie nun weiter vorgehen?“

    „Was wäre Ihrer Meinung nach nun die richtige Maßnahme?“

    „Welche Ideen haben Sie zur Lösung des Problems?“

– Treffen Sie klare Vereinbarungen
„Bitte arbeiten Sie an dem Thema, setzen Sie die Idee um. In zwei Wochen sprechen wir dann weiter"

Klassisches Feedback kommt meist nicht ohne Bewertung aus: „Sie können sehr gut präsentieren!" Noch besser wäre ein Feedback aufgrund Ihrer konkreten Beobachtungen, die Sie als Beschreibung formulieren: „Sie haben auf mich entspannt gewirkt, klar und deutlich gesprochen und sind auf Fragen der Teilnehmenden gut eingegangen!"

Lob und Anerkennung oder was sonst?
Wie gehen wir denn mit Lob und Anerkennung um, als Verteiler oder als Empfänger? Mancher mag sich noch an einen lange zurückliegenden Autoaufkleber erinnern: „Hast du heute schon dein Kind gelobt?" Was pädagogisch durchaus gut gemeint war, trieb später in einigen Führungskräftetrainings merkwürdige Blüten. Scharen von Vorgesetzten liefen nun durch die Flure und Werkshallen und versuchten mehr oder weniger holprig und unbedacht den Mitarbeitenden – möglichst täglich – ein Lob auszusprechen. Diese waren erstaunt und verwirrt, fragten sich, ob das denn ernst gemeint sei, erkannten im Überangebot schnell die Oberflächlichkeit und sortierten es unter „schon wieder so eine Managementmasche" ein. Die vorher und auch nachher praktizierte Maxime „nicht geschimpft ist genug gelobt" ist auch keine Alternative. Per Definition erfolgt Lob spontan und punktgenau (für einen konkreten Beitrag, eine gerade erzielte Leistung), Anerkennung hingegen ausführlicher und beschreibender (z. B. nach Abschluss einer Aufgabe, eines Projekts). In entsprechenden Studien wird immer mal darauf verwiesen, dass Beschäftigte sich zu wenig gelobt und anerkannt fühlen. Beides sollte aber kein Selbstzweck oder die Abarbeitung von Leadership sein. Mit Sprenger bin ich der Ansicht, dass neben dosierter und zielgerichteter Anerkennung vor allem das (permanente, aber unaufdringliche) Interesse an der Arbeit und Aufgabe der Mitarbeitenden wichtig ist. Hinzu kommen gute Rahmenbedingungen für ihre Tätigkeit. „Denn für die Leistungsentfaltung sind der Zusammenklang von drei Leistungsdimensionen nötig: die Leistungsbereitschaft, die Leistungsfähigkeit und die Leistungsmöglichkeit. (…) Mit Nudging degradiert man Menschen zu einem Reiz-Reaktions-Automaten." (https://newmanagment.haufe.de/leadership/interview-mit-richard-k-sprenger)

Motivation ergibt sich also weniger aus diversen Anreizsystemen als vielmehr aus der Sinngebung und -findung der Aufgabe – neudeutsch häufig etwas überhöht mit „Purpose" umschrieben. Das unterstreicht meine These, dass die größte Motivation aus dem Erleben von Erfolg resultiert.

In diesem Sinne ist Feedback ein Mittel zum Zweck, das Reviewblitzlicht auf dem Weg zur Zielerreichung, so dass Mitarbeitende sich in ihrer Leistung und ihrer Arbeit bezüglich des generierten Nutzens einschätzen und einordnen können. Feedback sollte also neben Anerkennung Wertschätzung einerseits und konstruktiven Hinweisen auf weitere Potenziale andererseits auch Orientierung und – wenn gewünscht und erforderlich – Unterstützung geben.

Die Abb. 4.20 und 4.21 zeigen den Vergleich, und somit die Vor- bzw. Nachteile, von digitalem oder präsentem Feedback auf der einen Seite und dem individuellen bzw. pauschalen Ansatz auf der anderen Seite. Es gilt dabei immer auch abzuwägen, welche Form des Feedbacks für ein Team sinnvoll ist, und welche Themen besser im Einzelgespräch angegangen werden.

Nun habe ich relativ ausführlich das Feedback**geben** beschrieben. Es kann für Ihre persönliche Standortbestimmung und Weiterentwicklung aber auch sinnvoll sein (regelmäßig) Feedback einzuholen, sei es von Kolleg*innen oder Vorgesetzten. Auf was sollte denn der Feedback**nehmer** achten?

- Wenn Sie um Feedback bitten, machen Sie hinterher dem Feedbackgeber nicht zum Vorwurf, dass er es getan hat.
- Seien Sie nicht persönlich beleidigt. Denken Sie auch nicht an Sanktionen für den Feedbackgeber.

Vor- und Nachteile analoger und digitaler Feedbackformate

	Vorteile	Nachteile
Analoge Feedback-formate	Analoges Feedback ermöglicht soziale **Beziehungsgestaltung** durch persönliche Austauschformate und positive **identitätsstiftende** Effekte in Gruppen (z.B. durch gemeinsame Retrospektiven). Es offeriert zudem große **kreative Möglichkeiten** der Prozessgestaltung (z.B. Feedback Walk).	Die Effektivität ist **abhängig** vom Maß an Offenheit und Vertrauen im Unternehmen bzw. Team sowie dem **Reifegrad** der Mitarbeitenden. Analoge Feedbackprozesse sind zudem **weniger flexibel initiierbar** als digitale und abhängig von zeitgleichen Verfügbarkeiten der Beteiligten.
Digitale Feedback-formate	Digitale Formate erleichtern den **systematischen Umgang** mit Feedback- und Folgeprozessen. Sie machen **Standardisierung, Vergleichbarkeit und Benchmarking** möglich. Auch kann durch **niedrigschwellige Angebote** wie Instant Feedback per App der Förderung einer gelebten Feedbackkultur Vorschub geleistet werden. Digitale Tools lassen sich zudem gut **in bestehende Kommunikationskanäle integrieren.**	Der **Anfangsaufwand** kann – durch Einrichtung von Schnittstellen und Konfiguration der Feedbackformate – hoch sein. Es besteht die **Gefahr der Vernachlässigung des analogen Veränderungs- und Folgeprozesses** durch den Fokus auf digitale Instrumente. Haben Mitarbeitende keinen Rechnerzugang (z.B. gewerbliche Arbeitnehmende in Industriebetrieben), müssen alternative Lösungen gefunden werden, etwa der Gebrauch privater Endgeräte.

Quelle: www.managerseminare.de; Simon Werther: Feedback in Zeiten der Agilität, Haufe 2020

Abb. 4.20 Digitales oder präsentes Feedback. [www.managerseminare.de. Heft 278. Simon Werther: Feedback in Zeiten der Agilität, Haufe 2020]

Vor- und Nachteile zentralisierten und selbstgesteuerten Feedbacks

	Vorteile	Nachteile
Zentralisierte Feedbackprozesse	Durch zentrale Steuerung von Feedbackprozessen und deren Inhalten wird es möglich, auch **organisationale und strategische Ziele** über Feedbackverfahren zu verfolgen.	**Individuelle Feedbackbedürfnisse** (z.B. einzelner Personen oder Teams) finden **weniger Beachtung.**
Selbstgesteuerte Feedbackprozesse	Feedbackprozesse lassen sich **individuell, flexibel und bedarfsorientiert** initiieren (z.B. Gruppenfeedback in Projektteams, Feedback Walk, kollegiales Instant Feedback).	Es besteht die Gefahr, dass **Feedback unter den Tisch fällt,** weil das Alltagsgeschäft zu sehr im Fokus steht. Auch **nötige Folgeprozesse können ins Hintertreffen geraten.** Selbstgesteuertes Feedback setzt eine **hohe persönliche Reife und Motivation voraus.**

Quelle: www.managerseminare.de; Simon Werther: Feedback in Zeiten der Agilität, Haufe 2020

Abb. 4.21 Individuelles oder pauschales Feedback. [www.managerseminare.de. Heft 278. Simon Werther: Feedback in Zeiten der Agilität, Haufe 2020]

- Nehmen Sie ein Feedback grundsätzlich als eine Chance, die eigene Performance zu verbessern.
- Denken Sie daran, dass Feedback subjektiv ist. Eine Meinung bildet also nicht die allgemeine Sichtweise ab.
- Hören Sie sich – ohne zu unterbrechen – an, was Ihnen gesagt wird. Verständnisfragen sind erlaubt.
- Gehen Sie nicht in eine Verteidigungsposition. Verzichten Sie auf Rechtfertigungen.
- Reflektieren Sie anschließend, was vom erhaltenen Feedback zutreffen könnte und wie Sie damit umgehen wollen. Holen Sie ggf. weiteres Feedback von anderen zum gleichen Thema ein.

4.10 Systematische Verhaltensbeobachtung

Bei der Wahrnehmung, Bewertung und schließlich Beurteilung von Menschen und ihrem Verhalten können sich Fehler einschleichen (siehe Abb. 4.22). Daher möchte ich mit den folgenden Hinweisen (in Anlehnung an Kuptsch, C./Exler, C. unveröffentlichtes Seminarmanuskript) dafür sensibilisieren.

1. Beobachtungen sollen auf einzelne, bestimmte Verhaltensweisen begrenzt werden.
2. Es besteht inhaltliche Übereinkunft über die beobachteten Verhaltensweisen.

Alltagsbeobachtung	Systematische Verhaltensbeobachtung
Freie Aufmerksamkeit	Gebundene Aufmerksamkeit
Beobachten bedingt keine bewusste Verantwortung	Beobachtung bedeutet bewusste Verantwortungsübernahme
Gleichzeitigkeit von Beobachtung und Bewertung	Zeitliche Trennung von Beobachtung und Bewertung
Wahrnehmungsfehler sind nicht bewusst und haben Wirkung	Wahrnehmungsfehler sind eher bewusst und werden eher vermieden
Beobachtungen werden nicht aktiv behalten	Beobachtungen werden dokumentiert

Abb. 4.22 Systematische Verhaltensbeobachtung. © Nowoczin 2022. All Rights Reserved

3. Beobachtung und Bewertung werden zeitlich getrennt – Beobachtung kommt *vor* Bewertung.
4. Beobachtungen werden dokumentiert (Belegpflicht!).
5. Bewertungen werden selbständig und eigenverantwortlich vorgenommen.
6. Beobachtungen und Bewertungen müssen ausgetauscht und integrativ besprochen werden.
7. Es besteht Übereinkunft über den Bewertungsmaßstab.

Die Abb. 4.23 und 4.24 fassen typische Beobachtungsfehler zusammen.

Hilfen zur Vermeidung von Beobachtungs- und Wahrnehmungsfehlern

- Bereitschaft zu *unvoreingenommenen* Beobachtungen und Bewertungen
- Ausgeprägtes Bewusstsein für die eigene Fehleranfälligkeit
- Aktive Nutzung der systematisierten Beobachtungsunterlagen
- Laufende Aufmerksamkeit und starke Konzentration
- Aktive Überprüfung auf mögliche Fehlerquellen *vor* der Bewertung
- Bereitschaft zu fairen Bewertungen (gegenüber einzelnen und allen)
- Bereitschaft zur Korrektur eigener Beurteilungen
- Häufige Wahrnehmungsschulung

Zu diesem Thema steht eine Videopräsentation zur Verfügung (siehe Abb. 4.25).

"actor observer bias" ⇨ der Beobachter sieht die *Gründe des Verhaltens* bei anderen, die er beobachtet, zu viel in der Persönlichkeit begründet und zu wenig in den situationalen Einflüssen

Halo-Effekt (Überstrahlungseffekt) ⇨ eine dominante Eigenschaft eines Menschen *überstrahlt* weniger ausgeprägte *Charakterzüge* oder Verhaltensweisen in verzerrender Weise

Sympathie und Ablehnung ⇨ Menschen, denen wir uns gewogen fühlen, haben *bessere Chancen*, von uns besser bewertet zu werden als Menschen, denen wir abgeneigt sind

Kontrast-Effekt ⇨ zeitliche Abfolgen und gleichzeitige Beobachtungen unterschiedlicher Menschen *verstärken* ohnehin vorhandene *Differenzen*

Milde-Effekt ⇨ allgemeine Neigung, anderen mit Rücksicht und *zu milden* Beurteilungen ihrer Leistungen entgegenzutreten

Abb. 4.23 Typische Beobachtungsfehler. © Nowoczin 2022. All Rights Reserved

Strenge-Effekt ⇨ allgemeine Neigung, anderen weniger einfühlsam und mit *zu strengen* Beurteilungen ihrer Leistungen entgegenzutreten

Tendenz zur Mitte ⇨ allgemeine Neigung, anderen wenig eindeutig und entschlossen und mit "*gemittelten Bewertungen* " ihrer Leistungen entgegenzutreten

Primacy-Effekt ⇨ Der Effekt des *ersten* (schlechten oder guten) *Eindrucks*, der das Gesamturteil verzerrt

Recency-Effekt ⇨ Der Effekt des *letzten* (schlechten oder guten) *Eindrucks*, der das Gesamturteil verzerrt

Kontakt-Effekt ⇨ Was lange währt (an Bekanntschaft), wird endlich gut (gemacht)

Abb. 4.24 – Typische Beobachtungsfehler (Fortsetzung) © Nowoczin 2022. All Rights Reserved

„Wie statt Was" - Tutorial
Session 7: Beschreiben und Bewerten

Abb. 4.25 Beschreiben und bewerten © Nowoczin 2022. All Rights Reserved ((▶ https://doi.org/10.1007/000-92j))

4.11 Wissenstransfer

„Wissen ist die einzige Ressource, die sich durch Gebrauch vermehrt"

Wissen gilt als zur Anwendung gebrachte Information. Hinzu kommt die intelligente Verknüpfung von Informationen und Erfahrungen in einem unmittelbaren Arbeitskontext, die Handlungskompetenz ermöglicht und sichert. Dabei kommt dem Erfahrungs- und Spezialistenwissen insbesondere der älteren Mitarbeitenden eine besondere Bedeutung zu. Oft kennt nur der oder die eine bestimmte Tricks und Kniffe zur Bedienung einer Maschine, der Bearbeitung eines komplexen Vorgangs oder der Vorgehensweise bei einem Projekt. Oder er bzw. sie verfügt über spezielle interne oder externe Kontakte, die „auf dem kleinen Dienstweg" schnell zu Informationen, Entscheidungen und Ergebnissen führen.

Explizites Wissen Fachlich, artikulierbar, dokumentierbar, abstrahierbar, durch Beschreibung und Erklärung gut vermittelbar (wie z. B.: Regeln, Verfahrensanweisungen, Checklisten usw.)

Implizites Wissen Erfahrungsbasiert, oft undokumentiert, unvollständig, auf konkrete Situationen und Kontexte ausgerichtet, nicht unmittelbar zugänglich oder nachvollziehbar (wie z. B.: Kenntnisse über Netzwerke und Beziehungen, Kunden und Märkte, Strukturen des Unternehmens usw.)

Damit Wissen und Erfahrung beim Ausscheiden von Mitarbeitenden nicht gleich mit in Rente gehen, ist ein methodisch geplanter und systematischer Wissenstransfer erforderlich. In den vergangenen Jahren wurde dazu einiges an Literatur veröffentlicht. Ich beschränke mich auf ein Verfahren, dass ich mitgestaltet und auch in der Praxis angewendet habe.

Warum überhaupt eine solche besondere Methode?

Das Grundproblem

- Fehlende antizipierende Altersstrukturanalyse und Identifizierung von Schlüsselfunktionen
- Man lässt den Experten gehen, ohne sein Know-how zu sichern
- Die Exklusivität seines Know-hows war wohl nicht bekannt.
- Ist der Mitarbeiter erst einmal weg, kann man ihn nur schwer „reaktivieren"
- Klassische Übergaben beziehen sich auf Aufgaben, nicht auf Know-how
- „Geber" wissen oft nicht, was wichtig wäre, weiterzugeben
- „Nehmer" sind sich als „Experten" oft sehr sicher oder wollen sich selbst nicht in Frage stellen (lassen)
- Übergaben laufen oft „ad hoc" – neben dem Tagesgeschäft – unstrukturiert, wenig systematisch/methodisch, somit zu wenig effizient

Daraus ergibt sich ein dreifacher Ansatz:

- Problem: Wissensverlust durch Fluktuation und Personalabbau
- Ziel: Sicherung von Wissen, Kenntnisse, Erfahrungen
- Instrument: Wissenstransfer bei ausscheidenden Mitarbeitern

Im Prozess gibt es verschiedene Rollen und Arbeitsschritte. Der Wissensgebende verlässt das Unternehmen. Der Wissensnehmende wurde zur Nachfolge bestimmt oder zur Übernahme der Aufgaben. Die entsprechende Führungskraft initiiert und begleitet den Prozess, der von einer fachkundigen, neutralen Person (z. B. aus den Bereichen HR oder PE) geplant, gesteuert und unterstützt wird. Für einen fundierten und nachhaltigen Wissenstransfer sollte dieser zu einem Bestandteil des Personalmanagements werden, d. h. als Standard beim Verlassen des Unternehmens Anwendung finden. Es wäre jedoch zu weit gefasst, würde das Verfahren nun bei jedem Abgang zum Zuge kommen. Häufig liegt der Schwerpunkt bei Mitarbeitenden, die in den Ruhestand gehen und zudem bestimmte Schlüsselfunktionen wahrgenommen haben, die ein spezielles Fach- und Erfahrungswissen beinhalten. Der Personalbereich ist insbesondere bei der Implementierung von Wissenstransfer gefordert. Einerseits gilt es, als zuverlässige Datenbasis eine Altersstrukturanalyse durchzuführen. So lässt sich erkennen, wie viele Mitarbeitende in einem definierten Zeitraum (z. B. den nächsten drei Jahren) ausscheiden werden und außerdem, wie viele von ihnen in Schlüsselfunktionen beschäftigt sind. Das Profil dieser Schlüsselfunktionen wird bezogen auf Inhalte, Aufgaben, Verantwortung durch den Personalbereich in Abstimmung mit den Fachabteilungen erstellt. Andererseits führt eine Auflistung der wesentlichen Aufgaben, Zuständigkeiten und Verantwortungen zu den sogenannten Bereichs- bzw. Abteilungsprofilen. Dieser Prozess wiederum ist zunächst sicherlich mit einigem Aufwand verbunden, ermöglicht aber eine Bewertung und Strukturierung hinsichtlich der Frage, welches Wissen, welche Erfahrungen und Skills ein Mitarbeitender für eine bestimmte Stelle, Funktion, Aufgabe mitbringen sollte. Wir haben immer wieder den kathartischen Effekt bei dieser Bestandsaufnahme und Definition sehen können. Nicht selten konnten überkommenen Verfahrensweisen aktualisiert oder Redundanzen in Vorschriften und Beschreibungen eliminiert werden. Allerdings bedarf es – soweit wie möglich – einer rechtzeitigen Vorplanung, wer wann ausscheidet und wie bzw. an wen die Aufgaben übergeben werden sollen. Mit einem empfohlenen Vorlauf von bestens sechs Monaten vor dem Ausscheiden startet dann der eigentliche Wissenstransfer (siehe Abb. 4.26).

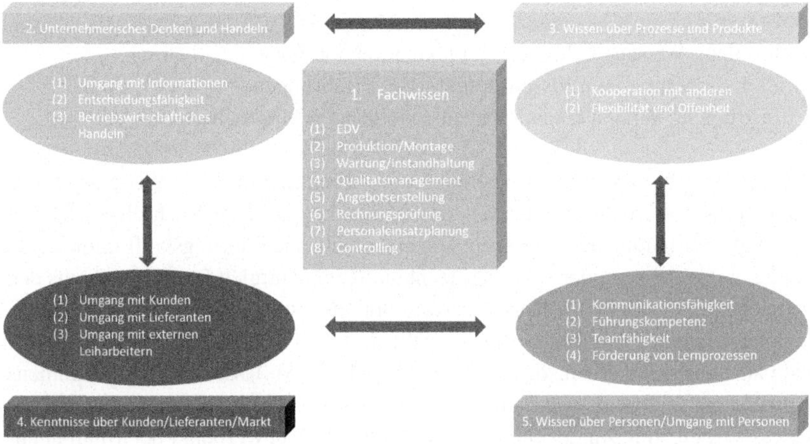

Abb. 4.26 Wissenstransfer Bereiche. © Nowoczin 2022. All Rights Reserved

Die Vorgehensweise

- Systematischer, moderierter Prozess der Wissensidentifikation und -weitergabe
- Beteiligte: Führungskräfte, HR, Moderator, Wissensgebende und -nehmende
- Durchführung
  1) Benennung des Wissensnehmenden
  2) Bereichsliste erstellen – Welches Wissen ist für den Bereich relevant?
  3) Abteilungsliste erstellen – Welches Wissen ist für die Abteilung relevant?
  4) Review mit dem Wissensgebenden (Wissensbaum erarbeiten) – Welches Wissen hat er und hält er für seinen Nachfolger für relevant?
  5) Check der Wissenslisten durch Führungskraft – Welche Wissen benötigen wir zukünftig und wollen wir weitergeben?
  6) Abgleich mit dem Wissensprofil des Wissensnehmers – Was weiß er schon? Welches Wissen muss ihm noch vermittelt werden?
  7) Aufstellen und Durchführen des Transferprozesses vom Geber zum Nehmer
  8) Check, ob der Transferprozess vollständig und erfolgreich war

Es sei noch einmal unterstrichen, dass sich der Aufwand lohnt – bezogen auf bestimmte Positionen und Funktionen, nicht generell. Für das „alltägliche" Geschäft gibt es andere bewährte Ansätze, wie z. B. das Onboarding (die geplante, strukturierte Einarbeitung am neuen Arbeitsplatz) bzw. das Offboarding (Review und Check bei Arbeitsplatzwechsel oder ausscheidenden Mitarbeitenden). Den Prozessablauf zeigt Abb. 4.27.

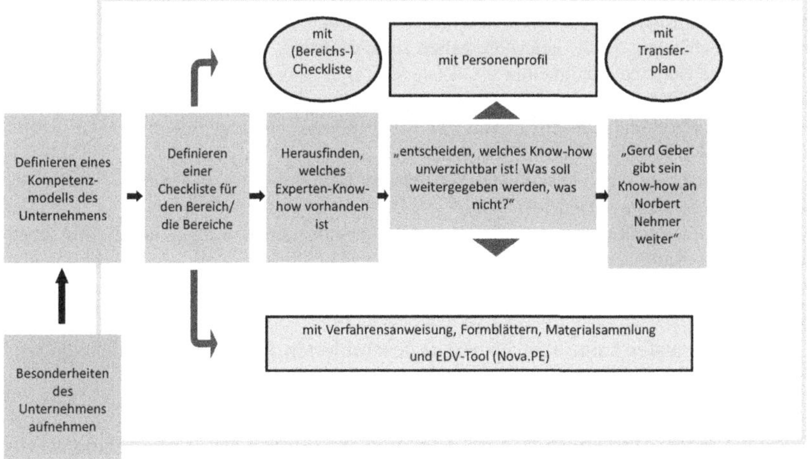

Abb. 4.27 Wissenstransfer Ablauf.

Es ist ein gewisser Aufwand erforderlich, der sich aber lohnt:

- Der Fachbereich reflektiert sein Wissenspotenzial.
- Wissen wird aktualisiert weitergegeben (Updating).
- Der Prozess des Ausscheidens/der Nachfolge gestaltet sich effektiver, optimierter, nachhaltiger.
- Es ist kein genereller Prozess, sondern die Anwendung beschränkt sich auf Schlüsselfunktionen.

Ein mögliches Hindernis beim Wissenstransfer soll nicht verschwiegen werden. Bei turnusmäßigen oder auf eigenen Wunsch ausscheidenden Mitarbeitenden läuft der Prozess in der Regel problemlos. Es muss allerdings ausreichend Zeit für die Transfersessions zur Verfügung gestellt werden. Zwischen Tür und Angel ist es nicht leistbar. Muss jemand das Unternehmen unfreiwillig verlassen, kann es u. U. zu einer Blockadehaltung und Verweigerung des Transferprozesses kommen. Möglicherweise wird dann durch unvollständige oder falsche Informationen der Wissensnehmende ausgebremst.

Erstellung eines Wissensbaums

(in Anlehnung an Jürgen Büscher (2010) von NOVA PE, einem der Pioniere und bis heute Experte für strukturierten Wissenstransfer) und Jana Röder (2015) https://nova-personalentwicklung.de)

Die Wissensbaumerstellung erinnert an das Verfahren der „Mind-Map", dient hier zu einer strukturierten Darstellung der verschiedenen Transferebenen. Für das Unternehmen werden wichtige Informationen gesammelt, für den Wissensgebenden bedeutet das Erarbeiten zum einen den Rückblick auf die bisherige Tätigkeit und auf der anderen Seite kommt ein Stück Wertschätzung für die geleistete Arbeit zum Ausdruck.

Früchte: Konkrete Tätigkeiten – *„Wenn Sie Ihren Arbeitsalltag betrachten, was sind Dinge, die Sie täglich, wöchentlich, zu bestimmten Zeiten tun?"*

Stamm: Kernkompetenzen – *„Was für Kompetenzen und Eigenschaften (Skills) sind wichtig für Ihre Tätigkeit in diesem Bereich?"*

Wurzeln: Ursprünge, Ausbildung, Werdegang, Fortbildung – *„Wie sind Sie dahin gekommen, wo Sie heute beruflich stehen?"*

Das Gespräch sollte von einem geschulten Moderator geführt werden, der die Aussagen auch in den Baum einträgt und später mit der Abteilungsleitung gegencheckt (siehe Abb. 4.28).

Wissenstransfer kann aber über den geschilderten Prozess noch hinausgehen. Daher ein kurzer Hinweis auf weitere Anwendungsfelder.

Wissensforum, Wissenschat Eine Funktion im Intranet des Unternehmens, wo Mitarbeitende spezielle Fragen an Kolleg*innen richten können. So muss nicht

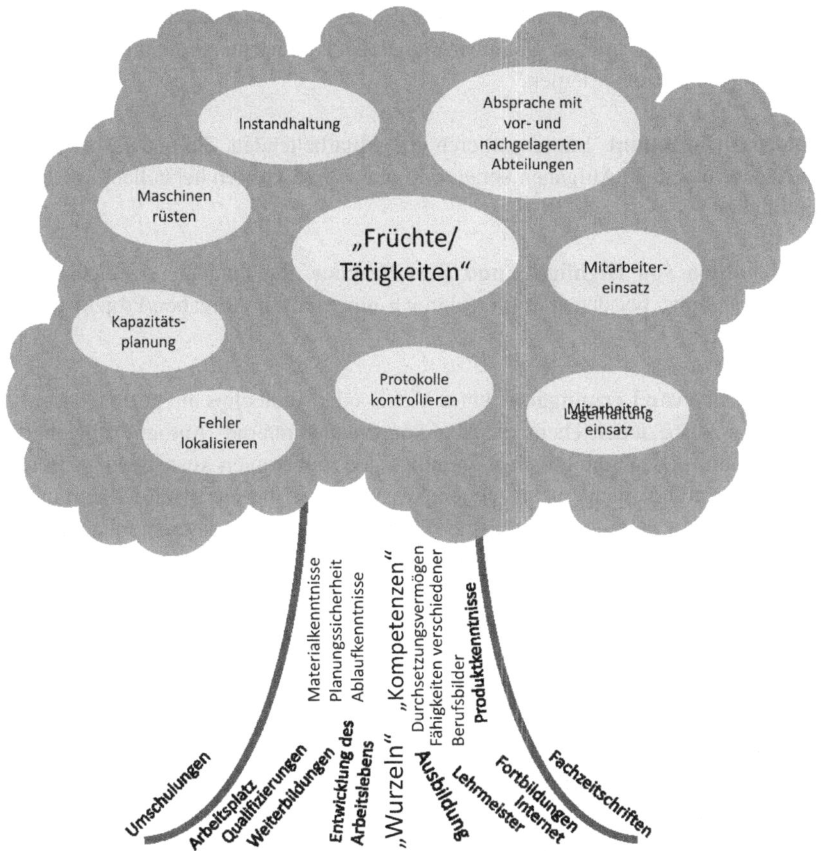

Abb. 4.28 Wissensbaum. In Anlehnung an und mit freundlicher Genehmigung von Büscher 2010

jemand an der einen Ecke des Unternehmens an einem Problem tüfteln, das an der anderen Ecke schon gelöst wurde.

Experten – Register Aufstellen einer Übersicht, welche Experten es im Unternehmen zu welchen speziellen Themen gibt, an die man sich dann gezielt mit Fragen und Anliegen wenden kann. Das setzt allerdings voraus, den Experten auch den (zeitlichen) Freiraum für die Zusatzfunktion zu geben. Vorteil: Prozesse werden beschleunigt.

Projektdatenbank Prozessablauf und Ergebnis, insbesondere die metalogische Bewertung werden in einer Datenbank zugänglich gemacht. Alle können von den Erfahrungen Einzelner lernen.

Internal Consultant Implementieren von Mitarbeitenden, die andere bei komplexen, schwierigen Aufgaben beraten, Kontakte zu Experten herstellen, Prozesse optimieren

Präsentation von Highlights und Best Practice Regelmäßige (bereichsbezogene) Meetings, bei denen von erfolgreich umgesetzten Aufgaben/Projekten berichtet wird

Bereitstellen von Lernnuggets kurze Video- oder Audioclips mit gezielten Informationen zu speziellen Themen. Dabei können auch interne „Autoren" eingebunden werden. – Die umfangreichen Trainings sind (mit einigen Ausnahmen, z. B. im Bereich Führung) nicht mehr zeitgemäß. Wir haben beispielsweise Mehrtagesschulungen in Unternehmen in kleine Häppchen mit klar umrissenen Inhalten und einem Zeitumfang von 2–4 h aufgeteilt, die sogenannten „Essentials".

Arbeitsplatzprofile Gebrauchsanweisungen für bestimmte arbeitsplatzbezogene Tätigkeiten. Inhaber des Arbeitsplatzes (kann auch ein Team sein) beschreibt den routinemäßigen Ablauf. Hinzu kommen Angaben zu:

- Was kann die Arbeitsqualität gefährden?
- Was ist besonders wichtig?
- Was ist besonders schwierig und bedarf besonderer Aufmerksamkeit?
- Gibt es Gefahren? Welche?
- Name/Telefonnummer eines Ansprechpartners bei Fragen/Problemen

Diese Informationen werden auf einem (laminierten) Kärtchen im DIN-A-5-Format am Arbeitsplatz hinterlegt. Jeder Neuling kann sich sofort ein Bild machen. Die Abläufe werden regelmäßig überprüft – gegebenenfalls gibt es ein Update.

Systematischer und strukturierter Wissenstransfer fördert also eine Kultur des Ausstiegs. Wissenstransfer trägt außerdem zu mehr Transparenz im Unternehmen bei, vermeidet Doppelarbeiten, fördert den Erfahrungsaustausch und die Kommunikationskultur.

Zu diesem Thema steht eine Videopräsentation zur Verfügung (siehe Abb. 4.29).

„Wie statt Was" - Tutorial

Session 8: Wissenstransfer

Abb. 4.29 Wissenstransfer © Nowoczin 2022. All Rights Reserved ((▶ https://doi.org/10.1007/000-92k))

Literatur

Seifert, J.F. (2015): Besprechungen erfolgreich moderieren. Offenbach (Gabal)
Seifert, J.F. (2011): Visualisieren-Präsentieren-Moderieren. Offenbach (Gabal)
Lundershausen, S. (2022): Praxishandbuch Moderation. Bonn (ManagerSeminare)
Seibold, B. (2017): Flipcharts gestalten. Offenbach (Gabal)
Rachow, A, Sauer, J. (2019) Der Flipchart-Coach. Bonn (ManagerSeminare)
Kreggenfeld, U. (2015): Präsentorik für Profis. Bonn (ManagerSeminare)
Kreggenfeld, U. (2016): Direkt im Dialog. Bonn (ManagerSeminare)
Luther, M. (2020): Das große Handbuch der Kreativitätsmethoden. Bonn (ManagerSeminare)
Wolff, B. (2018): Kreativ im Job. Offenbach (Gabal)
Gerstbach, I. (2021): 77 Tools für Design Thinker. Offenbach (Gabal)
Nowoczin, J. (2012): Kollegiale Beratung in der Führungspraxis. Bielefeld (wbv)
Nowoczin, J. (2020): Kollegiale Beratung. Offenbach (Gabal)
Nowoczin, J. (2022): …. In: Adaptabilität. Offenbach (Jünger Medien)
Funcke, A,. Bremer, G. (2019): Methodensammlung für Teamworkshops und Teamentwicklungen. Bonn (ManagerSeminare)
Simon, W. (2004): Gabals großer Methodenkoffer – Kommunikation. Offenbach (Gabal)
Knapp, P. (Hrsg.) (2021): Konfliktlösungs-Tools. Bonn (ManagerSeminare)
Scherer, H. (2012): 30 Minuten Fragetechnik. Offenbach (Gabal)
Brunner, A. (2016): Die Kunst des Fragens. München (Hanser)

Mutterer, B. (2016): 30 Minuten Klartext. Offenbach (Gabal)
Frank, M. (1993): Wie Sie in 30 Sekunden Ihren Standpunkt vertreten. München (mvg)
Skambraks, S. (2012): 30 Minuten Elevator Pitch. Offenbach (Gabal)
Plate, M. (2021): Grundlagen der Kommunikation. Stuttgart (utb)
Seifert, J.F. (2018): Konflikte moderieren. Offenbach (Gabal)
Geisselhart, O. (2011): 30 Minuten Powergedächtnis. Offenbach (Gabal)
Gerhards, S., Baum, B. (2019): Wissensmanagement. München (Hanser)
Taxis, T. (2016): Die perfekte Preisverhandlung. Müchen (TTT)

5 Einführung und Begleitung im Unternehmen

„Wer nichts verändern will, wird auch das verlieren, was er bewahren möchte."
Gustav Heinemann

Am Ende des Buches stellt sich die Frage, wie man das alles denn umsetzen soll, wenn schon im Tagesgeschäft die Zeit kaum reicht. Erst einmal geht es gar nicht darum, *alles* anzuwenden. Es liegt an Ihnen, das richtige Werkzeug für die entsprechende Aufgabe auszuwählen. Sie würden doch im Baumarkt auch nicht alle Werkzeuge in den Einkaufswagen packen, sondern überlegen, welche Sie für Ihr konkretes Projekt benötigen. Sind Sie eher im verwaltenden Bereich unterwegs, dann werden Sie die technischen Methoden vermutlich wenig bis nie einsetzen können. Bei interdisziplinären Aufgaben oder produktionsnahen Tätigkeiten kann das schon wieder anderes aussehen. Das Buch ist also ein Regal, aus dem Sie auswählen können. Und das unter drei Aspekten:

1) Welche Methode spricht mich an, erscheint mir sinnvoll?
2) Welche Methode ist für die konkrete Aufgabe geeignet?
3) Welche Methode passt von Zeit und Aufwand zu meinen Ressourcen und zur Zielsetzung?

Vielleicht fragen Sie sich auch noch, welches Vorgehen denn möglichweise die meiste Akzeptanz finden würde. Damit sind wir schon beim nächsten Punkt.

J. Nowoczin, *„Wie statt Was" – Mit Methodenkompetenz Aufgaben effizient und erfolgreich managen*, https://doi.org/10.1007/978-3-662-65790-4_5

5.1 Umsetzungsstrategien

Im Unternehmensalltag werden Ihnen bekannte, bewährte und somit akzeptierte Methoden keine Probleme bei deren Einsatz machen. Auch Werkzeuge, die Sie nur für sich selbst zur Strukturierung Ihrer Arbeit einsetzen, sind in der Regel unkritisch, weil Ihr „Privatvergnügen". Schwieriger wird es bei Arbeitsweisen, die für die Organisation – also Ihre KollegInnen – neu und somit ungewohnt sind. Da wird man Ihren Impuls, Ihren Vorschlag möglicherweise mit dem Hinweis auf die bereits vorhandenen Hilfsmittel, mit denen man bisher auch gut zurechtkam, abblocken. Was können Sie tun?

1) Sie haben ja gelernt, wie man Blockaden überwindet (siehe Abschn. 4.7.2) und mit Killerphrasen (siehe Abschn. 4.7.3) umgeht.
2) Es ist also wichtig, andere Beteiligte neugierig auf ein modifiziertes Vorgehen zu machen und den Nutzen herauszustellen.
3) Fangen Sie mit einer geeigneten Methode an. Bringen Sie Ihre Aufgabe erfolgreich zu einem Ergebnis. Dann haben Sie einen Vertrauensvorschuss für den nächsten neuen Ansatz.
4) Wenn Sie sicher bei der Auswahl einer Methode sind, können Sie z. B. auch in den Wettbewerb gehen. Vereinbaren Sie im Kolleg*innenkreis den Vergleich zwischen herkömmlichen Vorgehen und Ihrer neuen Methode.
5) Suchen Sie die richtigen Stakeholder als Verbündete bei der Einführung und Anwendung von Methoden. Oder starten Sie erst einmal mit einem Pilotprojekt in einem bestimmten Bereich.
6) Binden Sie Management und Fachabteilungen ein. So z. B. das Qualitätsmanagement oder die Arbeitsvorbereitung. Neue Methoden könnten auch Bestandteil von Onboarding- oder Förderprogrammen sein.
7) Entwickeln Sie mit den Fachabteilungen den unternehmensspezifischen Werkzeugkasten, der in Printform (z. B. Postkartenformat) oder im Intranet allen zur Verfügung steht. Dieser Ansatz könnte auch in ein Programm zum Wissenstransfer eingebunden werden.

Punkt 6 wurde in einem Unternehmen des Maschinenbaus im Rahmen einer Qualitätsoffensive und der Ausbildung unternehmensinterner Fachkräfte für Qualitätssicherung erfolgreich umgesetzt.

5.2 Das Methodenmindset

Im Zuge der Diskussion um die neue Agilität in Unternehmen wird häufig vom noch fehlenden oder zu implementierenden Mindset gesprochen. In der Tat hat der Einsatz von Methoden etwas mit der Denkweise zu tun. Ein strukturiertes, nachvollziehbares Vorgehen steht nun einmal im Widerspruch zu Entscheidungen „aus dem Bauch heraus“ oder dem Bearbeiten von Problemen „im Handumdrehen“. Insbesondere der Typus „Macher“ kann sich nur schwer an die Rahmenbedingungen einer Systematik gewöhnen. Aber genau da liegt eines der Managementprobleme der vergangenen Jahrzehnte: Die zur Verfügung stehende Zeit wurde nicht richtig aufgeteilt. Statt auf einen größeren Teil an Planung zu setzen, war das Motto häufig „nun mal voran“! Es wurde kaum bis wenig geplant oder vorbereitet, aber schnell und viel agiert. Es sei noch einmal an Mark Twains „operative Hektik“ erinnert. Immer wieder waren solche aus der „Hüfte geschossenen“ Aktivitäten nicht zielführend. Der Hinweis auf sorgfältigere Planung wurde oft als unnötiges Zaudern, mangelnde Risikobereitschaft oder fehlendes Managementgespür kritisiert. Wenn viele schnell loslaufen, heißt es noch lange nicht, dass sich auch der Erfolg schneller einstellt – wenn nämlich die Richtung nicht stimmt oder das Ziel unklar bleibt. Ich erinnere mich noch an die Bitte eines Fachbereichs, dem festgefahrenen Team eines Projekts durch eine gute Moderation „auf die Sprünge“ zu helfen. Dabei zeigte sich, dass der Auftraggeber nicht im Stau stand, er war der Stau. Das Team hatte nämlich auf seine Nachfrage bezüglich noch fehlender Produktspezifikationen u. a. nur den Hinweis erhalten: „Fangt schon mal an, die Details kommen dann später“. Viel und unkoordinierte Aktivität führt so u. U. zu einem falschen Ziel, auf einem falschen Weg. Es folgen Korrekturen und Neuansätze. Wir nehmen uns also nicht die Zeit, es gleich richtig zu machen, aber müssen hinterher die Zeit haben, es doppelt oder dreifach oder wieder von vorn anzupacken (siehe Abb. 5.1).

Andererseits kann man sich auch überorganisieren. Stellen Sie sich den Handwerker vor, der bei der Reparatur stundenlang vor seinem Werkzeugkoffer hockte und überlegt, welches Werkzeug er denn nun nehmen soll. So war auch unser oft praktizierter Perfektionismus an manchen Stellen eher hinderlich als fördernd. Zwar ist unserer Brand „Made in Germany“ immer noch sehr gefragt, aber in Kooperationen mit anglo-amerikanisch geprägten Unternehmen bzw. Kolleg*innen begegnet man der Einschätzung, dass die Deutschen es doch ein wenig übertreiben. Es gilt, sich also auch im ersten Approach mal mit der 80-Prozent-Lösung zufriedenzugeben.

Setzen Sie also Methoden angemessen ein. Bezogen auf Aufwand und Zielsetzung. So gibt es z. B. für die Annalysen nach Kepner und Tregoe die Schnellanwendung. Zudem haben wir, weil das Training dieser Methoden zum

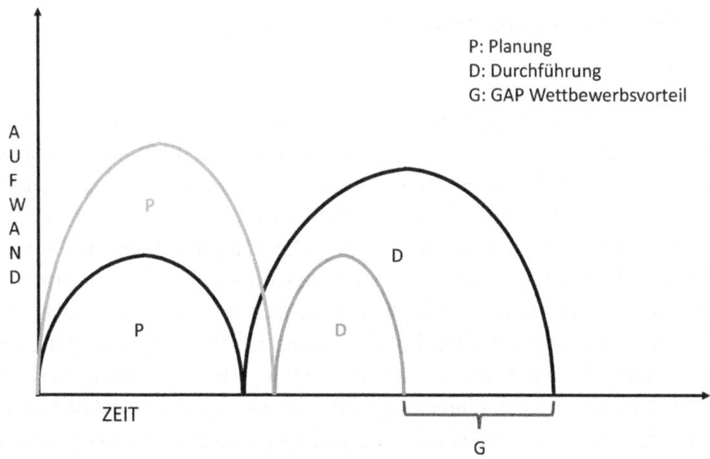

Abb. 5.1 Planungsmatrix. © Nowoczin 2022. All Rights Reserved

Standard in der Nachwuchsförderung eines Unternehmens gehörte, feststellen können, dass sich in der Tat die Denkweise gegenüber Aufgabenstellungen ändert und die neue Mitarbeitendengeneration bereits die richtige methodische Vorgehensweise mit den zielführenden Prozessfragen im Hinterkopf hatte und auf viel Schriftkram verzichten konnte. Neues Mindset etabliert. Mission completed.

5.3 Der Weg zur ehrlichen Unternehmenskultur

Haben Sie sich schon einmal im Unternehmen mit Visionen beschäftigt oder kam dann gleich in Anlehnung an Altbundeskanzler Helmut Schmidt der Hinweis, besser zum Arzt zu gehen? Dabei sind es meist nicht die Mitarbeiter, die eine Behandlung benötigen, sondern die kranke Organisation (vgl. Borgert 2019). Das betrifft nicht nur den berühmten Fisch, der zuerst am Kopf stinkt, sondern alle Bereiche. An welcher Krankheit könnte denn (unsere) Organisation leiden? Versuchen wir einmal eine Diagnose. 1. Es wird zu kurz gedacht. Wenn ich das Tagesgeschäft erfolgreich gestalten will, brauche ich auch eine Idee, in welche Richtung sich das Unternehmen entwickeln will, wie es in ein, zwei, drei oder fünf Jahren aussehen soll. Oft macht man sich nicht mehr die Mühe einer solchen Perspektivplanung, weil nur kurzfristige Zahlen gelten. 2. Es ist nicht klar, für welche Werte das

Unternehmen bzw. deren Repräsentanten stehen oder formulierte Werte werden nicht mit Leben gefüllt. Wer wohl gefeilte Sätze auf Papier druckt, aber im Alltag nach Gutsherrenart (re-)agiert, muss sich nicht wundern, wenn diese Werte nicht erst genommen werden bzw. die Mitarbeitenden den Glauben und das Vertrauen in die Führung verlieren. Dies gilt vor allem für die kleinen Dinge des Alltags. 3. In diesen Tagen wird viel über „Purpose" und „Content" philosophiert. Mitarbeitende wollen wissen, warum oder wozu sie das tun, was sie tun! Wir vergessen zu oft die Bedeutung der Sinnhaftigkeit in unserem Handeln. Es braucht kommunizierte Klarheit zur Absicht und zum Inhalt meiner Arbeit. Daraus kann ich dann die Ziele des Unternehmens herunterbrechen auf die Ebene der Mitarbeitenden. Neben den Elementen der SMART-Formel benötigt die Zielformulierung aber auch noch die Abstimmung mit und die Akzeptanz durch die Betroffenen, nein – besser die Beteiligten. Dieses Einbinden ist nämlich keine Kosmetik, sondern die Basis für Identifikation und Motivation. – Was heißt das konkret? Die Zeit des Herrschaftswissens und der Businesskommunikation im „One-Way-Verfahren" (top down) ist vorbei. Alle wissen Bescheid, weil nicht einer als Kontrolleur die Macht für sich allein beansprucht. Dazu gehört auch, die jeweils richtigen Mitarbeitenden mit den passenden Aufgaben zu betrauen. Apropos trauen. Vertrauen Sie Ihrem Team? Oder Ihren Kollegen? Oder haben Sie noch die üblichen Kontrollmechanismen installiert? Arbeiten Sie mal mit dem „Handlungsquadrat" (siehe Abb. 1.2). Danach wissen die Mitarbeitenden über alles Bescheid, was für die Aufgabe nötig ist. Sie sind geschult, trainiert und können Wissen und Fähigkeiten erfolgreich anwenden, sie fühlen sich eingebunden und wertgeschätzt, kennen Sinn und Ziel ihrer Arbeit und dürfen sich auch in einem Rahmen von Gestaltungs- und Entscheidungsmöglichkeiten frei bewegen. Neue, veränderte Unternehmenskultur fängt aber bei jedem einzelnen Mitarbeitenden an. Dazu möchten ich Ihnen fünf Schritte auf dem Weg zu gelebter Unternehmenskultur an die Hand geben.

1. **Ausgetretenen Pfade verlassen**

   Beginnen Sie, immer ein bisschen mehr, Ihre bisherigen Arbeitsweisen zu hinterfragen. Warum arbeite ich genauso? Was ist daran gut, was könnte besser sein? Was könnte ich selbst daran verbessern? Holen Sie sich gern ein Feedback von anderen ein (z. B. sehen Auszubildende die Arbeitsabläufe unvoreingenommener als Sie selbst). Geben Sie sich nicht mit dem „Das haben wir schon immer so gemacht" zufrieden. Seien Sie mutig, auch mal etwas anders, neu, vielleicht sogar besser zu machen. Fragen Sie bei dem Einwand „das geht so nicht" nach, unter welchen Bedingungen, Voraussetzungen es vielleicht doch gehen könnte. Machen Sie sich auf den Weg, bei der Floskel „wo kämen wir denn hin, wenn wir …" und schauen Sie nach, wo Sie denn dann hinkommen. Vielleicht zu einem besseren Ergebnis. Möglicherweise gehören Sie zu den Pionieren, die das, was angeblich gar nicht geht oder erreichbar ist, doch erfolgreich tun können – wie die Hummel, die eigentlich gar nicht fliegen kann und es trotzdem tut …

2. **Sich und anderen vertrauen**
   Oft scheuen wir uns, ins Risiko zu gehen. Oft trauen wir uns etwas nicht zu. Weiterentwicklung lebt aber von Risiko und Sichtrauen. Ja – mit der Gefahr, das etwas (beim ersten Versuch) nicht klappt. Aber mit der Chance, dass es besser, erfolgreicher gestaltet werden kann. Machen Sie sich bewusst, was für Sie wichtiger ist: den Status Quo erhalten oder die Chance nutzen. Selbstbewusstsein führt dann zu Selbstvertrauen, wenn sie sich ausprobieren und Dinge anpacken, um die Sie bisher einen großen Bogen gemacht haben. Und wieder haben Sie eine Chance: nämlich an der neuen Aufgabe zu wachsen, sich weiterzuentwickeln. Einen Vorschuss nehmen wir meist gern an. Ihre Kolleg*innen und Führungskräfte auch. Beginnen Sie mit einer persönlichen Vertrauenskultur, die vom anderen nicht erst einmal das Schlechtere annimmt. Vertrauen kann enttäuscht werden. Das ist richtig. Aber schon wieder haben Sie eine Chance, nämlich durch Ihren Vorschuss, eine Arbeitsatmosphäre gegenseitigen Vertrauens aufzubauen. Das bedeutet auch, den anderen etwas zuzutrauen. Also weg von der Überzeugung: Nur was ich selbst mache, ist gut und richtig.
3. **Kontrollen begrenzen**
   Der Satz „Vertrauen ist gut, Kontrolle ist besser" ist uns wohl bekannt. Kontrolle aber beinhaltet implizit den Ansatz des Misstrauens. Sie ist also ein gelebtes Vorurteil. Das Feld der Kontrollen in Unternehmen ist vielfältig und von deutscher Gründlichkeit geprägt. Das kostet Zeit und Geld. Wagen wir doch einmal die Analyse, welche Kontrollmaßnahmen wirklich notwendig sind: Zeiterfassung – was spricht gegen eine individuelle Arbeitszeit mit Selbstverantwortung in einem definierten Zeitkorridor? Oder könnten wir uns aufgabenbezogene Arbeitszeiten vorstellen, die jeder nach Bedarf einsetzt? Gemeinkosten – sie sind sowieso da. Hilft es wirklich, wenn man sie jeder Kostenstelle genau zuordnen kann? Am Ende zahlen alle Abteilungen, also das ganze Unternehmen. Wir haben mal bei einem Unternehmen die Kosten für ein ausgeklügeltes System zur Ermittlung der Fotokopierkosten untersucht. Da kam u. a. durch den Zeit- und Verwaltungsaufwand ein sechsstelliger Betrag pro Jahr heraus. Wir sollten uns auf die Ergebnisse konzentrieren, nicht auf das Beiwerk.

Zudem hat Vertrauen auch etwas mit der Unternehmenskultur zu tun. Traue ich den Mitarbeitenden zu, dass sie ihre Arbeit bestmöglich erledigen oder stelle ich sie unter Generalverdacht? Der ehemalige 3M-Manager Reinhard Sprenger (2002) untersucht dies explizit in seinem Buch „Vertrauen führt" (2002) und plädiert für eine Kultur mit Führungskräften statt „nur" mit Vorgesetzten.

4. **Neues und Nützliches schaffen**

   Wenn man nach den wichtigsten Kompetenzen für die Zukunft fragt, kommen immer wieder „Curiosity", „Creativity" und „Utility" in den Focus. Seien Sie neugierig auf das, was kommt und sich im Zeitalter von Agilität und Digitalisierung entwickelt. Haben Sie keine Scheu, über den Tellerrand hinauszuschauen und Ihre Ideen zu verfolgen. Organiseren Sie sich in diesem Sinne selbst und nutzen Sie Ihre Spielräume. Suchen Sie sich für das, was Sie begeistert, weitere Mitstreiter. Improvement gehört zu Ihrem täglichen Handwerkszeug. Wenn Ihre Ideen und Verbesserungen dann auch noch nützlich sind – für Sie, für andere, für den Prozess oder die Organisation – dann haben Sie eine weitere Chance auf Unterstützung, Umsetzung, Anerkennung und Erfolg.

5. **Verantwortung übernehmen**

   Normalerweise hilft Wegducken, auf Zuständigkeiten oder andere Unzulänglichkeiten zu verweisen, wenn es Fehler gegeben hat. Aber nicht die Suche nach dem Schuldigen, sondern die Suche nach der Lösung des Problems bringt voran. Wer nichts wagt, kann auch nicht gewinnen. Freuen wir uns also über Initiativen und Menschen, die Verantwortung übernehmen. So entsteht eine Fehlerkultur, die das Ausprobieren und Entwickeln fördert und den Weg zu neuen, alternativen Lösungen ermöglicht. Das macht dann den Unterschied zwischen Effektivität und Effizienz.

5.4 Managementtechniken

Bei einem Methodenbuch stellt sich auch die Frage, ob es in irgendeiner Form die berühmte „eierlegende Wollmilchsau" gibt. Einen Ansatz also, der möglichst alle Probleme auf einen Schlag löst. Gibt es natürlich nicht. Deshalb braucht modernes Management ein Portfolio aus verschiedensten Methoden, die auch für unterschiedliche Szenarien und Aufgaben angewendet werden. Eine Auswahl habe ich Ihnen aufgezeigt. Manche davon sind aber abhängig von der Unternehmenskultur, ob diese alternative Arbeitsweisen zulässt, ob Fehler erlaubt sind, ob Ausprobieren gewünscht wird, ob Mitarbeitende Gestaltungs- und Entscheidungsfreiräume haben und nutzen. Ich erinnere an das Handlungsquadrat, dass Handlungskompetenz erst im Zusammenspiel von Wissen, Können, Wollen und Dürfen entstehen kann. Daher müssten eigentlich auch noch die Methoden für zukunftsweisendes Management betrachtet werden. Eventuell ist das schon Thema und Anreiz für ein Folgebuch. Denn alle gängigen Managementtheorien und Praktiken – insbesondere die best practice – können hier nicht auch noch ihren Platz finden. Ist ein Führen mit Zielvereinbarungen (MbO) noch zeitgemäß? Oder leben wir im Zeitalter der Selbststeuerung der Mitarbeitenden? Würde es ausreichen, Ziel, Auftrag und Ressourcenrahmen zu definieren und Mitarbeitende finden sich selbst zu Teams zusammen, die Ihre Arbeitszeit und Aktivitäten selbst bestimmen, sofern das erwartete Ergebnis erreicht wird? Wie wird sich der Arbeitsplatz der Zukunft von heutigen Büro- und Werkslandschaften unterscheiden? Stattdessen flexible Räume, nur noch individuelle Rollcontainer statt festem Schreibtisch und Büro auf der einen, flexible, fließende Abläufe auf der anderen? Ich verweise an dieser Stelle gern auf die Studien des Fraunhofer-Instituts für Arbeitsorganisation. Sind die ökonomischen Zielgrößen wie z. B. EBIT, ROI sowie KPI und OKR noch realitätsnah? Wie werden wir zukünftig den Erfolg eines Projekts, eines Produkts messen? Kommt die Balanced Score Card (BSC) zu neuer Blüte? Ist die viel diskutierte Agilität der Weisheit letzter Schluss? Die weitere Entwicklung auf diesem Gebiet wird sich aber in dem von Häusling et al. (den Pionieren der Agilitätsbewegung im HR-Bereich) definierten Raster bewegen. (https://hr-pioneers.com/leistungen/unsere-beratung/unsere-modelle/pioneers-6-erfolgsfaktoren/)

Kennzahlen

Zu den in Unternehmen verwendeten Kennzahlen gibt es sicherlich einige Meter Fachliteratur. Deshalb hier nur ganz kurz die Erläuterung, sofern die Begriffe nicht (mehr) geläufig sind:

EBIT: Earning before Interests and Taxes (Gewinn vor Steuern),
ROI: Return on Capital (Rendite für eingesetztes Kapital),
ROEC: Return on Employed Capital (Rendite für Personaleinsatz),
KPI: Key Performance Indicator (Messgröße für die Zielerreichung) – aktuell weiter verbreitet ist:
OKR: Objectives and Key Results (Zielvereinbarung auf der Basis von festgelegten Kennzahlen),
BSC: Balanced Score Card: Methode für die Darstellung von strategischen Zielen und Kennzahlen eines Unternehmens mit 4 Perspektiven: Kunde – Finanzen – Prozesse – Entwicklung.

Projektmanagement

Möglicherweise vermissen Sie das entsprechende Kapitel. Die Literatur zum klassischen Projektmanagement füllt in Bibliotheken einige Meter Regal. Dies hier ausführlich darzustellen, würde den Rahmen des Buches sprengen. Somit sei auf die entsprechende Fachliteratur verwiesen. Meine Hochschultätigkeit leider immer wieder mal gezeigt, dass nachfolgende Absolventengenerationen bei diesem elementaren Skill noch Luft nach oben haben. Der „rote Faden" von Projektauftrag über Projektstrukturplan, Arbeitspakete, Lasten- und Pflichtenheft, Meilensteinplanung, Risikomanagement bis zum Projektabschlussbericht mit integrierter metalogischer Bewertung sollte zum täglichen Handwerkszeug gehören wie ein transparenter und verantwortungsvoller Umgang mit den elementaren Kenngrößen wie Ressourcen, Termin und Ziel.

Coaching und Mentoring

Dazu verweise ich auf die entsprechende Fachliteratur. Coaching soll Mitarbeitenden aller Bereiche bei der Weiterentwicklung und Zielerreichung helfen, wird meist durch externe Unterstützung und klare Auftrags- bzw. Zieldefinition erreicht. Mentoring bezeichnet die interne Patenschaft älterer, erfahrener Mitarbeitender (auch Führungskräfte) für neue, junge Kolleg:innen z.B. in Phasen der Einarbeitung und/oder bei der Übernahme neuer Aufgaben und Funktionen. Dabei gibt es auch den Prozess des „Reverse Mentoring": ältere, erfahrene Mitarbeitende profitieren vom aktuellen Wissensstand der Nachwuchskräfte. Ein gutes Beispiel dafür sind „Arbeitstandems" aus jungen und älteren Mitarbeitenden zum gegenseitigen Benefit – und dem des Unternehmens.

Führung

Und selbstverständlich ändert sich auch die Führungsrolle. Sei es inhaltlich in der endgültigen Abkehr vom besten Sachbearbeiter als Führungskraft und in einem neuen innovativen Profil der Aufgaben und Rollen, sei es in der angepassten Einordnung von Führung in der Unternehmenshierarchie. Neue Strukturen sehen Führung und Management nicht mehr ausschließlich vertikal, sondern bereiten den Weg für vielfältige Karrierewege auf der horizontalen Ebene, wie z. B. als Expert, Consultant, Change Agent usw. oder getriggert durch neue Aufgabenfelder z. B. als Innovation Officer oder Facilitator. Insbesondere die Durchlässigkeit der klassischen Schienen (Führung, Projektleitung, Spezialist) muss sichergestellt werden. Also gilt es, die nötigen Weichen und Kreuzungen einzubauen, damit der Karrierezug nicht nur in eine Richtung rollt. Mein Ansatz dazu war vor einigen Jahre die Entwicklung einer persönlichen Standortbestimmung in der beruflichen Lebensmitte (kurz Midlife Review), um Manager*innen die Chance zu einer Stärken- und Potenzialanalyse einerseits und einer Neupositionierung andererseits zu geben. Also nicht „einmal Führung immer Führung", „einmal Spezialist und Führung vorbei", sondern explizit die Möglichkeit, das Gleis zu wechseln. Hinzu kommen die aktuellen Herausforderungen: Führung im Remote Business, Management von Digitalisierung und Künstlicher Intelligenz, Adaptabilität sowie Förderung von Kreativität und Innovation. Greßer/Freisler (2017) haben den digitalen Leader wie folgt beschrieben (siehe Abb. 5.2).

Abb. 5.2 Der Digital Leader. In Anlehnung an: www.managerSeminare. Greßer, K., Freisler, R. (2017). Agil und erfolgreich führen, S. 73

Eine Reihe von Fachautoren vertritt übrigens die Meinung, dass der Unternehmensstandort Deutschland in Sache „neue Führung" noch Nachholbedarf hat. Deshalb sollten wir alle hier mutig voran gehen und auch ein Denken „beyond the horizon" zulassen. Denn wie sang schon Udo Lindenberg vor Jahren: „Hinter dem Horizont geht's weiter".

5.5 Epilog

Das Wichtigste ist gesagt bzw. geschrieben. Meine Absicht bestand darin, Ihr Interesse für Methoden zu wecken, die den Arbeitsablauf und die Aufgabenbewältigung verbessern können. Die Übersicht ist bei weitem nicht vollständig. Ich konnte auch nicht immer die ganze Breite einer Methode aufzeigen. Das hätte den Rahmen dieses Buches gesprengt. Greifen Sie dafür zur entsprechenden, spezifischen Fachliteratur. Ich möchte Ihnen aber Mut machen, für sich persönlich, mit anderen im Verbund oder mit einem Team einfach mal anzufangen und Methoden auszuprobieren. Anders können Sie keine Erfahrungen sammeln. Erich Kästner sagte einmal: *„Es gibt nichts Gutes, außer man tut es!"* Fangen Sie an! Der „innere Schweinhund" wird ab sofort aktiv sein und Ihnen einflüstern, dass Sie für diese Dinge a) keine Zeit haben und b) der Aufwand viel zu groß sei. Geben Sie ihm als Gegenstrategie zu verstehen, dass Sie die Erfolge vor Augen haben, die Sie mit der richtigen Methode erzielen werden. Denn schließlich sind Sie schlauer als der „berühmte" kanadische Holzfäller, der sich mit dem Sägen des Baums abmüht, weil er keine Zeit für das Schärfen seines Werkzeugs hat. Dieses Buch möchte Ihnen eine Fülle von Werkzeugen in Ihren Werkzeugkoffer legen, sodass Sie für eine bestimmte Aufgabe das adäquate Hilfsmittel zur Verfügung haben. Dann werden Sie nicht alles wie einen Nagel behandeln. Dabei wünsche ich Ihnen nun viel Erfolg!

> „Es ist nicht genug, zu wissen, man muss auch anwenden. Es ist nicht genug, zu wollen, man muss auch tun."
> Johann Wolfgang von Goethe.

Literatur

Borgert, S. (2019): Die kranke Organisation. Offenbach (Gabal)
Fischer-Epe, M. (2011): Coaching – Miteinander Ziele erreichen. Reinbek (Rowohlt)
Graf, N. / Edelkraut, F. (2016): Mentoring. Wiesbaden (SpringerGabler)
Greßer, K., Freisler, R. (2017): Agil und erfolgreich führen. Bonn (ManagerSeminare)
Hanke, D. (2022): Die 10 wichtigsten Methoden im Projektmanagement. Ettlingen (NLE)
Häusling, A., Römer, E.; Zeppenfeld, N. (2019): Praxisbuch Agilität. Freiburg-München-Stuttgart (Haufe)
Hawlitzeck, J. (2020): Agiles Mindset. Offenbach (Gabal)
Horx, M. (2011): Das Megatrend Prinzip. München (DVA)
Kudernatsch, D. (2021): Objektives and Key Results. Freiburg (Haufe)
Küster, J. et al (2022): Handbuch Projektmanagement. Wiesbaden (Springer Gabler)
Maerlein, K. (2020): Wie Agilität gelingt. Offenbach (Gabal)
Nowoczin, J. (2023): Transfermanagement. Offenbach (Gabal)
Peipe, S. (2022): Crashkurs Projektmanagement. Freiburg (Haufe)
Preißner, A. (2021): Balanced Score Card anwenden. München (Hanser)
Somin, W. (2005): Gabals großer Methodenkoffer – Managementtechniken. Offenbach (Gabal)
Sprenger, R. K. (2002): Vertrauen führt. Frankfurt/M. (Campus)
Sprenger, R.K. (2015): Das anständige Unternehmen. München (DVA)
Timinger, H. (2017): Modernes Projektmanagement. Weilheim (Wiley)

Links zu weiterführenden Informationen

- https://now-bildungsmanagement.de/material
  Printmaterialien
  - Faltkarte zur Kollegialen Beratung (Ablauf, Fragen, Tagesplan)
  - Sieben Schritte der Problemlösung
  - Kurzbeschreibungen zu den SKA-Methoden im Postkartenformat
  - Die folgenden Kurzinformationen:
    - Rote-Karte-Methode
    - Spielregeln für Teams
    - 30-s-Statement
    - Konfliktlösung im Gespräch in vier Schritten
    - Übersicht zielgerichteter Fragen
    - Anleitung für die Denkaufgabe Baum
    - 5A-Methode
    - Zieldefinition mit SMARTA
    - KVP-Regeln
    - Verbesserungspotenziale aufspüren
  - Spielanleitung Papierhüteproduktion (KVP)
  - Spielanleitung Mipps und Wors

  Videopräsentation zu folgenden Themen:
- https://now-bildungsmanagement.de/tutorials
  - Das Handlungsquadrat
  - Die 6C-Strategie
  - Blockaden bei Veränderungen
  - Rechthaben

J. Nowoczin, *„Wie statt Was" – Mit Methodenkompetenz Aufgaben effizient und erfolgreich managen*, https://doi.org/10.1007/978-3-662-65790-4

  - Das Dramadreieck
  - Kommunikationsmodelle
  - Beschreiben und bewerten
  - Themen und Ziele
  - Wissenstransfer
  - Einführung in die Kollegiale Beratung
- https://www.youtube.com/watch?v=pf1IT5Lx2fw
  Videoclip zu SMED
- https://www.youtube.com/watch?v=m73BIC2cS-U
  Videoclip zu SWOT
- https://www.youtube.com/watch?v=Rk-r3AHgpkk
  Videoclip zu SCRUM
- https://www.youtube.com/watch?v=FuCaDeZ9Fqo
  Videoclip zu Six Sigma
- https://www.youtube.com/watch?v=q8rxDXlhsoU
  Videoclip zu Lean Management
- https://www.youtube.com/watch?v=HcG9eAiLp8U
  Videoclip zu FMEA
- https://spencerstuart.de/-/media/2018may/hbm_3-2018_eine-frage-der-kultur_neu.pdf
  - Beitrag von Spencer Stuart zu den acht Kulturstilen
- https://ioa.fraunhofer.de/lang-de/presse-und-medien/aktuelles/2182-erfolgsfaktor-mensch-wie-die-transformation-von-arbeitswelten-gelingt
  - Studie des Fraunhofer-Instituts für Arbeitsorganisation „Transformation von Arbeitswelten“ (2019)
  - Zum Vergleich Video ….
- https://youtube.com/watch?v=udy0dkTAQjM
  - Video von zu den vier Entwicklungsphasen der Organisation nach Glasl und Lievegoed
- https://intrinsify.de/play%2D%2Dchange-das-kartenspiel-fuer-wirksame-arbeit/
  - Spielerisch Changeprozesse durchlaufen
- https://youtube.com/watch?v=RRL24bVPnfE
  - Der Film „Musterbrecher“ in Kurzfassung
- https://youtube.com/watch?v=qbGgUTLWZAc
  - 24 Work Hacks des IT-Start-ups „sipgate“
- https://www.managerseminare.de/LearningLeadership/Erklaerfilme
  - Videoclips von 3–5 min Dauer, die zu wesentlichen Bereichen und aktuellen Themen kompakt informieren. Wie zum Beispiel:

- Empowerment
- Entscheidungsfindung
- Kommunikation
- Konflikt- und Problemlösung
- New Work
- Führung: Selbstführung – Mitarbeiter- und Teamführung – Unternehmensführung

Es gibt sicherlich eine Fülle weiterer Videos zu den im Buch behandelten Themen auf YouTube oder entsprechende Materialien im Internet. Daher führt die o. a. Liste nur einige wenige Beispiele auf.

The manufacturer's authorised representative in the EU is Springer Nature Customer Service Centre GmbH, Europaplatz 3, 69115 Heidelberg, Germany. If you have any concerns regarding our products, please contact ProductSafety@springernature.com

Printed and bound by CPI Group (UK) Ltd, Croydon, CR0 4YY

24/04/2026

02096347-0002